초록색 옷을 입은 사람들

대한민국 국립묘지에 담긴 보훈의 의미

초록색 옷을 입은 사람들

김종성 지음

유아이북스

머리말

국립서울현충원은 우리나라 최초의 국립묘지다. 중장년 세대에게는 '동작동 국립묘지'가 더 익숙한 이름이다. 필자는 국립묘지를 자주 찾는다. 특별한 비명(碑銘)이 없는 묘소가 대부분이지만 한두 가지는 얻어서 돌아온다. 때로는 무겁고 복잡했던 마음이 가벼워지기도 한다.

빼곡히 늘어선 회색빛 비석들에는 어떤 사연이 담겨 있을까? 바람결에 흔들리는 초록색 잔디 아래에 누운 사람들은 무슨 말을 들려주고 싶은 것일까? 갑자기 "내 앞에 서서 울지 말아요. 나는 그곳에 없고. 나는 잠들지 않으니. 나는 불어오는 천 개의 바람이요"라는 노랫말이 떠올랐다. 자신을 기억해 주는 사람에게는 언제든지 다가가 속삭이는 바람이다.

이 책은 필자(K)와 지인(Y)이 현충탑 앞 제단에 참배한 후 서편 묘역을 지나 동편 묘역으로 이동하면서 그곳에 담긴 역사와 사연을 함께 나누는 '호국 문화 탐방기'이다. 그에 따라 본문 항목별로 묘역에 대한 간단한 스케치와 관련 역사의 소개에 이어 필자(K)와 지인(Y)의 대화를 통해 이해의 폭을 넓히는 방식으로 구성되었다. 제1부 서편 묘역에서는 독립운동을 비롯한 근현대사를, 제2부 동편 묘역에서는 기억의 전승과 관련된 내용을 담았다.

국립묘지는 대표적 기억의 장소이다. 기억을 찾아가는 길은 서울 현충원에 국한되지 않는다. 스토리 전개상 필요한 경우에는 대전현충원, 독립기념관, 전쟁기념관, 효창공원, 서대문독립공원, 북한산국립공원, 망우역사문화공원 등으로 공간적 범위를 넓혔다.

국립묘지에는 비석 수만큼이나 많은 사연이 담겨 있다. 공적 기록뿐만 아니라 각 지역의 향토사와 이름난 가문의 족보까지 들여다보았지만 한계가 있었다. 특히, 광복에서 호국으로 대를 이어진 명문가를 찾아서 정리하는 일은 한 개인으로서는 역부족이었다.

2023년 6월 5일, 국가보훈처가 국민의 큰 기대 속에 국가보훈부로 새롭게 출발하였다. 나라 위한 헌신이 최고로 존경받는 차원 높은 보훈이 전개되기를 소망한다. 국립묘지는 역사와 대화하는 곳이다. 국립묘지가 들려주는 이야기에 귀를 기울인다면 살아 있는 역사의 현장이 되겠지만, 그렇지 않으면 지난 시대의 작은 흔적일 뿐이다. 모쪼록 이 책이 보훈의 진정한 의미를 새기고, 엄혹한 시대를 헤쳐나간 역사의 주인공을 찾아서 진실과 감동의 순간을 맞이하는 데 도움이 되었으면 한다.

2023년 6월 저자

목차

제2부 기억을 불러내는 길

기억의 장소를 찾아서

보훈은 국가를 위한 희생과 공헌에 대한 정신적, 물질적 보답이다. 보훈의 본령은 국가공동체의 존립을 위하여 헌신한 분들의 희생과 공헌을 정당하게 평가하고, 그에 대한 변함없는 보답을 통하여 나라 사랑 정신을 고양하며, 명예 존중의 가치관을 확산함으로써 국가융성을 뒷받침하는 데 있다.

보훈의 궁극적 목적은 기억을 통한 연대이다. 국립묘지(National Cemetery)는 국가 공동체에 대한 정체성과 애착심을 강화한다. 역사와 국가의 맥을 이은 분들의 영혼이 깃든 성스러운 장소이자 함께 겪은 희생의 기억을 공유하는 결속의 현장이기 때문이다.

기억의 매개는 무명용사의 묘, 국립묘지, 메모리얼, 기념일, 순례, 언어, 꽃, 나무, 그림, 음악, 색깔 등 매우 광범위하다. 아래에서는 무명용사의 묘, 국립묘지, 메모리얼과 같은 기억의 장소에 대해 개략적으로 살펴본다.

무명용사의 묘

무명용사의 묘(Tomb of Unknown Soldier)는 제1차 세계대전의 산물이다. 무명용사의 묘는 근대 국민국가의 성격을 잘 설명해 준다. 이름 없는 병사를 챙긴다는 것은 일찍이 전례가 없는 일이었다. 가장 극적인 장면은 1920년 11월 11일 영국 런던에서 연출되었다. 영국은 제1차 세계대전이 끝난 이듬해 80만 명의 전사자 가운데 플랑드르로부터 송환된 한 명의 무명용사의 유해를 웨스트민스터 사원(Westminster Abbey) 역대 국왕들 사이에 안치하였다.

신을 위해
국왕과 조국을 위해
사랑하는 가족과 제국을 위해
정의와 자유와 신성한 대의를 위해
가장 소중한 생명을 온전히 바친 모든 이들을 추모하노니
신과 조국에 본분을 다하였으므로
역대 국왕들 사이에 묻히노라.

영연방 국가인 캐나다의 수도 오타와 중심부의 국립전쟁기념물(National War Memorial)과 오스트레일리아 수도 캔버라의 전쟁기념관(Australia War Memorial) 기억의 전당(Hall of Memory)에도 무명용사의 묘가 있다.

프랑스는 1920년 11월 11일을 기해 50만여 명의 전사자를 상징하는 한 명의 무명용사 유해를 봉환하여 개선문 아래에 무명용사의 묘와 '꺼지지 않는 불꽃(Eternal flame)' 조형물을 세웠다. 이탈리아는 1921년 11월, 로마 중심부 베네치아 광장의 '조국의 재단' 아래에 '무명용사의 묘'와 '꺼지지 않는 불꽃'을 설치하였다. 미국 또한 같은 해 프랑스에서 1차 대전 전사자의 유해를 운구하여 알링턴 국립묘지에 '무명용사의 묘'를, 1954년 필라델피아 워싱턴 광장에 '독립전쟁 무명용사비'를 세웠다.

러시아 모스크바 붉은 광장의 '무명용사의 묘'는 직사각형 진홍색 반암 위에 월계수 가지가 장식된 청동 조각의 깃발이 덮여 있고, 그 위에 철모가 놓여 있는 매우 인상적인 모습이다. 그 앞 팥죽색 조회장석 바닥 위에 '꺼지지 않는 불꽃'이 설치되어 있다. 우크라이나 키이우의 '영광의 공원' 안에는 오벨리스크 형태의 무명용사의 묘와 '꺼지지 않는 불꽃'이 세워져 있다. 폴란드 바르샤바의 필수스키 광장에도 '무명용사묘의 묘'와 '꺼지지 않는 불꽃'이 있다. 묘석에 "여기 폴란드 군인이 누워 있다"라 쓰여 있고, 사각형 석판에 폴란드가 겪은 190개 전투의 이름과 날짜가 빼곡히 새겨져 있다.

세계의 국립묘지

가장 오래된 전사자 영묘(靈廟)는 기원전 10세기 그리스 중부 에 우보이아 섬 레프칸디(Refkandi)의 사원(Heröon)으로 추정되고 있다. 아테네에는 기원전 490년 마라톤 전쟁(War of Marathon) 전사자 192명이 묻힌 소로스(Soros)라는 무덤이 남아 있다. 아테네 서북쪽 케라메이코스(Kerameikos)에는 공동묘지 유적이 남아 있다. 지명이 의미하는 것처럼 도자기의 원료인 점토가 풍부한 곳이었다. 원래 열 개의 부족으로 구분된 묘지였지만 페르시아가 침공해 오자 성벽이 세워지고 전사자를 함께 안장하는 공동묘역이 들어서게 되었다. 아테네의 안전과 평화를 위해 희생한 전사자를 국장으로 장례하고 공동의 묘지에 안장하였다는 점에서 국립묘지의 원형이라고 할 만하다. 이러한 사실은 기원전 431년 페리클레스의 조사(弔辭)를 통해 확인할 수 있다.

근대적 국립묘지는 미국에서 처음 시작되었다. 1862년 남북전쟁이 한창이던 때 북군 전사자의 안장을 위하여 국립묘지 14개소가 건설되었다. 지금은 국내의 151개소 외에 프랑스의 노르망디와 로렌 등에 미군묘지 26개소가 있다. 미국에서 시작된 국립묘지는 전 세계로 확산되었다.

유럽에서는 종교시설이 중요한 역할을 한다. 영국 런던의 웨스트민스터 사원(Westminster Abbey)과 세인트폴 대성당(St. Paul's Cathedral)에는 역대 국왕을 비롯하여 정치인, 군인, 과학자, 예술가, 시인 등의 유해가 안치되어 있다. 프랑스에는 '위인들의 묘지'라 불리는 파리의 판테온(Pantheon)이 있다. 1744년 루이 15세의 명으로 성 주네브(Saint Genevieve) 교회로 건축이 시작되어 1790년에 완공되었다. 1791년 정치가 미라보 백작(Count of Mirabeau)의 유해가 안치되면서 지금의 판테온으로 명명되었다. 1670년 부상병의 치료와 안식을 위하여 건설된 앵발리드(Hôtel des Invalides)에도 나폴레옹을 비롯한 군사 지휘관들의 유해가 안치되어 있다. 이탈리아 영광의 교회(Tempio dell'Itale Glorie)라고 불리는 피렌체의 산타크로체 성당(Basilica di Santa Croce)에는 미켈란젤로를 비롯한 저명한 예술가들의 유해가 안치되어 있다.

영연방은 전통적으로 해외에서 전사한 병사들의 유해를 현지 안장하는 것을 원칙으로 한다. 1917년 영국, 캐나다, 오스트레일리아, 뉴질랜드, 인도, 남아프리카공화국 등 영연방 6개국은 공동 기금을 출연하여 영연방묘지관리위원회(CWGC)를 설립하여 153개국 2만 3천여 개소에 115만여 기의 묘와 약 56만 개의 기념물을 공동 관리한다. 러시아에는 모스크바의 크렘린 벽 묘지(kremlin Wall Cemetery)와 모스크바 외곽의 연방군사기념묘지(Federal Military Memorial Cemetery)가 있다.

중국에는 정강산(井冈山)열사능원, 진기로예열사릉원(晉冀盧豫烈

士陵園), 팔보산혁명공묘(八寶山革命公墓) 등이 있다. 일본에는 국립묘지에 해당하는 치도리가후치 전몰자묘원(千鳥ヶ淵戦没者墓苑)이 있지만 야스쿠니 신사(靖國神社)가 국가적 의례의 중심이 되고 있다. 그 외 전사자의 위패를 봉안한 호국신사(護國神社) 52개소가 있다.

우리나라의 국립묘지

1900년 대한제국이 세운 장충단(奬忠壇)은 최초의 국립묘지라고 할 수 있다. 1895년 을미사변 때 순국한 시위대장 홍계훈을 비롯한 장졸들의 충혼을 기리기 위해 세운 것으로 서양식 군악과 조총의식으로 춘추제향을 올렸다. 나라가 주관하여 장병들의 희생을 기렸다는 점에서 근대적 현충의식의 맹아라고 할 수 있다. 장충단은 동작동에 국립묘지가 들어서기 전까지 전사·순직 장병을 안장했던 곳이기도 하다.

전남소영(前南小營) 유지(遺址)에 장충단을 세웠다. 원수부에서 조칙을 받들어 나랏일을 위해 죽은 사람들에게 제사를 지내기 위해서였다.(1900.4.27.) 장충단을 특별히 만들어 제사를 지낸 뒤로 군사들이 이루 형언할 수 없이 감격하고 고무되었습니다.(1901.2.16.)

1948년 대한민국 정부의 출범과 함께 군경(軍警) 희생자 묘지 조성을 검토하던 중 6·25전쟁이 발발하였다. 급한 대로 지금의 장충단공원 일대에 안장하였지만 이내 한계에 봉착하였다. 6·25전쟁이 끝난 후 대량 발생한 전몰장병의 유택을 마련하는 일은 시급한 과제였다.

군 당국에서는 대구, 경주 등 낙동강 지역에서 후보지를 물색하다가 1953년 9월 지금의 위치로 확정하였다. 1954년 3월 묘지 조성 공사가 착공되었다. 1956년 4월 「군묘지령」이 제정되고 '군묘지(국군묘지)'라는 이름으로 개원되었다. 미국의 알링턴 국립묘지(Arlington National Cemetery)와 태평양 국립묘지(National Memorial Cemetery of the Pacific)를 참고한 것으로 보인다.[1]

1965년 3월 「군묘지령」이 폐지되고 「국립묘지령」이 새로 제정되었다. 군인과 경찰관 외에 독립유공자와 국가사회공로자 등이 포함된 첫 국립묘지(National Cemetery)의 탄생이었다.

1985년 국방부 산하에 국립대전현충원이 설치되었고, 1995년 서울특별시에서 관리하던 4·19묘지가 국가보훈처(현 국가보훈부) 소속의 국립묘지로 승격되었다. 1990년대 말 6·25참전용사들의 전반적 노령화 안장수요가 급격히 늘어남에 따라 영천과 임실을 시작으로 국립호국원이 조성되었다. 그리고 2002년에는 5·18묘지와 3·15묘지가 국립묘지로 승격되었다.

2005년 「국립묘지의 설치 및 운영에 관한 법률」이 제정되어 국립묘지 관리체계가 수립되었다. 이 법의 제정으로 국가보훈처(현 국가보훈부)는 국립묘지 주관부처가 되었다.

현재 국립묘지는 국립현충원 2개소(서울, 대전), 국립호국원 6개소 (영천, 임실, 이천, 산청, 괴산, 제주), 국립4·19민주묘지(서울), 국립3·15민주묘지(마산), 국립5·18민주묘지(광주), 신암선열공원(대구) 등 12개소가 있으며, 국립현충원 1개소(연천), 국립호국원 2개소(강원, 전남)의 추가 건설이 진행되고 있다.

　국립묘지 외에 효창공원, 북한산 국립공원, 망우역사문화공원 등 50여 개소의 합동묘역이 있다. 2020년 「국립묘지의 설치 및 운영에 관한 법률」이 개정되어 합동묘역을 국가관리 묘역으로 지정할 수 있게 되었다. 일종의 준(準) 국립묘지제도가 도입된 셈이다. 서울수유국가관리묘역, 안성사곡국가관리묘역 등 12개소(2023년 1월 기준)가 지정되었다.

첫 국립묘지 건설 현장

메모리얼

그리스 중동부에는 2,500년 이상 된 기념비가 있다. 기원전 480년 데르모필레 전투(Battle of Thermopylae)에서 죽은 스파르타의 왕 레오니다스와 300명 전사들을 추모하기 위해 세워진 기념비이다. 기념비에는 이렇게 새겨져 있다.

> 지나가는 이방인이여,
> 가서 스파르타 사람들에게 전해주오. 그들의 법을 받들어 여기 누워 있노라고
> (고대 그리스 시인 시모니데스)

명각(inscription)은 기억의 중요한 수단이다. 금석맹약(金石盟約)이라는 말이 있듯이 쇠나 돌에 새기는 것은 마음에 새기는 것과 같다. 서양에서는 기억술(art of memory)에 관심이 많았다. 기원전 6세기 서정시인 시모니데스에 의하여 시작된 기억술은 로마로 이어졌다. 스키피오(Lucius Scipio)와 세네카(Lucius Seneca)는 기억술의 대가였다고 한다.[2] 기억술의 일종인 장소법(method of loci)은 공간의 시각화를 통해 기억을 강화하는 방법으로 기억궁전(memory palace)이나 기억극장(memory theater)으로 불리기도 했다.

서양에는 전쟁기념관을 비롯하여 돔, 오벨리스크, 삼각형, 육각형, 장방형 등 다양한 형태의 메모리얼이 세워져 있다. 역사성, 상징성, 예술성이 조화된 뛰어난 조형미를 자랑한다. 그중에서도 '기억의 방

(Hall of Remembrance)'은 큰 감동을 불러일으키는 공간이다. 메모리얼은 '추모의 언어'를 시각화한 기억의 공간이다. 언어는 시간의 제약이 있지만 공간은 그렇지 않다. 메모리얼에 새겨진 '추모의 언어'는 기억을 소환하고 활성화한다.

우리나라에는 사적지(historic site), 기념공원(memorial park), 기념관(memorial hall), 기념비(monument), 현충탑(cenotaph), 동상(statue), 명판(plaque) 등의 형태로 메모리얼 2,259개소(2023년 1월 기준)가 있다. 크게 구분하면 독립운동시설 973개소, 국가수호시설 1,286개소이다.

유형별로는 기념비·탑(1,667), 조형물(52), 공원(180), 기념관(98), 사당(54), 동상(161), 생가(47) 등이다. 그 가운데 대표적 기념관으로는 독립기념관(충남 천안), 전쟁기념관(서울 용산), 대한민국임시정부기념관(서울 서대문), 서대문형무소역사관(서울 서대문), 백범김구기념관(서울 효창동), 안중근의사기념관(서울 남산), 윤봉길의사기념관(서울 양재동), 유엔평화기념관(부산), 다부동전적기념관(칠곡), 학도의용군전승기념관(포항), 호남호국기념관(순천), 독도의용수비대기념관(울릉) 등이 있다.

제 1 부

역사를 품은 길

01

겨레의 언덕
첫 기억과 추모의 터

서울현충원은 보훈가족은 물론이고 시민들과 학생들이 자주 찾는 곳이다. 총 25킬로미터에 이르는 '동작충효길'에서 만나는 곳이기도 하다. 60대 이상의 시민들에게는 '동작동 국립묘지'가 더 익숙한 이름이다.(2006년 2월 말 '서울현충원'으로 개칭되었다.) '동작동'은 한양과 경기도 과천을 오가는 한강나루의 하나인 동재기 나루(銅雀津)에서 유래되었는데 붉은 구리빛깔의 돌이 많아서 붙여진 이름이라고 한다.

동작동 국립묘지는 우리나라의 첫 '기억과 추모의 터'이다. 민족사의 혈맥을 이은 분들을 만나는 장소이다. 그분들은 살아 있는 사람들에게 따뜻한 자리를 내준 '거룩한 응달'이다. 그래서 국립묘지에 들어서면 무거운 분위기 속에 마음가짐을 새롭게 하게 된다.

　정문에 들어서면 충성분수대를 만난다. 각 군을 대표하는 여섯 명
의 병사들이 사방을 응시하고 있다. 정면에 넓은 잔디광장이 펼쳐져
있고, 멀리 현충문 뒤로 현충탑이 보인다. 중앙의 현충탑을 중심으로
부채꼴 모양으로 펼쳐진 묘역에 5만 4천여 기가 빼곡히 들어서 있
다.(봉안된 위패와 안치된 유골을 포함하면 총 19만 1천여 위에 이른다.)

　서울현충원의 전체 면적은 143만 제곱미터이고, 묘역은 ①국가원
수묘소 ②임시정부요인묘소 ③독립유공자묘역 ④ 국가유공자묘역
(3개소) ⑤장군묘역(3개소) ⑥장병묘역 ⑦경찰관묘역 ⑧외국인묘소
로 구분된다. 그 가운데 장병묘역(경찰관묘역 포함 56개)이 대부분을
차지하고 있다. 그 외 충혼당(2개소), 무후선열제단과 위패봉안관(무
명용사의 유골을 안치한 봉안실 포함)이 있다. 주요 메모리얼은 호국영
령무명용사비, 현충탑, 충열대, 대한독립군무명용사위령탑, 재일학도

의용군전몰용사위령비, 경찰충혼탑, 육탄10용사현충비, 학도의용군 무명용사탑, 유격부대전적위령비 파월전몰장병추모비, 충성분수대, 호국승천상 등이다.

Y와 K의 대화 ——————————————————

Y 세계 어디서나 국립묘지는 '신성한 장소(shrine)'입니다. 기억과 추모를 위한 많은 장소가 있지만 국립묘지만큼 큰 울림을 주는 곳은 없을 것입니다. 여기 오면 항상 느끼는 것이지만 터를 잘 잡았다는 생각이 듭니다.

K 북한산, 남산, 관악산을 잇는 해발 174.8미터 공작봉 기슭에 위치한 배산임수(背山臨水)의 지형입니다. 좌우로 펼쳐진 언덕 위에서 한강과 도심을 바라보는 형국으로 순국선열과 호국영령께서 국가와 국민의 안위를 살피고 있는 느낌을 받습니다. 풍수적 형국으로도 봉황포란형(鳳凰抱卵形)에 해당하는 곳으로 효창공원과 함께 서울에서 보기 드문 명당이라고 합니다.[3]

Y 국립묘지는 나라를 위해 희생하였거나 공헌한 분들이 잠든 유택(幽宅)이자 안식처입니다. 국가 공동체의 수호와 발전의 밑거름이 된 순국선열과 호국영령의 영혼을 위로하고 감사를 표하는 제례(祭禮)를 행하는 장소이기도 합니다. 하지만 언제부터인가 시민들

의 휴식 장소로 변해가는 느낌입니다.

K 경건한 장소이기도 하고 시민친화적인 면도 고려할 필요가
있겠지요. 일상에서 선열들을 만나고 고마운 마음을 갖는다
면 좋은 일이지요. 사실 국립묘지에 담긴 의미는 더 깊은 데 있습니
다. 국립묘지는 집단기억(collective memory)을 통해 정체성을 확인하
고 결속과 통합에 이르게 하는 중요한 기능을 수행합니다.

Y 고대 그리스에서 시작된 국립묘지는 19세기 중반 남북전쟁
때 미국에서 재현되었습니다. 국립묘지(National Cemetery)라
는 명칭도 그때 시작되었지요. 그리고 세계 각국으로 확산되었습니다.

K 국립묘지는 국민국가와 직접적 관련이 있습니다. 동아시아
에서는 근대 초까지 전제 왕조 국가 이어지고 있었습니다. 그
런 상황에서는 왕실의 존귀함을 과시하는 게 우선일 수밖에 없었겠
지요. 국립묘지를 만들어 전사한 병사들을 모시고 국가가 주관하여
의례를 행한다는 것은 생각하기 어려웠을 것입니다.

Y 국립묘지는 무명용사의 묘와 함께 국민국가 최고의 상징입니
다. 새해가 시작되거나 6월 호국보훈의 달을 맞이하면 정치
지도자들을 비롯한 많은 시민이 참배를 하지요. 나라가 어려울 때마
다 순국선열과 호국영령을 떠올립니다. 그분들을 기억하며 용기를 얻

습니다. 음우(陰佑)라는 말이 있는 것도 그 때문이 아닐까 합니다.

K 국립묘지는 겨레의 혼, 민족의 정기가 서린 곳입니다. 에르
네스트 르낭(Ernest Renan)은 국민국가(nation)를 '이미 치러
진 희생과 여전히 치를 준비가 되어 있는 희생의 욕구에 의해 구성된
거대한 결속'이라고 했습니다. 희생의 욕구가 없다면 국가가 존재하
기 어렵다는 뜻이겠지요. '상상의 공동체'로 정의한 베네딕트 앤더슨
(Benedict Anderson)은 무명용사의 기념비와 무덤에 공식적으로 경의
를 표하는 것은 전례가 없었던 일이라고 했습니다. 이름 없는 무명용
사에 존경을 바치는 것으로부터 '상상'이 '실재'가 된다는 의미로 해석
됩니다.

Y 우리나라의 국립묘지는 여러 가지 명칭과 형태로 되어 있는
것 같습니다. 4·19, 3·15, 5·18국립묘지는 알겠는데 현충원과
호국원은 구별이 어렵습니다.

K 안장대상이 조금 다를 뿐 큰 차이가 없습니다. 현충원 안장
대상은 대통령·국회의장·대법원장·헌법재판소장의 직에 있
었던 사람, 독립유공자, 현역군인, 무공수훈자, 20년 이상 복무 제대
군인, 전상·공상군경, 의사자·의상자, 국가사회공헌자 등입니다. 호국
원 안장대상은 그 명칭에서 알 수 있는 것처럼 전사·순직군경, 전상·
공상군경, 무공수훈자, 6·25·월남전 참전유공자, 10년 이상 복무 제대

군인 등입니다.

Y 6·25전쟁 70주년 행사 때 미국에서 운구해 온 147위의 국군 전사자 유해를 맞이하는 감동적인 장면을 볼 수 있었습니다. 북한에 발굴되어 미국에 보내진 유해 가운데 한국인으로 확인된 것입니다.

K 세계 각국의 전사자 안장제도는 크게 두 가지 유형으로 나눌 수 있습니다. 영연방을 비롯한 유럽 국가들은 대개 현지 안장을 원칙으로 하고 있습니다. 종교시설이나 군인묘지 또는 전쟁묘지를 이용하는 것도 그 때문이지요. 미국만큼 유해를 찾기 위해 애쓰는 나라도 없을 것입니다. 하와이에 전쟁포로·실종자확인 합동사령부(JPAC)를 설치하여 세계 각지에서 유해를 수습하고 신원 확인 과정을 거쳐 국립묘지에 안장하고 있습니다. 우리나라도 2000년 6·25전쟁 50주년을 계기로 국방부에 국군유해발굴감식단(MAKRI)을 설치하고 격전지에서 유해를 발굴하고 있습니다. 하지만 후손들까지도 사망한 경우가 많아 신원 확인을 위한 시료 채취에 어려움이 많다고 합니다.

02

초록색 잔디광장을 바라보다

현충일 추념식

현충문 앞에는 정문을 향하여 초록색 잔디광장이 펼쳐져 있다. 6월 6일 뜨거운 햇살 아래 현충일 추념식이 거행되고, 소복을 입은 유가족들이 눈물을 훔치던 장면이 떠오른다. 국립묘지는 얼마나 많은 아픔과 슬픔을 담아냈을까? 이곳은 휴일이면 아이들과 함께 즐거운 시간을 보내는 시민공원으로 변한다. 순국선열과 호국영령에 대한 예의가 아니라는 생각이 없지 않지만, 그런 모습이야말로 그분들이 바라던 세상이 아니었을까 싶다.

우리나라의 현충일은 1953년 6월 6일 육·해·공군 합동 '전몰장병 추도식'으로부터 시작되었다. 1956년 현충기념일로 승격되어 새로 개장된 국군묘지(현 서울현충원)에서 거행되었다. 그날 대통령 담화문 가운데 한 부분이다.

　　이날을 국정공휴일로 하여 관민이 사업을 정지하고 순국의사를 추모하며 일
편으로는 우리나라 역사에 영광스럽고 빛나는 영예를 드러나게 하는 것이니 다
른 나라에서 지켜오는 '메모리얼 데이'가 되는 것이다.

　　외국의 선례를 따른 것이지만 날짜는 우리의 전통에서 찾은 것
으로 보인다. 자료가 남아있지 않아 정확히 알 수 없지만 6월은
6·25가 들어있는 달이라는 상징성이 있고, 그해 6월 6일은 24절기
가운데 망종(芒種)이었다. 망종은 벼나 보리와 같이 수염이 있는 곡
식의 씨앗을 뿌리기 좋은 절기로서 예로부터 제사를 지내는 풍습이
있었다고 한다. 한 알의 씨앗이 새싹을 틔우는 것처럼 재생의 뜻이
담긴 의례로 볼 수 있을 것 같다.

　　고려 현종 때 전사자의 유해를 수습하여 제사를 지내게 했다는 기
록이 있다. 현종 2년(1011년) 때 거란의 침입을 격퇴한 후 전사자의
유골을 집으로 보내 제사를 지내도록 하였고, 현종 5년(1014년)에는

국경을 지키다가 사망한 군인의 유골을 집으로 보내라는 교지를 내렸다는 기록이 있다. 첫 번째 명을 내린 음력 4월 14일은 절기상 망종과 비슷하고, 두 번째 교지를 내린 날은 음력이지만 공교롭게도 6월 6일이다.

유사(有司)에 명하여 서울과 지방에서 전사한 유골을 거두어 장사지내고 제사를 지내게 하였다.(「고려사」 권4 세가 권제4, 현종 2년 4월 14일) 방수군(防戍軍) 중에 길에서 죽은 자는 관청에서 염구(斂具)를 주고 그 유골을 상자에 담아 역마에 실어 빨리 집에 보내게 하라. 상려(商旅)로 죽어 성명과 본관을 알 수 없는 자는 소재지의 관사(官司)에 임시로 매장하고, 그 늙고 젊음과 외모를 기록하여 의심스럽거나 그릇되지 않도록 하라.(「고려사」 권4 세가 권제4, 현종 5년 6월 6일)

1956년 정부기념일로 제정된 현충기념일은 1975년 현충일로 개칭되었다. 현충일 추념식은 매년 6월 6일 오전 10시 정각 '순국선열과 호국영령에 대한 묵념'으로부터 시작된다. 사이렌 소리에 맞추어 모든 국민들이 행동을 멈추고 묵념을 행한다. 추념식의 절차는 대체로 국민의례, 헌화와 분향, 추념사, 현충의 노래 등으로 이어진다. 헌시(獻詩)나 공연과 같은 특별한 퍼포먼스가 포함되기도 한다.

현충일(Memorial Day)은 미국에서 시작되었다. 남북전쟁 직후인 1868년에 시작된 '장식의 날(Decoration Day)'이 기원이다. 5월 마지막 월요일을 현충일로 정한 것은 꽃이 만개하는 시기를 택한 것이라고 한다. 그날은 가족과 친지는 물론이고 모든 주민이 모두 일손을 멈

현충일 추념식(서울현충원 현충문 앞)

추고 전사자의 묘소를 찾아 꽃은 놓는다.

현충일 추념식은 알링턴 국립묘지의 '무명용사의 묘'에서 대통령의 헌화로부터 시작된다. 진혼곡(Taps)이 연주되는 가운데 헌화가 끝나면 본 행사가 열리는 원형추모극장(Memorial Amphitheater)으로 이동한다. 추념식은 대개 기도, 국가, 찬송가, 추념사, 진혼곡 연주, 기도, 합창의 순으로 진행된다. 「국가 추모 의례에 관한 법률(National Moment Remembrance Act)」에 의해 모든 국민이 오후 3시 라디오와 텔레비전의 안내 방송에 따라 일제히 일손을 멈추고 '1분간 묵념'을 행한다.

미국의 현충일은 전국적으로 일치되어 있지 않다. 남북전쟁의 여파로 일부 남부 주에서는 남부동맹 현충일(Confederate Memorial Day)

을 따로 제정하여 공식 또는 비공식적으로 추념하고 있다, 테네시, 텍사스, 미시시피, 플로리다, 조지아, 노스캐롤라이나, 사우스캐롤라이나, 앨라배마, 루이지애나 등 9개 주에서는 공식 행사로, 또 다른 5개 주에서는 비공식 행사로 하고 있다. 특히, 텍사스 주의 공식 명칭은 '남부연합 영웅들의 날(Confederate Heroes Day)'로 되어 있다. 긴 세월이 흘러도 내전을 겪은 나라의 국민들이 하나가 되는 것이 쉬운 일이 아니라는 것을 보여준다.

영국의 현충일(Remem-brance Day)은 11월 11일이다. 1차 대전의 종전협정이 서명된 날이다. 1개월 전부터 붉은 양귀비꽃 조화를 가슴에 착용하고 추모 분위기에 들어가기 때문에 포피 데이(Poppy Day)라고도 한다. 추모의식은 1차 대전 정전협정이 서명된 11시 정각에 런던의 중심가 화이트홀(Whitehall)에 세워진 현충탑(Cenotaph) 앞에서 빅벤(Big Ben)의 알림 소리와 함께 시작된다. 2분간 묵념, 나팔수의 라스트 포스트(Last Post · 취침나팔) 연주, 헌화, 간단한 종교의식, 라우즈(The Rouse · 기상나팔) 연주, 참전용사들의 퍼레이드로 이어진다. 헌화는 국왕, 왕실 구성원, 총리, 군 대표 순으로 이어진다. 추념식의 개념은 최대한의 절제와 경건함이다. 참석자들은 의식이 끝날 때까지 현충탑 주위에 조용히 서 있다. 순수한 기억과 추모일뿐 특별한 메시지를 내지 않는다. 자유로운 복장과 편안한 분위기 속에서 개최되는 미국의 현충일 추념식과 대조적이다.

영연방 국가인 캐나다, 오스트레일리아, 뉴질랜드의 현충일 또한 영국과 다르지 않다. 오스트레일리아와 뉴질랜드는 4월 25일 안작 데이(Anzac Day)가 더 중요한 날이다. 안작은 1차 대전 때 오스트레일리아·뉴질랜드 연합군(Australian and New Zealand Army Corps)을 의미한다. 그들은 1915년 4월 25일 튀르키예(터키)의 갈리폴리 전투에서 큰 희생을 겪었다. 수도 캔버라에는 국회의사당과 전쟁기념관을 잇는 안작 퍼레이드(Anzac Parade)라는 붉은색으로 포장된 도로 겸 광장이 있다. 그곳에는 한국전 참전 기념비를 비롯한 호주군 참전 기념비가 세워져 있다.

프랑스에서 현충일은 정전기념일(Jour de l'armistice)이다. 영국과 마찬가지로 1차 대전의 종식을 기리는 날이다. 기념식은 11월 11일 11시 개선문 중앙 아치 밑 '무명용사의 묘' 앞에서 1분간 묵념으로 시작된다. 추모를 상징하는 블루에 드 프랑스(Bleuet de France), 즉 파란색 수레국화도 있다. 제1차 세계대전 때 어린 신병들이 입었던 군복 색깔에 착안한 것이다.

러시아에는 승리의 날, 러시아의 날, 노동자의 날, 국제 여성의 날 등 기념일이 매우 많다. 그 가운데 대표적인 국가 추모일은 '기억과 슬픔의 날(Day of Remembrance and Sorrow)'이다. 1939년 독일의 침공을 대항하여 참전한 날을 기념하고, 희생자를 추모하기 위한 날이다. 6월 22일 12시 15분 모스크바 붉은 광장 크렘린 벽에 설치된 '무명용사의 묘' 앞에서 1분간 묵념을 행한다. 그 외 '제1차 세계대전 희생자 추모일(8.1)'과 '정치적 탄압 희생자 추모일(10.30)'도 있다. '기억과 슬픔의 날'이나 '제1차 세계대전 희생자 추모일'과 달리 구소련 붕괴 후 제정된 '정치적 탄압 희생자 추모일'은 공휴일로 되어 있다.

독일에는 '국민 애도의 날(Volkstrauertag)'이 있다. 1922년 1차 대전 전사자를 추모하는 날로 시작되어 나치 정권하에서 영웅 추모의 날(Heldengedenktag)로 변질되었다가 1952년부터 '국민 애도의 날'이 되었다. 지금은 전쟁, 폭정, 테러 등을 포함한 전체 희생자를 애도하는 날로 되어 있다. 강림절(降臨節)이 시작되기 직전의 둘째 일요일에 연방하원 주관으로 개최되며 공휴일이 아니다.

Y와 K의 대화

Y Remembrance Day나 Memorial Day는 우리말로 '기억의 날'이나 '추모의 날' 정도로 번역될 수 있을 것 같습니다. 그에 비해 현충일(顯忠日)은 왕조시대의 느낌이 있습니다. 지금은 국가에 대한 충성을 의미합니다만 유래가 궁금합니다.

K '현충(顯忠)'에 관한 최초의 기록으로는 서경(書經)의 상서 편에서 찾을 수 있습니다. "현자를 돕고 덕 있는 자를 돌보아 주시며 충성된 자를 드러내고 어진 이를 이루게 하여 주시며(佑賢輔德 顯忠遂良)"라는 기록이 그것입니다. 하지만 보통명사로 사용된 것은 훨씬

뒤의 일인 것 같습니다. 우리 역사에서는 1707년 숙종이 충무공 사당에 현충사(顯忠祠)를 사액(賜額)하면서 처음 사용된 것으로 보입니다.

Y 미국과 영국의 현충일은 날짜부터 차이가 있습니다. 미국의 현충일은 남북전쟁 직후 '장식의 날'로부터 시작되었습니다. 꽃을 장식하는 날인 만큼 꽃이 만개하는 5월 말을 택한 것이지요. 영국은 '위대한 전쟁(Great War)'으로 불리는 1차 대전 종전일인 11월 11일을 현충일로 정하여 중요한 의미를 부여하고 있습니다. 미국은 11월 11일을 제대군인의 날(Veterans Day)로 하여 그들의 희생을 기리고 있습니다. 사실상 봄, 가을 두 번의 현충일이 있는 셈입니다.

K 추념식을 지켜보면 미국과 영국의 분위기는 확연한 차이가 있습니다. 검은 옷을 착용하고 시종 엄숙한 영국의 현충일에 비하여 미국에서는 일상복 차림에 아주 자유로운 분위기입니다. 모든 참석자가 현충탑(Cenotaph) 주변에 서서 의식에 참가하는 영국과 달리 미국의 경우는 원형의 노천극장에 자리 잡은 참석자들이 정면 회랑의 귀빈들을 바라보는 구조로 되어 있습니다. 대통령, 국방장관, 합참의장 등의 연설이 행사의 큰 부분을 차지하는 점에서도 큰 차이가 있지요. 기억과 추모의 의미를 살리는 데는 영국의 방식이 좋아 보입니다.

지역 사회에서 현충일을 맞이하는 모습에도 차이가 있습니다. 영국 런던 웨스트민스터 대사원의 잔디정원은 현충일이 다가오면 붉은 양귀비 조화가 부착된 작은 십자가로 채워집니다. '기억의 들판(Field of Remembrance)'이라 불리지요. 미국 매사추세츠 주도의 보스턴 공원(Boston Common)에는 현충일마다 전사자를 상징하는 3만 7천여 개의 성조기가 꼽힙니다. 그야말로 성조기의 물결을 이루지요. 두 사례만으로 단정적으로 말하기는 어렵지만 영국의 추념식이 전사자의 추모에 초점이 있다면, 미국은 국가에 대한 긍지와 애국심을 불러일으키는 데 방점이 있다는 느낌을 받습니다.

Y 전사자에 대한 국가 차원 공식적 추모는 제1차 세계대전 이후 서양에서 시작되었습니다. 그렇다 보니 우리나라의 추모 의식(儀式) 또한 서양의 관례를 따르게 된 것이 아닌가 합니다.

K 국가, 국기, 국장, 국화, 헌화, 경례, 묵념, 심지어 예포까지도 그렇습니다. 전통문화를 가미하여 발전시킬 부분이 있을 것 같습니다. 종묘제례나 석전대례를 참고하고 전통음악을 활용한다면 품격을 한층 더 높일 수 있지 않을까 합니다.

03

현충탑 앞에서
향을 사르다
조국의 제단

　현충문에서 화강암으로 놓인 통로를 따라서 올라가면 현충탑 아래에 설치되어 있는 제단에 이른다. 현충탑은 31미터 높이로 동서남북 사방을 가리키는 십자(+) 형태로 되어 있다. 병풍 모양의 둘레석 양쪽에 조형물이 세워져 있다. 왼쪽 석벽 끝에는 5인의 애국투사상이, 오른쪽 석벽 끝에는 5인의 호국용사상이 세워져 있다. 현충탑 아래 제단 앞에는 이렇게 새겨져 있다. "여기는 민족의 얼이 서린 곳 조

현충탑

제단과 명비

국과 함께 가는 이들 해와 달이 보호하리라"

참배의식은 현충탑 앞 제단에 향을 사르고 순국선열과 호국영령에 대한 경례와 묵념으로 이뤄진다. 참배의식만으로는 그곳이 갖는 의미를 제대로 이해하기 어려울 것 같다. 현충탑 아래 지하의 위패봉안관이 들어서면 숙연한 마음을 금할 수 없다. 몸은 어디에 두고 한 조각 위패(位牌)로만 남았을까?(위패는 죽은 이의 이름과 날짜를 쓴 나무패를 말한다.) 벽면에 붙은 위패 하나마다 얼마나 많은 사연이 담겨 있을까?

중앙에 순백색 영현승천상과 호국영령 무명용사비가 서 있고, 벽면에 유해를 거두지 못한 전사자 10만 3천여 개의 검은색 위패가 빼곡히 걸려 있다. 김풍익 중령, 심일 소령, 장세풍 중령, 김용식 일병, 홍재근 일병과 같은 6·25전쟁영웅의 위패가 보인다.(김용식, 홍재근 일병은 태극무공훈장을 받았다. 김용식 일병은 사병으로서 최초였다.) 유원석 일병·유장석 상병 형제의 위패도 보인다. 40년 이상 벽면에 걸려 있던 위패가 제거되는 일도 있었다. 1951년 북한군의 포로가 되었다가 1994년 생환한 조창호 소위가 그 주인공이다.

호국영령 무명용사비 아래 지하에는 무명용사 봉안실이 설치되어 있다. 봉안실에는 6·25전쟁 전사자를 대표하는 무명용사 1위와 무명용사 5,870위가 합장 형태로 모셔져 있다.

영현승천상   위패가 걸린 벽면

Y와 K의 대화 ————————————————————

Y 조금 전 제단 앞에서 분향과 묵념을 하였지만 어떤 의미가 담겨 있을까요? 유교문화권의 제례 절차의 하나이기는 하지만 국가의 의례인 만큼 다른 의미가 있지 않을까요?

K 대부분의 근대적 의례는 서양의 전통과 관련이 있지만, 분향은 동아시아의 전통 의식의 하나입니다. 예로부터 향을 사르는 것은 사사로운 기운을 물리치고 바른 기운을 북돋우기 위한 것으로 천·지·인(天·地·人) 사상과 관련이 있습니다. 현충원의 설명에 의하면 하늘과 땅, 그리고 순국선열과 호국영령에 감사하는 의미가 담겨 있습니다.

Y 묵념(默念)은 중국에서 묵애(默哀), 일본에서 묵도(默禱) 등으로 조금 차이가 있기는 합니다만, 공통적 의례의 하나일 것입니다. 우리나라의 전통에서는 고인의 명복을 기원하는 의미로 알고 있습니다만 다른 의미가 있을까요?

K 묵념은 나라를 위한 희생에 대한 감사의 표시이지만 더 깊이 들어가면 자신의 신념을 위하여 모든 것을 바치기로 한 죽은 사람들과 산 자가 하나가 되는 순간, 일종의 정신적 교감을 의미합니다. 우리의 묵념(默念)과 서양의 침묵(silence)은 사전적으로는 차이가 없지만 다른 면이 있습니다. 묵념이 돌아가신 분의 명복을 비는 의식이라면 침묵은 모든 행위를 중지하고 전사자에 집중한다는 의미가 강합니다.

서양의 침묵은 남아프리카 공화국에서 처음 시작되었습니다. 1918년 5월부터 1919년 5월까지 매일 정오에 2분간 침묵의 시간을 가졌다고 합니다. 케이프타운 전체가 정지되는 모습에 큰 감명을 받은 남아프리카 주재 영국 대사 퍼시 피츠패트릭 경(Sir Percy Fitzpatrick)의 제안으로 1919년 11월 11일 11시 정각에 런던에서 2분간 침묵(Two-minutes silence)이 시행되었습니다. "완벽한 고요에서 모든

이들이 영광스럽게 죽은 자의 기억에 경건하게 집중할 수 있도록 모든 활동이 중지되어야 합니다." 1919년 11월 7일, 시행에 앞서 국왕 조지 5세가 한 말입니다.

Y 현충탑 아래 위패봉안관에서 '호국영령 무명용사비'를 보았습니다. 지하 공간에 세워진 소박한 모습의 작은 비(碑)였습니다. 서양의 '무명용사의 묘'와 차이가 있는 것 같습니다.

K 서양의 무명용사에는 특별한 의미가 있습니다. 20세기 중반까지도 전쟁으로 얼룩진 유럽의 들판에는 수많은 무명용사가 묻혀 있습니다. 그중에 단 한 명의 유해를 발굴하여 수도의 중심부에 '무명용사의 묘'를 세웠습니다. 영국의 경우에는 웨스트민스터 사원의 역대 국왕들 사이에 안치하여 국왕의 반열에 올렸습니다. 프랑스를 비롯한 많은 나라가 무명용사의 묘에 '꺼지지 않는 불꽃' 조형물을 함께 설치하여 불멸의 충혼을 기리고 국가의 영원함을 기원하고 있습니다. 미국 알링턴 국립묘지의 '무명용사의 묘'는 국가 최고의 성소(聖所)입니다. 국립묘지 안에 설치된 시설물임에도 불구하고 의장병을 배치하여 1년 내내 하루도 빠짐없이 24시간 경계를 서게 하고 있습니다.

04

첫 장병묘역에 들어서다
6·25전쟁에서 베트남 전쟁까지

　현충문 앞 잔디광장에서 현충일 추념식을 떠올리며 제1묘역으로 향했다. 왼쪽 제6묘역 입구에 육탄10용사현충비가 서 있다. 1949년 5월, 불법 점령당한 개성 송악산 고지를 탈환하기 위하여 포탄을 안고 진지에 뛰어든 서부덕 중위(당시 이등상사)를 비롯한 10용사의 희생을 기리기 위한 것이다.

　제1묘역과 제2묘역 사이로 올라가는 길은 국군의 길이다. 오른쪽 제1묘역에는 6·25전쟁 때 자유민주주의를 지킨 분들이, 왼쪽 제2묘역과 제3묘역에는 베트남 전쟁의 참전을 통하여 국군의 현대화와 경제발전의 밑거름이 된 분들이 잠들어 있다. 좌우에 펼쳐진 빛바랜 비석에 다가가면 평온한 일상이 거저 온 것이 아니라는 것을 새삼 느끼게 된다. 조국이 부를 때 대답한 사람들, 목숨을 필요로 할 때 목숨을 준 사람들, 피를 흘려야 할 때 기꺼이 그렇게 한 사람들이 있었다.

　서편 묘역이 시작되는 제1묘역에는 문경 전투 표지판이 서 있다. 국군 제6사단(사단장 김종오)은 1950년 7월 12일부터 7월 31일까지 북한군 제1사단의 공세를 저지하기 위하여 이화령을 통과하는 국도 3호선에 방어선을 구축하였다. 국군은 이화령-조령 전투와 영강지구 전투를 통하여 북한군의 남하를 지연시킴으로써 낙동강 방어선을 형성할 수 있는 시간을 벌어주었다.

　6·25전쟁 초기 서부전선에 제1사단(사단장 백선엽)이 있었다면 동부전선에는 제6사단이 있었다. 6사단은 춘천-홍천 전투, 동락리 전투, 문경 전투, 영천-신녕 전투를 통하여 남하를 지연 또는 저지하고 반격전에서 압록강 초산에 가장 먼저 도달하였고, 용문산전투 등에서 큰 전과를 거뒀다. 6사단은 문경 전투 직전 음성의 무극에서 벌어진 동락리 전투는 한 여교사의 기지와 용기로 북한군에 심대한 타격을 주었다.

제1묘역에는 문경 전투를 포함하여 39명의 6·25전사자들이 안장되어 있다. 당시 대대장으로 활약했던 김용배 대령(준장 추서)[4]은 1951년 7월 양구 토평리 지구에서, 박노규 대령(준장 추서)은 1951년 3월 영양 일월산 지구에서 전사하여 장군 제1묘역 서쪽 언덕에 나란히 묻혀 있다.

6월 25일 당일 동두천과 포천이 함락된 데 이어 27일 창동과 미아리 방어선을 돌파하고 28일 새벽 서울 중심부를 점령하자 미국의 트루먼(Harry S. Truman) 대통령은 지상군 투입 명령을 하달하였다. 1949년 6월 말 미군은 군사고문단(KMAG)만 남겨두고 모든 병력이 철수한 상태였다. 철군에 대한 보완책으로 육군 6만 5천명을 기준으로 그에 필요한 장비와 소수의 해군 함정을 지원하는 선에 그쳤다. 그에 비해 북한군은 소련의 지원으로 공격 위주의 현대적 군사체계를 갖추고 있었다.

6·25전쟁이 발발하자 유엔 안전보장이사회가 소집되었고, 결의안 제82호, 83호, 84호가 연이어 발표되었다. 한국이 유엔에서 승인한 한반도의 유일한 합법정부라는 것을 근거로 38선 이북으로의 철수를 촉구하는 한편, 회원국의 지원을 권고하면서 유엔 차원의 집단안전 보장 조치로 미국의 지휘 하에 통합사령부를 설치하는 것이 핵심적 내용이었다.

그에 따라 1950년 7월 7일 더글러스 맥아더 장군을 사령관으로 하는 유엔군이 조직되었다. 국군 수뇌부는 한강 도하를 저지하기 위

한강 전투 전사자 명비(서울 노량진)

하여 시흥지구 전투사령부(사령관 김홍일 소장)를 편성하여 강남, 흑석동, 노량진, 영등포, 김포에 이르는 방어선을 구축하였다. 한강 철교 주변의 흑석동, 노량진, 여의도는 하루에 수차 주인이 바뀌는 치열한 전투가 전개되었다.

방어선을 지켜내지는 못했지만 6월 28일부터 7월 3일까지 6일간 남하를 저지함으로써 미 지상군이 진입할 수 시간을 벌어주었다.[5] 노들나루공원의 한강 전투 전사자 명비에 새겨진 941명의 이름이 그것을 대변한다.

일본에 주둔하고 있던 미 육군 2개 사단이 차례로 투입되었다. 그러나 오산과 대전의 초기 전투에서 북한군의 남하를 저지하지 못하고 뿔뿔이 흩어져 남쪽으로 후퇴하였다. 북한군은 호남, 경북 북부,

다부동전적기념관(경북 칠곡)

동해안 등 세 방향으로 남하하여 왜관, 포항, 마산 선까지 장악하였
다. 국군과 유엔군은 마산-왜관-영덕을 연결하는 총 240킬로미터의
방어선을 구축하였다. 마산에서 왜관까지 120킬로미터는 유엔군이,
왜관에서 영덕까지 120킬로미터는 국군이 맡았다. 북한군이 14만
명을 동원하여 총공격에 나섰지만 미 공군의 대폭격과 아군의 결
사적 항전으로 낙동강 교두보를 사수할 수 있었다. 국군 1사단(사단
장 백선엽)이 주축이 된 다부동 전투의 승리는 인천상륙작전과 반격
의 결정적 발판이 되었다.

전쟁의 양상은 유엔군의 인천상륙, 수도 탈환, 북진, 평양 입성, 압
록강 도달, 중공군 개입, 1·4후퇴와 재반격, 휴전협상과 고지쟁탈전
등으로 이어졌다. 1950년 9월 28일 서울을 탈환한 국군과 유엔군은

인천상륙작전

북진을 계속하여 평양을 점령하였다. 10월 24일 '추수감사절 공세'가 개시되어 미 제8군과 제10군단은 각각 압록강과 청진으로 진격했다. 10월 26일 국군 제6사단 제7연대가 압록강변의 초산에 입성하였다.

하지만 10월 19일부터 중공군이 4개 군단 26만 명이 압록강을 건너 유엔군과 국군을 기다리고 있었다.(후반부에는 17개 군단 120만 명에 달했다.) 그와 함께 11월 1일 MIG-15기로 무장한 소련 공군이 중공 전투기로 위장하여 참전하였다. 중공군의 공세는 동, 서 두 방향으로 전개되었다. 운산과 희천에 5개 군단이, 장진호 북쪽에 1개 군단이 투입되었다. 유엔군과 국군은 '크리스마스 공세'를 통해 조기에 차단하려고 했지만 중공군의 제2차 공세에 밀려 평양을 내주고 38선으로 밀려났다.

한편, 북한의 임시수도 강계를 점령하기 위해 개마고원 장진호까지 북상했던 미 제10군단 예하 해병 제1사단은 중공군 제9병단(12개 사단, 12만 명)에 포위되었다. 미 해병 제1사단은 11월 27일부터 12월 11일까지 영하 30도가 넘는 혹한 속에서 적진을 뚫고 철수에 성공하였다. 2주간에 걸친 사투는 흥남 철수 작전의 성공으로 이어졌다. 동부전선의 유엔군과 국군 10만 5천 명, 민간인 9만 8천 명, 차량 1만 7,500대, 장비 30만 톤이 193대의 선박에 실려 남쪽으로 이동할 수 있었다.

장진호전투와 혹한 속 철수작전

1950년 12월 31일 중공군의 제3차 공세를 저지하지 못한 유엔군과 국군은 다시 서울을 내주고 평택, 안성, 원주, 단양, 영월, 삼척에 이르는 북위 37도선으로 물러났다. 전세를 바꾼 것은 1951년 5월

용문산 전투였다. 국군 제6사단은 중공군 3개 사단의 춘계 대공세를 저지하고 공세로 전환할 수 있었다.

전열을 재정비한 유엔군은 중공군의 공세를 뚫고 북상하여 문산, 금화, 고성 선에서 대치하였다. 피의 능선(Bloody Ridge), 펀치볼(Punchbowl), 단장의 능선(Heartbreak Ridge), 올드 브래디(Old Baldy), 아웃포스트 해리(Outpost Harry), 후크 고지(Hook), 백마고지, 저격능선(Sniper Ridge), 철의 삼각지(Iron Triangle), 폭찹 힐(Pork Chop Hill), 베티고지 등에서 치열한 전투가 벌어졌다. 마지막 결전은 1953년 7월 13일에서 19일까지 김화 지역에서 벌어진 금성전투였다.

1951년 7월부터 휴전회담이 시작되었다. 이승만 정부는 계속 북진을 주장하면서 일방적으로 반공포로를 석방하였다. 북한의 재침에 대비한 안전판을 마련하기 위한 일종의 저항이었다. 미국은 대한방위조약을 약속하였고, 1953년 7월 27일 정전협정이 서명되었다. 그해 10월 1일 한미상호방위조약이 정식 조인되어 1954년 11월 18일 발효되었다.

6·25전쟁이 발발하기 전 10만여 명에 불과하던 국군은 전쟁을 치르면서 20개 사단 70만 명 규모로 성장해 있었다. 6·25전쟁에서 사망·부상·실종·포로를 포함하여 국군 621,479명, 유엔군 154,881명을 포함하여 총 776,360명의 희생자가 발생하였다.[6] 그중 12만 3천 명의 유해는 수습되지 못한 채 남아 있다. 제72전차대

대 장교로 참전한 역사 저술가 시어도어 R. 페렌바크(Theodore R. Fehrenbach)는 《이런 전쟁(This Kind of War)》에서 이렇게 말한다.

한국군은 훨씬 더 좋아졌다. 한국군 고위 지휘부는 여전히 약했지만 한국군 사단은 중공군에 대한 공포를 떨어냈다. 중궁군의 인해전술에 맞닥뜨려서도 더 이상 무기력하게 무너지지 않았다. (…) 미군이나 중공군에 못 미쳤지만 한국 육군은 부끄러울 것이 없었다.[7]

미군 수뇌부는 지휘역량의 향상을 위해 한국군 장교들을 미국에 보내 군대를 지휘하는 법을 배우게 하였다. 그들은 선배들을 대신하여 상급 부대를 지휘하게 되었고, 국군의 성장을 견인하는 중요한 인적자원이 되었다.

제2, 제3묘역에 잠든 분들은 대부분 베트남 전쟁 전사자들이다.[8] 한국군의 파병은 4차에 걸쳐 이뤄졌다. 제1차(1964, 이동외과병원·태권도교관단), 제2차(1965, 건설지원단-비둘기부대), 제3차(1965, 제2해병여단-청룡부대/수도사단-맹호부대), 제4차(1966, 제9보병사단) 등이다. 한국군의 작전개념은 주민이 거주하는 외곽지역에 전술기지를 설치하여 베트콩(민족해방전선 군사조직)과 주민을 차단, 분리시키는 데 있었기 때문에 민사 심리 작전이 매우 중요했다. 그에 따라 대부대 작전(1,175회)보다 대부분 소부대 작전(57만여 회)에 의존하였다.[9]

대표적인 전투는 둑꼬전투(Battle of Duc Co), 짜빈동전투(Battle of

제2묘역과 제3묘역(뒤편에 전사한 장교들이 다수 안장되어 있다.)

Tra Binh Dong), 오작교 작전, 안케패스전투(Battle of An Khe Pass) 등 이다. 한국군은 1964년 9월부터 1973년 3월까지 연인원 총 32만 5,517명이 참전하여 16,065명의 사상자(전사·순직 5,099, 부상 10,962, 실종 4)를 냈다. 베트남전쟁의 전사자·순직자는 주로 제2, 3, 21, 24, 26, 51묘역 등에 안장되어 있다.

Y와 K의 대화 ────────────────

Y 6·25전쟁은 낙동강 방어선의 고수, 인천상륙작전의 성공, 북진, 1·4후퇴, 수도 재탈환, 공방전, 휴전으로 이어졌지만 매 순간 국가 존망의 위기를 넘어야 했습니다.

K 중공군의 개입으로 다시 서울이 점령되자 유엔군은 진퇴양난에 빠졌지요. 미국 기록보존소(NARA) 문서에 의하면 미 8군 사령부는 한반도 철수 작전 계획(OP-PLAN 2-25)을 세워두고 있었습니다.[10] 미 합동참모본부는 '한국인 해외 소개(疏開)' 방안을 검토하기도 했습니다. 후보자로 제주도, 하와이, 필리핀, 오키나와, 사이판, 괌 등이 검토되었지만 모두 적합하지 않다는 결론을 낸 것으로 나와 있습니다. 당시 미 중앙정보국(CIA)의 보고서에 의하면 모택동과 스탈린은 모스크바에서 가진 회담에서 7개 항에 합의했습니다. "중국은 50만 명의 병력을 추가로 파견한다. 맥아더 장군이 요청한 만주 폭격에 미국 정부가 동의할 경우에 소련은 일본의 미군 기지를 폭격하고, 국제의용군을 조직하여 파병한다. 소련은 중국에 탱크와 트럭, 연료와 탄약을 지원하고 해·공군 병력을 파견한다"라는 내용이었습니다. 허장성세였을 수도 있지만 맥아더 사령관이 해임되고, 휴전으로 나아갔습니다.

Y 휴전으로 전쟁을 마무리 지을 수 있었던 것은 아무래도 양측이 모두 확전을 원하지 않았기 때문이었던 것으로 보입니다. 중·소는 추가 병력을 투입하지 않았고, 트루먼 대통령은 압록강 다리 폭파와 만주 폭격을 주장한 맥아더 사령관을 해임함으로써 확전 의지가 없다는 것을 보여주었습니다.

K   6·25전쟁은 중공군의 개입 이후 현상유지를 목표로 한 제한 전쟁의 양상으로 전개되었다는 것이 국제정치학자들의 일반적 견해입니다. 미국은 상황이 더 악화되면 전면 철수와 정부요인을 포함한 일부 한국인을 해외로 피난하는 방안까지 검토해 놓고 있었습니다. 최악의 상황을 맞이하지 않은 것은 유엔군과 국군의 분투로 수도를 재탈환하고, 피의 고지전을 통하여 한 치의 땅도 빼앗길 수 없다는 결연한 의지를 보여주었기 때문이 아닐까 합니다.

Y   6·25전쟁과 베트남 전쟁을 통하여 국군 약 64만 명의 사상자가 발생하였습니다. 그 가운데 14만 명 이상이 전사하였습니다. 평시 국토방위 과정에서도 불가피하게 순직자와 부상자가 발생하지요. 현재 등록된 보훈대상자는 얼마나 될까요?

K   보훈대상자는 본인(58만 4천여 명)과 유족(25만 4천여 명)을 포함하여 83만 4천여 명(2022년 12월 기준)입니다. 전상·공상군경 및 전몰·순직군경 유족(26만 9천여 명), 참전유공자(23만 3천여 명), 무공수훈자(8만 5천여 명), 고엽제후유의증환자(5만 여 명) 등이 대부분을 차지합니다. 독립유공자와 유족 8,761명(본인 10), 4·19혁명 861명(본인 417), 5·18민주화 운동 4,484명(본인 3,509), 특수임무유공자 3,866명(본인 2,879), 공상·순직공무원 14,640명(본인 3,412) 등입니다.

Y 국가유공자와 유족에 대한 보상과 예우는 당연한 일이지만 그분들의 명예를 선양하는 일 또한 여간 중요한 일이 아닐 것입니다. 묘역을 다니다 보면 잘 알려지지 않은 분들이 많이 있는 것 같습니다.

K 국가보훈부의 '이달의 독립운동가'와 '이달의 6·25전쟁영웅', 국방부 산하 전쟁기념관의 '이달의 호국인물' 등을 통해 국가유공자의 명예 선양이 이뤄지고 있습니다. 온라인 사이트로 공훈전자사료관(국가보훈부), 호국전몰용사공훈록(국방부 군사편찬연구소)이 있지만 연계가 되어 있지 않습니다. 체계적 공훈기록 관리를 위한 아카이브의 구축이 필요해 보입니다.

Y 제2묘역 맨 앞자리에 서 있는 초대 주월 한국군 사령관 채명신 장군의 비석을 보았습니다. "그대들 여기 있기에 조국이 있다"는 묘비명이 인상적이었습니다. 자신이 장군이 된 것은 전쟁터에서 조국을 위해 목숨을 버린 사병들이 있었기 때문이라며 전우들 곁에 묻어 달라는 유언이 있었다고 합니다. 국민들에게 신선한 충격을 주었던 것으로 기억합니다.

K 6·25전쟁에 이어 베트남 전쟁에 참전한 분입니다. 잘 알려지지는 않았습니다만, 이곳 서울현충원에는 동생 채명세 중위(제15묘역)도 묻혀 있습니다. 소대장으로 활약하다가 1952년 7월 고

성에서 전사했습니다. 장군에게는 비화 하나가 있습니다. '백골병단'이라는 육군본부 직할 유격부대를 지휘하던 중 북한군 장교 한 명을 생포하였는데 전향을 거부하자 "당신에게 죽을 권리는 있다"며 명예를 지켜주었다고 합니다. 죽기 전에 자식처럼 데리고 다니던 고아 소년을 거두어 달라는 부탁을 받았는데 자신의 동생으로 입적시켰다고 합니다. 소년은 잘 성장하여 서울에서 대학교수를 지냈다고 합니다.

Y 병사들이 있기에 지휘관들이 있고, 나아가 국가의 미래가 있었습니다. 6·25전쟁은 수많은 병사의 무덤이 되었습니다. 병사들은 '농민군'이라는 말이 있었을 정도로 농민의 자제들이 많았고, '소모품 소위'라는 말이 생겨났을 정도로 초급장교들의 희생이 컸습니다. 그러나 국가의 손길이 미치지 못하여 1960년대 말까지만 해도 거리에 나선 전상용사들을 쉽게 볼 수 있었지요. 미망인들의 눈물은 마를 날이 없었습니다.

K 묘역을 지나다 보면 '배위 합장'이라고 새겨진 비석이 늘어나고 있습니다. 무심코 지나치기 쉽지만 미망인의 오랜 한숨과 진한 아픔이 서려 있습니다. 비석의 뒷면이 중요합니다. 그중에는 1948년 남편을 나라에 바치고 최근에 세상을 떠나 함께 묻힌 분도 있습니다. 스무 살 전후에 홀로 되어 70여 년을 외롭고 고단한 삶을 살았습니다. 전상용사, 미망인, 유자녀의 삶에 대한 공감적 감정이 보훈의 첫걸음이 아닐까 합니다.

재정적 어려움이 컸다고는 하지만 국가가 제 역할을 다하지 못한 것은 사실입니다. 많은 전상자와 유가족이 사실상 방치되다시피 했습니다. 커다란 사회적 문제가 야기되기도 했지요. 보람과 긍지로 살아가야 할 분들이 실의와 고통 속에 살았습니다. 그로 인해 당사자는 물론이고 보훈의식에도 부정적 영향을 미쳤습니다. 1961년 원호처(현 국가보훈부)가 창설되고, 「군사원호보상법」을 비롯한 연금, 교육, 의료, 취업, 대부, 주택, 양육양로보호 등의 종합적인 법령체계가 구축됨으로써 정상화되기 시작했습니다.

🔊 미망인(未亡人)

'미망인'이라는 용어는 오래되었다. 기원전 8세기에서 6세기에 걸친 역사를 기록한 춘추좌씨전(春秋左氏傳)이 그 출전이다. 표준국어대사전은 '여성 본인이 스스로를 낮춰 부르는 말로써 타인이 지칭할 경우에는 실례가 될 수 있다'라고 풀이되어 있다. 국립국어원에 의하면 "아직 따라 죽지 못한 사람이란 뜻으로, 남편이 죽고 홀로 남은 여자를 이르는 말"로서 부정적 인식을 줄 수 있다고 하여 순화어 채택이 검토된 적이 있다. 순화어를 채택하지 않은 대신에 '미망인'의 뜻풀이를 '과거의 용법'과 '현재의 용법'으로 나누어 기술하고, 타인에게 직접 이 말을 쓰는 것은 실례가 될 수 있다는 정보를 추가하였다. 「국가유공자 등 단체 설립에 관한 법률」에 의하여 설치된 '대한민국전몰군경미망인회' 또한 1980년대 호칭 변경을 검토한 바 있다.

Y 우리 세대는 '원호'가 더 익숙합니다만, 요즘 세대들에게는 '원호'라는 말 자체를 모르는 것 같습니다. 예로부터 선인들은 정명(正名)을 중시했습니다. '원호(援護)'와 '보훈(報勳)'은 근본부터 다른 말이지요. '보훈'에는 국가를 위하여 희생하고 공헌한 것에 대한 보답이라는 인정과 감사의 의미가 담겨 있습니다.

K 그런 분들을 예우하는 데 있어서 좀 더 사려 깊은 용어 선택이 필요했는데 그렇지 못했습니다. 지금도 일본에서는 원호(援護), 중국에서는 무휼(撫恤)과 우무우대(慰撫優待), 대만에서는 보도(輔導)라는 용어가 사용되고 있습니다. 서양의 경우에는 대개 제대군인에 대한 지원(Veterans Benefits)의 개념으로 되어 있지요. 1950년 「군사원호법」

'보훈의 시대'를 연 보고서

제정 때 이 부분에 대한 배려가 부족했던 것 같습니다. 독립유공자와 6·25전몰·전상용사들은 오랜 기간 응당한 예우를 받지 못한 채 자조와 실의를 경험했습니다. 1961년 원호처가 설치되고 법령제도가 구축되었지만 그 후에도 오랜 기간 재정적인 제약으로 뒤편으로 밀려나 있었습니다. 그러다가 1984년 「국가유공자 예우 등에 관한 법률」의 제정으로 새로운 변화를 맞이하게 되었습니다.

Y '원호'를 '보훈'의 개념으로 전환한 것은 매우 잘된 일입니다. 보훈의 역사에서 가장 큰 획을 그은 변화라 할 수 있을 것입니다. '명실상부'라는 말이 있지만 '보훈의 시대'는 그 이전의 시대에 비하여 어떻게 변화되었는지 궁금합니다.

K 처음에는 이름만 근사하게 붙여놓고 실제 예우의 내용과 수준은 크게 달라지지 않았다는 불만이 있었던 것 같습니다. 1976년 '연차별 보상금 인상 계획'을 만들어 대통령의 재가를 받아 두었지만 1980년대 후반까지도 기본연금이 백미 반 가마 구입가에도 못 미칠 정도였지요. 좋은 말로 '보훈'이지 '원호'나 다름이 없었습니다.

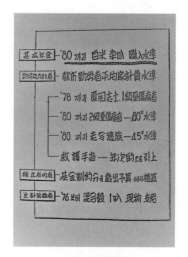

보상금 인상계획(1976)

1994년 6월 국정홍보처가 한국갤럽에 의뢰하여 실시한 '안보 및 보훈에 관한 국민의식 조사'가 있었습니다. 보훈에 관한 최초의 여론조사였다고 할 수 있지요. 보훈가족을 대할 때 감사한 마음을 가진다 (46.8퍼센트), 보훈정책 수행이 별로 잘 이루어지고 있지 않다(55.3퍼센트), 국가유공자 복지증진 방안으로 자립지원이 중요하다(46.8퍼센트) 등으로 나타났습니다. 그때까지만 해도 보훈의식이 뿌리내리지 못하고 있었음을 알 수 있습니다.[11]

그러다가 1990년을 전후하여 보상금의 현실화가 이뤄지기 시작하여 어느 정도 안정적 수준에 도달하였습니다. 그뿐 아니라 교육, 취업, 자영, 의료, 요양, 주택 등의 지원도 크게 확대되었습니다. 특히 보훈병원(6개소, 3,417병상), 보훈요양원(8개소, 1,600병상), 보훈원(양로·주거시설), 보훈재활체육센터 등의 의료·복지시설은 완전히 달라졌습니다. 그와 함께 국립묘지(12개소)와 기념관(8개소) 등 현충시설 또한 크게 늘어났습니다. 지금의 보훈은 물질적 보상과 정신적 예우, 그리고 공훈선양이 조화를 이루며 선진국에 손색없는 수준에 이르렀습니다. 그리고 2023년 보훈의 역사에서 가장 큰 변화가 일어났습니다. 정부조직법 개정안의 국회통과(2022.12.27.), 공포(2023.3.4.)로 국가보훈처는 2023년 6월 5일, 창설 62년 만에 국가보훈부로 새 출발하였습니다. 높아진 조직의 위상과 정책역량의 배가로 보훈정책의 큰 변화가 기대되고 있습니다.

국가보훈부 공식 사이트 화면 캡처(2023.3.)

05

파란색 제복을 입은 사람들

신·의·용

　　서편 묘역 초입의 제1, 2묘역을 지나 길을 따라서 올라가면 오른편에 청동색 경찰충혼탑이 서 있고, 그 아래로 경찰관묘역이 들어서 있다. 전사·순직한 경찰관 839위가 안장되어 있다.(2021년 3월 기준), 6·25전쟁 이전 전사자 69위, 6·25전사자 439위, 그 이후 순직자 329위 등이다. 경찰충혼탑 하단에는 경찰 활동의 상징인 신(信)·의(義)·용(勇)의 3인상을 세워 경찰의 충성과 봉사정신을 표현하고 있다. 기단에 새겨진 헌시의 마지막 부분이다.

육신은 풀 끝의 이슬처럼
잠깐 왔다 갔을지라도
뜻과 이름 길이 여기 살아 계시리
강산과 역사와 함께 길이 사시리

경찰관은 6 ·25전쟁 전에 이미 1,332명이 희생되었다. 그리고 6 ·25전쟁 중에 총 10,618명이 전사 또는 순직했다.[12] 전체 경찰관의 3분의 1로 육군 다음으로 많았다. 6 ·25전쟁 당시 경찰관들은 주요 산업시설과 주민들을 보호하는 것이 주된 임무였지만 전투임무를 수행하기도 했다. 주요 통로에서 적의 남하를 저지하거나 낙동강 전선에서 활약하였고, 일부 전투경찰은 유엔군에 배속돼 북진하기도 했다. 산간지대 등에서는 공비토벌작전에 참가하였다.[13]

구국경찰충혼비(다부동전적기념관)　　　　　　　경찰기념공원(서울 서대문)

경찰은 개전 초 개성, 춘천 등 전방 곳곳에서 격전을 벌였다. 6 ·25전쟁 최초의 전사자는 강릉경찰서 동명해안초소에 근무하던 전대욱 경사였다. 같은 날 개성철도경찰대 소속 감봉룡 경감을 비롯한 43명의 대원들은 철도를 사수하다가 전사하였다. 낙동강 전선에서는 1만 5천 명의 경찰관이 유엔군에 배속되어 치열한 방어전을 벌인 끝에 197명이 전사하였다. 서부전선 함안지구에서는 미군과 전·남북, 경남 3개도의 경찰관 6,800명이 북한군 4개 사단에 맞서 방어선을 지켜냈다. 한편, 전남지역의 경찰관 일부는 청산도, 완도, 백운산 등지에서 유격전을 벌이기도 하였다.

  유엔군에 배속된 경찰관 중 300명이 정예훈련을 받고 '국립경찰화랑부대'라는 이름으로 인천상륙작전과 수도탈환작전에 참가하고 북진하였다. 미 해병 제1사단 제5연대 제3대대에 배속된 40여 명의 화랑부대는 1950년 12월 초 장진호 서단의 유담리에서 미군이 중공군의 파상 공세를 저지하고 남쪽의 하갈우리로 이동하는 데 큰 공을 세웠다. 다음은 제3대대장 로버트 태플릿(Robert D. Taplett)의《다크호스 식스(Dark Horse Six)》에 나오는 내용이다.

  화랑부대가 몰려드는 엄청난 수의 중공군을 향해 위압적인 기관총 세례를 발사하였고… 다음 날 아침 우리의 S-2 요원들이 세어본 바에 따르면 화랑부대의 기관총에 죽은 적군들의 수는 200명이 넘었다. 화랑부대는 상대 공격의 예봉을 잡았고, 화랑부대 기관총 대원들의 영웅적인 희생(사망 4명, 부상 11명)은 대대 지휘본부 지역으로 진격하던 중공군을 확실하게 저지하였다.[14]

  경찰청의《참경찰 인물열전》에 소개된 구국경찰 31명 가운데 18명이 화랑부대 출신이다. 김정득 경위는 단신으로 중공군 18명을 사살하여 '피의 흥남철수작전 영웅'으로 불리며 1954년 화랑무공훈장과 1959년 미국 동성훈장을 받았다. 화랑부대 전사자 가운데 박은택 경사, 우홍섭 순경, 이상길 경사. 전병중 경사는 서울현충원에 위패로 봉안되어 있다.

경찰관묘역(제5, 8, 9 및 제7묘역 일부)에는 6 ·25전쟁 때 전사한 김해수 경감, 노종해 경감, 석상익 경위, 조관묵 경감, 주순철 경감 등이 안장되어 있다. 모두 호국인물 또는 6 ·25전쟁영웅으로 선정된 분들이다.

제5묘역   제9묘역

춘성(현 춘천)경찰서 내평지서장 노종해 경감(당시 경위)을 비롯한 경찰관(12명)과 대한청년단(3명) 등 15명의 대원은 북한군의 남하를 일시적으로 저지함으로써 국군의 방어선 구축에 도움을 주었다. 그러나 노종해 경감을 포함하여 12명이 전사하였다.

강원도비상경비사령부(사령관 윤명운 경무관)는 화력발전소가 있는 영월을 방어하기 위하여 100여 명의 병력으로 방어부대(부대장 김인호 총경)를 편성하였다. 그러나 수차례 공방전 끝에 영월을 포기하고 후퇴할 수밖에 없었다. 상동지역 전경 제8대대 제1중대장 김해수 경감(당시 경위, 대한중석 경비대장)을 대장으로 47명의 결사대를 편성하여 영월 탈환을 시도하였다. 김해수 경감은 박격포탄에 맞아 전사하였고, 뒤이어 결사대를 지휘하던 석상익 경위가 전사하였다. 총 24명의 경찰관이 전사하고 7명의 부상자를 냈지만 73명을 사살하였고, 영월을 탈환하지는 못했지만 북한군의 남하를 지연시킬 수 있었다.

곡성경찰서(서장 한정일 경감) 329명의 경찰관은 1950년 7월 29일 압록교 근처에서 603기갑연대가 야영하고 있다는 정보를 입수하고 선제공격을 감행하여 52명을 사살하고 3명을 생포하였다. 그러나 8월 6일 새벽녘 주력부대의 기습공격을 받고 격전 끝에 주순철 경감(당시 경위)을 포함한 48명이 전사하였다.

춘천경찰서 양구파견대 중대장 조관묵 경감은 1950년 9월 28일 춘천이 수복되자 4천여 명의 패잔병과 대치하여 양구군 소재지를 사수하다가 전사했지만 2천여 명의 주민을 후방으로 대피시킬 수 있었다.

Y와 K의 대화 ────────────────────

Y 국립묘지에 경찰묘역이 있는 것은 다른 나라에서는 찾아보기 어려운 것 같습니다. 전사 또는 순직 경찰이 국군장병들과 나란히 누워 있는 것에는 그만한 이유가 있겠지요?

K　6·25전쟁을 전후하여 경찰관의 역할은 치안활동에 그치지 않았습니다. 군인이나 다름이 없었지요. 심지어 여성 경찰관으로 편성된 전투부대도 있었습니다. 경찰관이 보훈대상에 포함된 것은 호국경찰의 성격이 고려된 것으로 볼 수 있을 것입니다. '군경(軍警)'이라는 용어조차 외국에서는 찾아보기 어려운 특별한 용어가 아닐까 합니다.

Y　'이달의 6·25전쟁영웅'이나 '이달의 호국인물'에 경찰관이 선정되는 경우가 늘어나고 있습니다. 호국경찰의 역사를 만든 사람들로 경찰관의 사표(師表)인 동시에 국민들이 기억해야 할 분들이지만 그 활약상이 잘 알려지지 않은 경우가 많은 것 같습니다.

K　위에서 나온 다섯 분 외에도 1950년 6월 산청에서 유격대를 이끈 강상수 경감, 1950년 9월 나주중학교에서 홀로 교전하다 전사한 박양규 순경, 1951년 순창에서 무장공비 토벌에 공을 세우고 전사한 라희봉 경감, 1952년 6월 지리산 공비 토벌작전에서 활약하다가 전사한 권용도 경위, 김정자 순경 등이 있습니다. 전라북도 경찰국 18대대 소속 김정자 순경은 1952년 9월 임실 덕치 가곡리 뒷산에서 교전 중 전사하였습니다. 꽃다운 나이 스무 살 여성이었습니다.

Y　경찰관은 기본적으로 지역사회에서 주민과 주요 시설을 보호하는 것을 주 임무로 하고 있습니다. 때로는 주민들을 대신하

여 국군이나 유엔군 사이에서 협조자 또는 중재자의 역할도 있었을 것입니다. 정확한 사실관계를 확인하기 어려운 경우도 있습니다만 지역마다 여러 형태의 미담이 전해지고 있는 것으로 알고 있습니다.

K 대원들의 목숨을 구하기 위하여 자신의 목숨을 내놓은 감동적인 스토리가 있습니다. 1949년 6월 17일 경북 봉화경찰서 지용호 서장은 공비들이 출현하여 재산면사무소와 재산지서를 점거하고, 살인과 방화를 저지르고 있다는 정보를 입수하고 경찰관, 대한청년단원 등으로 40여 명의 토벌대를 편성하여 출동했습니다. 그 과정에서 7명이 전사하고 남은 대원들이 전원 살해될 위기에 처하자 지용호 서장이 앞으로 나와 신분을 밝힌 후 "나의 명령으로 출동한 사람들이다. 나를 죽이고 다른 사람은 살려 보내 달라"라고 했다는 것입니다. 그렇게 하여 토벌대 30여 명의 목숨을 구하고 처참하게 살해되었다고 합니다.

Y 고(故) 차일혁 경무관은 1950년 전투경찰대 재2연대장 지리산 사찰 암자 소각 명령을 받고 문짝만 떼어내어 소각함으로써 화엄사를 비롯한 귀중한 문화재를 지켜내고 민간인을 보호한 것으로 알려져 있습니다. 언론인 고(故) 최석채 선생이 6·25전쟁과 관련이 있다는 사실을 아는 사람은 드물 것입니다. 문경경찰서장으로 재직하던 중 6·25전쟁을 맞았습니다. 그때 부역 혐의로 체포된 주민들을 살리기 위하여 반성의 증표로 대표자 한 명을 나오라고 하여 삭발

하고 승려가 되도록 했다는 이야기가 전합니다.

K 1984년 '원호처' 명칭 변경 문제로 최석채 선생의 자문을 받은 적이 있습니다. 훈민처(勳民處)라는 이름을 주신 것으로 기억합니다. '원호증서'를 보여주며 아들이 공군에 복무하다가 순직한 사연을 들려주었습니다. 알게 모르게 우리 주위에는 가족을 나라에 바친 분들이 많습니다.

06

애국지사의 숨결
몸은 삭아도 이름은 삭지 않는다

가던 길로 조금 더 올라가면 왼쪽에 '대한독립군 무명용사 위령탑'
이 보인다. 만주와 러시아에서 활약한 독립군 중에는 알려지지 않은
분들이 많다. 독립유공자로 인정된 분은 대개 주요 지휘관이나 순국
하신 분들이다. 병사들이나 군자금을 지원한 분들 가운데는 이름조
차 남기지 못한 분들이 많다. 이를 안타깝게 여긴 광복회가 적당한
장소를 물색하다가 이곳에 소박한 위령탑을 세우게 되었다. 위령탑
중앙에는 '독립군의 숙의'라는 이름의 세 개의 기념비가 세워져 있다.

대한독립군 무명용사 위령탑   독립유공자묘역

독립군 지도자들이 숙의(熟議)하는 모습을 형상화한 것이라지만 묵념하는 모습 같기도 하고, 조국의 독립을 기원하는 것 같기도 하다.

아래로 좀 더 내려가면 임시정부요인묘지와 독립유공자묘역이 있다. 임시정부요인묘지(21위, 배위 독립유공자 포함)과 독립유공자묘역(222위)을 포함하여 243위(2021년 4월 기준)가 안장되어 있다. 그 외국가원수묘역(1위), 국가유공자 제1묘역(4위), 국가유공자 제2묘역(7위), 장군 제1묘역(9위), 장병묘역(4위), 위패(284위), 충혼당(187위)을 포함하여 독립유공자 총 739위가 모셔져 있다.[15]

독립유공자의 국립묘지 안장이 이루어진 과정을 살펴보면 다음과 같다. 1957년 1월 순국선열의 안장이 가능하도록 《군묘지령》이 개정되었지만 독립유공자에 대한 서훈이 이뤄지지 않았기 때문에 명목상 규정에 불과했다. 1962년 「국가유공자 및 월남귀순자 특별원호법」의 제정으로 독립유공자에 대한 '원호'가 시작되었고, 국군묘지에 안장할 수 있는 법적 근거가 마련되었다. 1962년부터 독립유공자에 대한 서훈이 이뤄지고, 1964년 첫 묘지가 들어섰다. 주인공은 1964년 3월 11일 안장된 김재근 지사였다. 1919년 3·1운동에 참가하고 1920년 철원애국단 사건으로 4년간 옥고를 겪었다.

이곳 독립유공자 묘소는 1964년 3위를 시작으로 1966년 28위, 1967년 14위, 1968년 20위 등으로 늘어났다. 독립유공자묘역이 제

자리를 잡기까지에는 오랜 시간이 필요했다. 김동삼, 노백린, 박은식, 서재필, 신규식, 이상룡, 장인환, 전명운 의사 등의 유해가 봉환되면서 애국지사의 숨결을 느낄 수 있는 성지로서의 위상이 더해졌다.

독립유공자 묘소는 국립현충원 외에도 효창공원, 북한산 국립공원, 망우역사문화공원, 도산공원, 선암선열공원, 양화진외국인선교사묘원에 산재해 있다.

효창공원에는 김구, 윤봉길, 이봉창, 백정기, 이동녕, 조성환, 차이석, 안중근 의사의 묘소가 있다.(안의사의 묘소는 가묘다.) 북한산국립공원(수유리) 선열묘역에는 김도연, 김법린, 김병로, 김창숙, 서상일, 신숙, 신익희·신하균 부자, 양일동, 유림, 이명룡, 이시영, 이준, 조병옥 등 15위가 있다.

망우역사문화공원에는 문일평, 박찬익, 방정환, 서동일, 오세창, 유상규, 한용운 선생 등 15위가 있다. 서울 강남 도산공원의 안창호·이혜련 부부 합장묘가 있다. 안창호 선생의 유해는 망우역사문화공원에서, 부인 이혜련 여사의 유해는 로스앤젤레스에서 모셔온 것이다. 국립묘지로 승격된 대구 선암선열공원에는 임용상 의병장을 포함하여 총 52위가 모셔져 있고, 양화진외국인선교사묘원에는 어네스트 T. 베델(영국), 호머 B. 헐버트(미국) 등 외국인 독립유공자 두 분이 안장되어 있다.

그 외 대부분의 독립유공자는 선산이나 연고지 등에 안장되어 있

효창공원(의열사)

효창공원(순국선열 묘역)

망우공원(한용운 선생 부부 합장묘)

북한산 선열묘역(이준 열사)

다. 권세연(양주), 기삼연(장성), 김동신(장수), 김복한(홍성), 김좌진(보령), 김창균·김석현(나주), 김하락(서천), 노응규(서천), 민긍호(원주), 민용호(산청), 박상진(경주), 박차정(밀양), 손병희(서울 우이동), 신채호(청원), 심남일(장수), 안계홍(보성), 양진여·양상기(광주), 여운형(서울 우이동), 유근(용인), 유인석·유홍석(춘천), 유중악(가평), 이강년(상주), 이규갑(아산), 이석용(임실), 이설(홍성), 이소응(제천), 이육사(안동), 이춘영(양평), 김백선(양평), 이한응(용인), 전해산(장수), 정환직·정용기(영천), 채광묵(용인), 최익현(예산), 허위(구미) 의병장 등이 대표적인 경우다. 대종교 3종사 나철·김교헌·서일(길림 화룡), 김약연·송몽규·윤동주(만주 용정) 등의 경우와 같이 해외에 있거나 소재가 확인되지 않은 묘소도 적지 않다.

독립운동은 애국계몽운동, 의병전쟁, 의열투쟁, 3·1운동, 대한민국 임시정부, 독립군 무장투쟁, 미주 독립운동, 국내 사회·문화 투쟁 등으로 이어졌다. 1930년대 이후 일제의 탄압과 수탈이 극심해지는 가운데 침체기를 맞이하기도 하였지만 국내 항일운동은 노동운동, 문화운동, 민족말살정책 반대투쟁 등으로 전개되었다.

조선말 유학계는 대개 화서 이항로의 학맥을 이은 유중교·김평묵·최익현·유인석·이강년·임병찬 등으로 대표되었다. 외세의 침탈이라는 위기를 맞아 유림은 위정척사파(衛正斥邪派)와 개화파(開化派)로 나누어 활동하다가 일제강점기 독립운동으로 합류한다.

위정척사운동은 재야(在野) 유림이 중심이 된 것으로 중화적 세계관에 입각한 충군 애국사상에 기초한 것이었고 개화운동은 재조(在朝) 집권세력이 중심이 된 개혁운동이었다. 이때까지도 유학계는 이기논쟁(理氣論爭)이 지속되고 있었다. 기정진·이진상·곽종석·이항로 등은 이론(理論)계통이었고 전우·유중교 등은 기론(氣論)의 입장에 섰다. 박은식이나 장지연 같은 이들은 이기논쟁에서 탈피하여 지행합일과 실천을 중시하는 양명학(陽明學)의 입장에서 유학을 개혁

코자 하였다. 이런 상황에 있던 유학계가 개화의 충격으로 보수주의로 통합되면서 나타난 것이 위정척사운동이다.

정통 유학 가운데 기론의 일부 또는 실학파의 맥을 이은 학자들은 대개 개화파의 입장에 서게 되었는데 오경석·박규수·신헌·강위 등이다. 개화파는 1882년경에 이르러 김홍집·김윤식·어윤중과 같은 온건 개화파와 김옥균·박영효·홍영식·서광범 등 급진 개화파로 분화되었다. 온건파는 사상적으로 동도서기론(東道西器論)에 가까웠고 방략적으로 점진적 개혁을 지향하였으며 갑오개혁(甲午改革)을 추진하게 된다. 이에 비하여 급진파는 갑신정변(甲申政變)을 일으켜 개혁 정권을 수립코자 하였으나 주체적 역량이 부족했던 데다가 민중적 지지 기반이 취약하여 실패로 돌아갔다. 그러나 미국에서 돌아온 서재필 박사에 의하여 주도된 독립협회운동으로 개혁사상이 전파되고 민권의식이 성장할 수 있었다.

서세동점과 외래사상의 유입으로 인한 불안감에 대한 민중적 자각과 대응으로 일어난 동학농민운동은 실패로 돌아갔지만 민족의식과 평등사상을 확산하는 계기가 되었다. 이와 같이 19세기 말 위정척사운동, 개화운동, 동학농민운동 등 세 갈래로 전개된 민족운동은 1895년 을미사변 이후 의병전쟁과 애국계몽운동의 두 흐름으로 정리되었다.

애국계몽운동

1896년에서 1898년 사이에 서재필, 이상재, 윤치호, 남궁억, 이승만 등이 참여한 독립협회는 민권사상을 고취하고 만민공동회(萬民共同會)를 개최하여 대중적 지지 기반을 확대하였다. 그러나 자주독립의 결실을 보지 못한 채 막을 내리고 대한자강회, 대한협회, 신민회, 흥사단 등의 애국계몽운동으로 이어졌다.

1884년 갑신정변 후 미국에 망명하여 컬럼비아대학교(현 조지워싱턴대학교) 의과대학을 졸업하고 개인 병원을 운영하던 서재필 박사는 1895년 국내에서 김홍집 내각이 조직되어 이른바 갑오개혁이 착수되자 귀국하여 독립신문 발행과 독립협회 창설 등으로 민권 개혁 운동에 앞장섰다. 1898년 3월 10일 독립협회가 주관한 만민공동회는 우리나라 최초의 민중집회였다. 그해 10월 29일부터 11월 3일까지 종로에서 개최된 관민공동회(官民共同會)는 근대적 자강 개혁에 합의하고, 헌의육조(獻議六條)를 채택하였다. 의관의 절반(25명)을 민선의관으로 하는 '중추원 관제안'이 공포되었지만 수구 세력의 방해로 좌초되고 말았다. 그해 말 독립협회는 해산되었지만 만민공동회는 1899년까지 이어졌다.

⚡ 만민공동회의 세 장면

1898년 10월 29일 관민공동회의 충격적 장면은 백정 출신 박성춘의 등장이었다. 의료 선교사 올리브 에비슨(Olive R. Avison)에게 장티푸스 치료를 받고 기독교인이 된 박성춘은 시민대표로서 행한 개막 연설을 통해 관민의 단합을 역설했다.

"이 사람은 바로 대한에서 가장 천한 사람이고 매우 무식합니다. 그러나 임금께 충성하고 나라를 사랑하는 뜻은 대강 알고 있습니다. 이제 나라를 이롭게 하고 백성을 편리하게 하는 방도는 관리와 백성이 마음을 합한 뒤에야 가능하다고 생각합니다. 저 차일(遮日)에 비유하면, 한 개의 장대로 받치자면 힘이 부족하지만 만일 많은 장대로 힘을 합친다면 그 힘은 매우 튼튼합니다."[16]

아들 박서양은 제중원(세브란스의학교) 제1회 졸업생으로 국권 상실 후 만주로 망명하여 독립운동에 투신하였고, 딸 박양빈은 정신여학교 교사가 되어 우리나라 최초로 정식 산부인과 의사가 된 신필호(신규식 선생의 조카)와 결혼했다.[17] 배재학당 출신 청년 이승만은 단연 만민공동회의 스타였다. 고종의 양위를 주장했다고 하여 사형선고를 받고 1898년부터 1904년까지 한성감옥에 수감되어 《독립정신》을 저술하였다. 양병(養兵)보다 외교와 교육을 강조한 그의 독립 노선은 변함없이 이어졌다.[18] 만민공동회의 첫 희생자는 신기료 장수 김덕구였다. 개혁을 요구하는 시위에 참가하였다가 황국협회가 동원한 보부상에 의해 마포에서 목숨을 잃었다.

1907년을 전후하여 독립협회 운동에 참여했던 청년회원들이 중심이 된 비밀단체 신민회(新民會)가 조직되었다. 신민회는 독립협회가 주장했던 입헌군주제를 넘어 공화정을 지향하였고, 국권회복을 위한 방략으로 실력양성론을 주창했다. 이때 오산학교(정주), 대성학교 (평양)를 비롯한 많은 민족학교가 설립되고 대한매일신보, 황성신문, 제국신문 등이 창간되었다. 아울러 만주와 러시아에 독립운동 기지 의 건설이 모색되었다.

1907년 6월 네덜란드 헤이그에서 제2회 만국평화회의 (Hague Peace Conferences)가 열리게 되자 대표단이 파견되었다. 러시아 니콜라이 2세 의 초청으로 이뤄진 것이지만 회의 시작 직전에 러시아와 일본의 평 화협상이 타결됨으로써 상황이 변하고 말았다. 회의장에 들어가지 못 한 대표단은 장외 활동을 통해 침략의 불법성을 알릴 수밖에 없었다.

의병전쟁

의병전쟁은 명성황후 시해와 단발령을 계기로 일어난 1차 을미 의병(1895)을 시작으로 을사늑약에 반대하여 일어난 2차 을사의병 (1905), 군대 해산으로 촉발된 3차 정미의병(1907) 등으로 이어졌다. 1895년 유생들을 중심으로 전개되던 의병전쟁은 을사늑약과 군대 해산을 계기로 군인과 평민층까지 가세하여 대규모 봉기로 발전하 여 1915년까지 국경지대와 산악을 중심으로 이어지다가 만주와 러 시아 지역의 독립군으로 전환되었다.

20년에 걸친 의병전쟁으로 최하 2만 명(일제 정보자료)에서 최 고 15만 명(한국통사)이 희생되었다. 일본주차군사령부의 공식기록에 의하면 1907년 8월에서 1909년 말까지 전사자만 해도 1만 7천여 명에 달하였고, 1908년 한 해만 해도 8만 3천여 명이 참가하여 1,970여 회에 달하는 교전이 있었다.

을미의병(1895)

을미의병은 단발령과 명성황후 시해사건을 계기로 유림이 중심이 되어 국수보국(國讐報國)의 기치로 봉기했다. 강원, 충청, 경기도를 시작으로 삼남 일대와 황해도까지 확대되었다. 경기도 이천(김하락)과 지평(이춘영), 강원도의 춘천(이소응)과 강릉(민용호), 충청도 제천(유인석)과 홍주(이설·김복한), 경상도 문경(이강년)과 안동(권세연), 진주(노응규), 전라도 담양(고광순)과 장성(기우만) 등이 대표적이다.

을사의병(1905)

1905년 을사늑약으로 재봉기한 을사의병은 종래의 충군근왕(忠君勤王)을 넘어 빼앗긴 외교권을 되찾아 자주권을 회복하자는 국권회복의 성격으로 전환되었다. 최익현과 제자 임병찬의 태인의병은 태인, 정읍, 곡성 등지에서 활약하였고, 민종식 의병은 한때 홍주성(지금의 홍성)을 점령하였지만 일본군의 대규모 진압작전으로 무너지고 말았다. 그러나 을사의병은 광양(백낙구), 구례(고광순), 영천(정환직·정용기), 영해(신돌석) 등지의 봉기로 이어졌다.

정미의병(1907)

일제는 1907년 6월 헤이그 밀사사건을 계기로 고종을 강제로 퇴위시키고 정미7조약을 체결하여 전권을 장악하고 군대를 해산하였다. 1907년 8월 1일 시위대 제1연대 제1대대장 박승환 참령의 자결을 신호로 군인들이 합세하여 대규모 의병진을 이뤘다. 이강년 의병장이 도창의대장에 추대되었고, 원주의 민긍호 의병과 합세하여 제천에서 큰 승리를 거두었다. 충주전투에서 손실을 입고 잠시 물러났던 의병진은 전열을 재정비하여 문경 갈평, 원주 유치, 죽령 등에서 연이어 기세를 올렸다.

1907년 12월 경기도 양주에서 13도창의군(총대장 이인영, 군사장 허위)이 편성되었다. 경기·황해(권중희), 충청(이강년), 강원(민긍호), 경상(박정빈), 평안(방인관), 함경(정봉준), 전라(문태수) 등으로 해산된 군인 3천여 명을 포함하여 1만여 명에 달했다. 1908년 2월 서울진공작전으로 서울 동대문까지 진출하였으나 후속 병력이 차단됨으로써 의병전쟁 최대의 작전은 실패로 돌아가고 말았다.

의병전쟁은 지리산을 넘어 호남지역에서 다시 한번 불길을 올렸다. 일제는 1909년 9월, 2,200여 명의 병력을 투입하여 이른바 '남한대토벌작전'에 나섰다. 50명의 의병장과 4천여 명의 의병들이 곳곳에서 항전하였지만 막대한 피해를 입고 무너졌다. 강무경, 강사문, 김원국, 나성화, 박사화, 송병운, 심남일, 안규홍(안계홍), 양진여, 오성술, 이강산, 임창모, 조규문 등 대부분 의병 지도자가 전사하였거나 형장에서 순국하였다. 하지만 의병전쟁은 그것으로 끝이 아니었다. 황해도의 우병렬·박정빈·이진룡, 함경도의 임창근·차도선·채응언·홍범도, 러시아령 연해주의 안중근·이범윤·최재형 등으로 이어졌다.

일제강점 이후(1910)

국권이 상실된 이후에도 산악지역을 중심으로 전투가 계속되다가 만주와 러시아 등 국경지대로 이동하여 독립군 전쟁을 준비하게 된다. 연해주 블라디보스토크에 13도의군(도총재, 유인석)이 조직되었고, 하와이에 국민군단(박용만)이 창설되었다. 1915년 일제의 기록에 의하면 당시 국외에서 독립전쟁을 준비하던 인원이 총 80만 5천여 명에 이를 정도로 대규모 한인사회가 형성되고 있었다. 한인사회는 1920년 이후 독립군 기지 역할을 하게 된다.

3·1독립만세운동

제1차 세계대전이 끝나가던 1918년 2월 11일, 미국의 우드로 윌슨(Thomas Woodrow Wilson) 대통령은 상하 양원 합동회의에서 민족자결주의를 선언하였다. 윌슨은 그해 1월 8일 전후 처리를 위한 평화조약에 대비하여 '14개조 원칙'을 밝힌 바 있었다.

한민족이 국제회의나 적대국 사이의 합의에 의해 한 통치자에서 다른 통치자로 양도될 수 없다. 민족적 열망은 존중되어야 한다. 민족은 그들 자신의 동의에

의해서만 통치될 수 있다. 자결은 단순한 관용구가 아니다. 그것은 절박한 행동 원리다.[19]

월슨의 민족자결주의는 약소민족에게 복음으로 받아들여졌다. 최초의 움직임은 상해 망명지에서 나타났다. 1919년 1월 한인청년들에 의하여 조직된 신한청년당은 파리강화회의에 김규식을 파견하기로 하고, 그 준비를 위하여 선우혁과 장덕수를 각각 국내와 일본에, 여운형을 블라디보스토크로 보냈다.[20]

1919년 2·8독립선언에 이어 국내에서 3·1독립만세운동이 일어났다. 3·1운동은 남녀, 노소, 지역, 종파를 초월하여 1,600회, 100만여 명(국사편찬위원회)이 참가한 거족적 비폭력 독립운동이었다. 그러나 일제는 화성, 강계, 강서, 맹산, 병천, 합천 등 전국 10여 개 지역에서 집단 학살을 자행하였다. 그중에서도 일본군에 의해 자행된 경기 화성 제암리 일대의 집단 학살과 방화 사건은 국제적으로 큰 문제가 되었다.

✨ 제암리 집단 학살 사건

1919년 4월 15일 아리타 도시오(有田俊夫) 중위의 일본군 약 20명은 수원군(현재 화성) 향남면 제암리 교회당에 주민들을 몰아넣고 밖에서 문을 잠그고 못을 박은 후 건물에 석유를 뿌리고 불을 질러 불태우는 만행을 자행하였다. 일본군은 예배당에서 23명을 학살한 후 고주리로 가 천도교인 김흥렬 일가 6명[21]을 살해하고 집을 불태운 후 다시 돌아와 민가 30여 채에 불을 질렀다.

다음날 선교사 언더우드(H. H. Underwood, 원한경), 미국 부영사 커티스(R. S. Curtice), AP통신 특파원 테일러(A. W. Taylor)와 함께 학살 현장을 방문하고 미 국무성과 미국 북장로회 해외선교부에 보고하였다. 4월 25일 스코필드(Frank W. Schofield, 석호필) 박사의 현장조사 보고서 '제암리의 대학살(The Massacre of Chai-Amm-Ni)'과 현장 사진은 우발적 사건이라는 일본의 주장이 거짓이라는 것을 보여주는 중요한 자료가 되었다.

그해 5월 27자 영자신문 상하이가제트(The Shanghai Gazette)에도 게재되었고, 「끌 수 없는 불꽃(Unquenchable Fire)」이라는 소책자로 제작되기도 했다.[22] 영국 대리총영사 윌리엄 로이즈(William M. Royds), 선교사 스티븐 벡(Stephen A. Beck)와 윌리엄 린튼(W. Linton), 의료선교사 해리 화이팅(Harry C. Whiting), 미국 상원의원 노리스(G. W. Norris) 등의 공헌도 있었다.

조선헌병대사령부의 《조선소요사건일람표》에 의하면 3·1운동 희생자는 사망 553명, 부상 1,409명, 체포 26,713명으로 나타나고 있다.[23] 그러나 박은식 선생의 《한국독립운동지혈사》는 1,542회의 시위에 202만 3,098명이 참가하여 피살 7,509명, 부상 15,761명, 피체

46,948명으로 기록하고 있다. 임시정부의 《한일관계사료집》 또한 사망 7,492명, 부상 15,146명, 피체 53,099명 등으로 그와 비슷하다. 최근의 한 연구에 의하면 체포된 2만 7천여 명이 가운데 1만 9,525명이 검찰에 송치되었으며, 3·1운동 전체 사망자는 현장 사망을 포함하여 최소 1천 명 내지 최대 2천 명으로 추정되고 있다.[24]

대한민국 임시정부 수립

3·1운동으로 결집된 민족의 역량은 4월 11일 대한민국 임시정부의 수립으로 이어졌다. 임시정부는 상해에서 중경(重慶)까지 10여 곳을 옮겨 다니며 27년간 외교 무대에서 한민족을 대표하면서 독립운동의 구심점이 되었다. 임시정부와 관련된 내용은 '임시정부 요인을 만나다' 편에서 살펴본다.

만주와 러시아의 독립군

1910년을 전후하여 많은 민족 지도자가 만주와 연해주 블라디보스토크로 망명하여 항일독립운동을 모색하게 된다. 북간도 용정의 서전서숙, 밀산부의 한흥동 개척지, 서간도 유하현 삼원보의 경학사와 신흥무관학교, 팔리초구의 백서농장 그리고 러시아 블라디보스토크의 대한광복군정부 등이 세워지고 명동학교, 동창학교, 영신학교 등 민족학교가 설립되었다. 그와 함께 연해주 블라디보스토크에

신한촌이 형성되어 많은 민족 지도자가 모여들었다.

1920년 만주의 독립군은 봉오동과 청산리에서 크게 활약하였다. 경신참변(庚申慘變)과 훈춘사건(琿春事件)으로 큰 희생을 겪고 소·만 국경지역인 밀산(密山)을 거쳐 이만으로 이동하였으나 자유시참변(自由市慘變·黑河事變)으로 많은 희생자가 발생하였다. 살아남은 독립군은 만주지방으로 이동하였고, 참의부, 정의부, 신민부 등 이른바 독립군 삼부(獨立軍 三府)로 재편되었다.

1930년을 전후하여 조선혁명군과 한국독립군의 활약이 두드러졌다. 특히 한국독립군의 대전자령전투는 봉오동 전투와 청산리 전투에 이은 독립군 3대첩의 하나로 기록되고 있다. 일본군이 만주를 완전히 장악함에 따라 항일전쟁의 수행이 어려워지자 1933년 독립군 주요 지도자들은 남경으로 이동하였고, 1940년 임시정부에 합류하여 한국광복군의 주축이 된다.

1938년 10월 한구(漢口)에서 조선의열단을 기반으로 조선민족전선연맹 산하에 조선의용대가 조직되어 호남, 강서, 안휘, 낙양 등지에서 항일전을 전개했다.[25] 1941년 7월 본대가 임시정부가 있는 중경(重慶)으로 이동하자 전여 세력은 북상하여 화북지대를 결성하였다. 중경의 본대가 광복군 제1지대로 개편되자 화북지대는 조선독립동맹 산하의 조선의용군으로 개편되어 중국 팔로군(八路軍)과 협력하였다.(팔로군은 중국국민당이 제2차 국공합작으로 중국공산당의 홍군을 중국국민혁명군 제8군으로 개편한 군사조직을 말한다.)

동북 지방에는 동북항일연군이 있었다. 1936년 3월, 중국공산당이 만주 지역의 항일 연합 전선을 구축하기 위해 조직한 항일 무장 단체로 1940년 말 러시아의 하바롭스크로 이동하여 소련의 88국제여단에 배속되었다.

의열투쟁

의열투쟁은 1905년 을사늑약 이후 매국인물들을 대상으로 시작되어 1930년대 중반까지 이어졌다. 을사늑약 직후 기산도와 나인영(나철)이 을사오적을 처단하고자 하였으나 뜻을 이루지 못하였다. 1908년 전명운과 장인환 의사는 미국 샌프란시스코에서 일본의 보호정치를 옹호하던 친일 외교관 스티븐스(Durham W. Stevens)를 처단하였다. 1909년 10월 26일 하얼빈 의거는 한민족의 독립의지를 세계만방에 보여준 대사건이었다. 하얼빈 의거는 초대 총독 데라우찌(寺內正毅) 처단 기도(1910, 안명근), 사이또(齊騰實) 총독 저격(1919, 강우규)로 이어졌다.

1920년대에 들어 의열투쟁은 비밀결사에 의한 조직적 투쟁으로 변화되었다. 평남도청 투탄(1920, 안경신), 신천경찰서 투탄(1920, 박치의), 부산경찰서 폭파(1920, 박재혁), 총독부청사 투탄(1921, 김익상),

종로경찰서 투탄(1923, 김상옥), 동경사쿠라다문(櫻田門) 의거(1924, 김지섭), 동양척식주식회사 투탄(1926, 나석주), 금호문 의거(1926, 송학선) 등이 연이어 일어났다. 1930년대에는 한인애국단(김구)의 일왕 히로히토 투탄(1932, 이봉창), 홍구공원(虹口公園) 투탄(1932, 윤봉길) 등이 있었다. 윤봉길 의거는 중국을 침략하던 일본군 수뇌부 인물을 일거에 살상함으로써 일제에 큰 충격을 주고 한국인의 독립의지를 세계 속에 각인시켰다. 그 외에도 일왕 히로히토 주살 기도(1923, 박열), 구니노미야(久邇宮) 대장 자살(刺殺) 의거(1928, 대만, 조명하), 육삼정 의거(1933, 상해 남화한인연맹 백정기 등) 등이 있다.

미주에서의 독립운동

주한 미국 공사 앨런(Horace N. Allen)의 주선으로 1903년 1월 13일 102명의 한인이 갤릭(The Gaelic)호를 타고 하와이 호놀룰루 항에 도착했다. 한인의 증가로 일본인 입지 약화를 우려한 일본의 압력으로 1905년 4월 이민금지령이 내려졌다. 첫 이민이 시작된 이래 2년 반이 지나 한인은 약 7,500명에 이르렀다. 이민 초기에는 고국의 처녀들과 사진을 주고받으며 이른바 사진신부(picture bride)를 맞아 가정을 꾸렸다. 여성들은 옷 수선, 세탁, 김치 등 반찬을 만들어 팔며 힘을 보탰다. 1910년 8월 국권 상실로 사탕수수 농장에서 고작 월 16달러의 노임에 고된 노동에 시달리며 귀국을 꿈꾸던 한인들은 졸지에 유민(流民)이 되고 말았다. 하지만 특유의 적응력으로 농장 노동자에서 가공업과 서비스업으로, 로스앤젤레스 등지로 이주하여 지금의 미주 한인사회의 토대가 되었다.

1903년 호놀룰루 최초의 한인단체인 신민회에 이어 조직된 합성협회는 신한민보를 발행하여 민족의식을 고취하였다. 여성들은 대한인부인회, 대한부인구제회, 애국부인회 등을 조직하여 독립운동 자금을 모아 임시정부에 보냈다. 1905년 샌프란시스코에서 창립된 공립협회는 미주와 멕시코, 그리고 만주의 하얼빈과 국내에 지부를 두고 공립신보를 발행하는 등 자강운동을 전개하였다. 1909년 합성협회와 공립협회는 국민회로 통합되었다가 대동보국회까지 합류함으로써 1910년 대한인국민회(Korean National Association)로 새 출발했다.

대한인국민회는 블라디보스토크의 성명회(1910), 권업회(1911), 서간도의 경학사(1911)에 앞서 해외에서 결성된 한인 자치기관이자 독립운동단체였다. 대한인국민회는 중앙총회 아래 북미, 하와이, 시베리아, 만주 등 지방총회(4)와 지방회(116)로 구성되었다. 대한인국민회는 1919년 3월부터 12월까지 총 8만 8천 달러를 모금하여 임시정부에 보내는 한편, 독립운동 자금으로 사용하였다. 임시정부 초기 예산의 80퍼센트인 10만 달러 정도가 미주 동포들의 성금으로 마련된 것으로 추정되기도 한다.[26]

무장투쟁을 위한 움직임도 있었다. 1909년 6월 박용만에 의하여 네브래스카 커니 농장에 한국소년병학교가 설립되었다. 1910년 6월 헤이스팅스로 이동하여 동 대학의 기숙사와 농장을 임대하여 군사 훈련을 실시하여 1912년 9월 첫 졸업생이 배출되었다. 1914년 6월 박용만의 주도로 하와이에 대조선국민군단이 설립되었고, 1920년 캘리포니아 윌로우스에 비행사양성소가 설치되어 무력투쟁을 준비하였다.

  1919년 3월 국내에서 3·1운동이 일어나자 필라델피아에서 제 1차 한인대회(The First Korean Congress)가 개최되었다. 필라델피아 통신부가 설치되어《한국평론(Korea Review)》이 발간되었다. 톰킨스 (Floyd W. Tomkins) 목사, 허버트 밀러(Herbert A. Miller) 교수, 조지 베네딕트(George G. Benedict) 기자 등 의해 한국친우회(League of the Friends of Korea)가 결성되었다. 같은 해 8월 워싱턴 D.C.에 임시정부의 외교 담당기관인 구미위원부(Korean Commission)가 설치되었다. 구미위원부는 이승만, 정한경, 서재필 박사 등의 대중 집회와 강연, 홍보와 선전 활동에 힘입어 21개 지역으로 확대되었다. 그와 함께 1913년 샌프란시스코에서 창립된 흥사단(이사장 안창호)은 1937년 수양동우회 사건으로 강제 해체될 때까지 꾸준히 활동하였다.

  미국에서 시작된 독립운동은 멕시코와 쿠바를 포함한 미주 전 지역으로 확대되었다. 1930년대에 들어 침체기를 맞이하였지만 제2차 세계대전 발발하자 재미한족연합위원회가 결성되고, 한인국방경비대(일명 맹호군 Tiger Soldier)가 조직되어 한국광복군과 연합전선이 모색되었다.

미주 동포들의 또 하나의 공헌은 제1, 2차 세계대전 때 전시 공채(war bond) 매입, 후원금 제공, 적십자 기부금, 자원입대 등으로 미국의 전쟁 수행을 지원한 것이다.[27] 제1차 세계대전 참전자는 이민 초기여서 수십 명에 불과했다.(알려진 분으로는 독립유공자 황기환 선생이 있다.) 제2차 세계대전 때는 하와이(600명)와 본토(200명)를 포함하여 800여 명이 참전하였다. 자신의 미래를 위한 것이기도 했지만 '고국을 위한 전쟁'이라는 명분으로 제2의 조국인 미국을 위해 참전했다고 한다.[28] 그중에는 독립운동가의 2세들이 다수 포함되어 있었다.[29]

국내 사회·문화 투쟁

1910년대 국내의 항일투쟁은 1918년까지 산악지역을 중심으로 의병활동이 계속되는 가운데 비밀결사가 조직되기 시작했다. 1915년 풍기광복단(채기중)과 조선국권회복단(박상진)이 대한광복회(총사령 박상진)으로 통합되어 친일부호 처단 등 의열투쟁을 전개하였다. 그와 함께 1917년 평양에서 대한국민회가 조직되었다.

1920년대는 국내외에서 독립운동이 가장 활발하게 전개된 기간이었다. 지하단체운동, 학생·농민·노동운동, 언론·문화투쟁 등의 다양한 형태로 나타났다. 지하단체들은 임시정부의 교통국과 연통제

조직과 연계하거나 만주지역의 독립군과 연락하여 정보 수집, 군자금 모집, 일제 요인·친일파 처단, 계몽운동 등의 방법으로 활동하였다. 1920년대 후반 일제의 단속과 검거로 인하여 지하활동이 어려워지자 민족진영과 사회주의 진영이 연합한 민족유일당 신간회운동 (1927~1931)이 전개되었다.

동맹휴학을 중심으로 전개되었던 학생운동은 1926년 6·10만세운동 이후 더욱 조직화되어 1929년 광주학생독립운동으로 이어졌다. 소작료 인하 투쟁에서 비롯된 농민운동은 소작권 옹호투쟁으로 발전하였고, 식민 지주와 그 지주를 옹호한 수리조합과 관청을 습격하는 등 식민통치에 직접적으로 저항하였다. 그와 함께 노동운동과 반제국주의 투쟁이 동시에 전개되었다.

사회주의 사상이 유입되어 항일투쟁의 양상이 사회 저변으로 확산되는 가운데 1925년 계급투쟁과 민족해방을 기치로 조선공산당과 고려공산청년회가 조직되었다. 조선공산당은 6·10만세운동과 신간회운동 등으로 활동하다가 내분으로 1928년 국제공산당 조직 제3인터내셔널에 의하여 해체되었다.

1930년대 사회·문화운동은 지하 언론, 어문 보전, 국사 연구, 문예 활동 등을 통하여 전개되었다. 한편, 식민지 수탈경제의 한계에도 불구하고 물산장려운동을 통하여 민족자본을 육성하려는 움직임이 나타났다. 1938년 국가총동원법의 시행과 함께 황민화 교육, 신사 참배, 징병·징용, 창씨개명, 물자공출 등 민족 말살 정책에 반대하는 투쟁으로 전환되었다.

Y와 K의 대화 ────────────────

Y 19세기 말 이기(理氣) 논쟁에서 벗어나지 못하고 있던 조선의 지성계는 서세동점의 위기에 직면하여 극심한 혼란에 빠졌습니다. 위정척사운동에서 개화운동과 동학농민운동의 소용돌이에 휘말렸던 민족운동은 1895년 을미사변과 단발령을 계기로 의병전쟁과 애국계몽운동으로 수렴되는 양상을 보였습니다.

K 의병전쟁이 주로 위정척사론을 주장했던 유림이 중심이 되었다면 애국계몽운동은 신교육을 받은 개혁파가 앞장섰습니다. 신교육은 1885년 언더우드학당(호러스 G. 언더우드)과 배재학당(헨리 G. 아펜젤러)을 시작으로 이화학당, 숭실학교, 정신여학교, 경신학교, 보성전문학교, 오산학교 등으로 이어져 독립운동의 자양분이 되었습니다. 대한제국은 교육입국조서(1895)와 중학교관제(1899)를 공포하고 1900년 한성중학교를 설립했습니다.

그에 앞서 우무학당(1897), 상공학교(1899), 의학교(1899), 전무학당(1900), 광우학당(1900) 등 실업학교를 설립함으로써 근대적 공교육이 시작되었지요. 유림은 척사유림과 혁신유림으로 갈라져 날카롭게 대립하기도 했습니다. 단적인 예가 안동의 협동학교입니다. 보수 유림의 반대 속에서도 근대적 제도와 문물을 수용한 혁신유림은 대합협회와 신민회에 참여하는 등으로 애국계몽운동에 합류하였다가 경술국치 후 만주로 망명하여 독립운동 기지 건설에 나서게 되었습니다.

배재역사관(구 배재학당)

백하구려(협동학교 교실)

유림의 한복판에 세워진 근대 학교

협동학교(協東學校)는 1907년 안동 혁신유림의 류인식 선생이 중심이 되어 세운 근대적 학교였다. 교명은 "나라의 지향(志向)은 동국(東國)이요, 향토의 지향은 안동이며, 면의 지향은 임동(臨東)이므로 '동(東)'을 택하였고, '협(協)'은 안동군의 동쪽에 위치한 7개 면이 힘을 합쳐 설립한다"는 뜻에서 왔다고 한다. 김병식(교장), 류창식(학감), 류인식(교무주임) 등이 책임을 맡아 척사유림의 완고한 반대와 방해 속에서도 80명 정도의 인재들을 배출할 수 있었지만 1919년 3·1운동 때 시위를 주도한 것이 빌미가 되어 강제 폐교되었고, 졸업생 대다수가 만주로 망명하거나 국내에서 독립운동에 투신하였다.[30]

Y 동산 류인식 선생은 뿌리 깊은 보수 유림의 터전에서 솔선하
여 노비를 해방하고 시대 변화를 받아들였습니다. 그로 인해
스승(김도화)으로부터 파문을 당하고 부친(류필영)에게 의절(義絶)을
당하는 말할 수 없는 괴로움을 겪었다고 합니다.

K 의금부도사를 지낸 김도화 선생은 을미사변 후 70세 고령에
의병장으로 활약하였고, 류필영 선생은 1919년 거창의 곽종
석 선생과 함께 유림대표로 파리장서운동(巴里藏書運動)에 참가한 분
입니다. 류인식 선생은 파문을 당한 심정을 '울음을 머금고 피가 끓는
정'이라고 표현하면서도 자신의 의지를 분명히 밝히고 '죽더라도 스
승을 저버리지는 않을 것'이라면서 존경심을 버리지 않았다고 합니
다. 또 한 분 서산 김대락 선생이 있습니다. 척사유림의 한 분으로 혁
신유림을 비판하던 입장을 바꿔 자신의 집(백하구려)을 협동학교 교
실로 제공함으로써 신교육에 힘을 보탰습니다.

Y 강무경, 고재량, 권영만, 김원국, 김태원, 문태수, 민종식, 신
돌석, 이은찬, 이인영, 조경환, 최세윤 등 기라성 같은 의병
장들의 이름이 눈에 들어옵니다. 의병 활동으로 포상을 받은 분만
2,700여 명에 달했다고 하니 전체 참가 인원은 더 많았을 것입니다.
박은식 선생의 《한국독립운동지혈사》에 의하며 최대 50만 명, 그중
15만 명이 희생되었다고 합니다.

이은찬 의병장 묘소

민종식 의병장 묘소

K 일제의 공식기록조차 1907년 8월에서 1909년 말까지만 1만 7천여 명이 전사했다는 기록을 남겼을 정도입니다. 대한제국 군대해산으로 촉발된 정미의병과 일본의 이른바 '남한대토벌 작전'으로 이어진 엄혹했던 기간이지요. 강무경, 기삼연, 문태수, 민긍호, 신돌석, 심남일, 안규홍, 이강년, 이석용, 이원오, 이은찬, 이인영, 전해산, 조경환, 허위 의병장과 같은 분들이 전사하였거나 체포되어 순국했습니다.

Y 대한제국 군대 해산과 박승환 참령의 자결로 시작된 봉기는 남대문 전투를 시작으로 전국으로 확대되었습니다.(최초 자결 순국자는 1905년 12월 평양진위대 김봉학) 1907년 9월 7일 자 프랑스 일라스타시옹에 의하면 전사한 군인들의 시신이 동대문 밖에 전시되었는데 일본인들조차도 영웅들의 죽음에 경의를 표했다고 합니다.

박승환 선생 묘소

K 원주진위대의 특수정교 민긍호 의병장은 100여 회의 전투 끝에 치악산 강림전투에서 체포되어 순국하였습니다. 부인이 딸(7세)과 아들(2세)을 데리고 연해주로 급히 피신하였는데 1937년 중앙아시아로 강제 이주당하였다고 합니다. 그 후 종적을 알 수 없었던 가족사는 카자흐스탄의 세계적 남자 피겨선수 데니스 텐이 민긍호 의병장의 후손이라는 사실이 보도됨으로써 비로소 알려졌습니다. 데니스 텐은 동계 올림픽 사상 최초로 카자흐스탄에 메달을 안겨준 선수입니다. 세계선수권대회에서는 금메달을 획득하기도 했지요. 그러나 2018년 평창 동계올림픽에 참가하였다가 훈련 중 부상을 입고 출전을 포기하였습니다. 그의 불행을 그게 끝이 아니었습니다. 카자흐스탄에서 강도 2명과 싸우다가 25세의 나이에 목숨을 잃고 말았습니다.

Y 1907년 군대해산으로 촉발된 정미의병은 군인들이 대거 참
   가함으로써 절정에 달했습니다. 대한제국군인 출신으로 독
립운동에 투신한 분은 그 외에도 많이 있지 않습니까?

K 의병, 독립군 지휘관, 임시정부 요인 등으로 활약하였습니다.
   김규식(독립군), 김좌진(독립군), 노백린(임정), 백남규(의병)[31], 신
규식(임정), 안무(독립군), 연기우(의병), 우재룡(의병, 대한광복단), 유동열
(임정), 이갑(신민회), 이관직(신흥무관학교), 이규풍(의병), 이동휘(임정),
이세영(임정), 이장녕(독립군), 이필주(목사, 기미독립선언 민족대표), 지청
천(임정), 황학수(임정) 등입니다.

Y 의병 중에는 김원국·김원범(형제), 김창균·김석현(부자), 김태
   원·김율(형제), 양진여·양상기(부자), 양회일·양회룡(형제), 이남
규(李南奎)·이원범(부자), 이남규(李南珪)·이충구(부자), 이차봉·이소봉
(형제), 임창모·임학규(부자), 정환직·정용기(부자), 채광묵·채규대(부자),
최광현·최병현(형제), 최세연·최산두(부자), 최택현·최윤룡(부자) 등 부
자와 형제가 함께 순국한 경우도 있었습니다.

K 최택현·최운룡(부자)와 최광현·최병현(형제)는 1909년 전남
   나주에서 의병을 조직하다가 체포되어 함께 총살형으로 순
국하였습니다. 최택현 가(家)와 최광현 가(家)는 4촌, 정유재란 때 흥
양(지금의 고흥) 현감으로서 이순신 장군 휘하에서 큰 공을 세운 최희

량 장군의 10대손이라고 합니다. 최택현 선생의 자부 나주 임씨는 시부와 남편의 장례를 치른 후 큰 돌을 가슴에 안고 우물에 몸을 던져 자진(自盡)하였다고 합니다.[32]

Y "사람이란 어차피 한 번 죽고 마는 것이니 왜놈과 가까이해서 죽게 될 진데 어찌 의병에 충실하다 죽어서 끝내 좋은 이름을 차지하는 것만 하겠느냐." 전해산(전수용) 의병장의 일기에 나오는 내용입니다. 전해산 의병장에게는 슬픈 일화가 있습니다. 호남 중서부 지방을 거의 장악할 정도로 기세를 올렸지만 전북 장수에서 일군에 체포되어 교수형으로 순국했습니다. 사촌형이 시신을 운구하여 장례를 지냈는데 상여가 집 앞의 시내를 건너자마자 부인 김해김씨가 극약을 먹고 자진함에 따라 쌍상여로 장례를 치렀다고 합니다.(장수 번암 원촌마을에 전해산 의병장 부부의 묘소가 있다.)

K 의병장 중에는 신돌석(영덕), 김백선(양평)과 같은 평민 출신도 있었습니다. 심지어 머슴들이 주축을 이룬 '안담살이'라는 의병부대도 있었습니다. 안규홍 의병장은 1907년 보성에서 거의하여 순천, 여수, 광양 등지에서 파청대첩, 진산대첩, 원봉대첩 등의 뛰어난 활약으로 일군에 타격을 주었지만 1909년 9월 체포되어 교수형을 받고 순국했습니다. 안규홍 의진의 나창운·안택환·임정현, 임창모(임낙균)·임학규(학순) 부자는 전사하였고, 박봉석·손덕오·염인서·정기찬 등은 교수형으로 순국했습니다.

신돌석 의병장 묘소   서대문 형무소 처형장

Y 일제는 1907년 7월 헤이그 만국평화회의 밀사 사건을 빌미
로 고종을 강제 퇴위시키고 사법권과 감옥사무를 장악합니
다. 경성감옥(1912년 서대문감옥, 1923년 서대문형무소)을 지어 많은 애국
지사를 투옥시키고 또 처형했습니다.

K 서대문형무소역사관에 의하면 400여 분이 이곳에서 순국
한 것으로 추정되지만 그중 165명의 명단이 확인되었습니다.
그 가운데 이곳에서 순국한 의병 참가자는 허위·이강년(1908), 이인
영·이은찬(1909) 의병장을 비롯한 57분입니다.

Y 열악한 무기로 20년이나 항일전쟁을 벌인 것은 실로 대단합
니다. 의병을 외국의 민병대나 자원병으로 이해하는 경향이
있습니다. 그러나 의병(義兵)은 글자 그대로 '정의로운 군대(Rightous
Army)'였습니다. "몸은 삭아도 이름은 삭지 않는다(身朽名不朽)"는 신념
으로 성패불수(成敗不須), 다시 말하면 결과에 연연하지 않고 의로움

을 위하여 자신을 던졌던 사람들입니다. 그래서 백암 박은식 선생은 의병을 민족의 '정수(精髓)'라 했습니다.

K 의병전쟁은 외국인의 눈에도 놀라운 것이었습니다. 1908년 영국의 《데일리 메일(Daily Mail)》 조선 특파원 프레드릭 맥켄지(Frederick A. McKenzie) 기자는 의병전쟁의 현장을 직접 목격하고 1908년 《한국의 비극(The tragedy of Korea)》을 펴냈습니다.

"우리는 죽을 수밖에 없을 것입니다. 그러나 좋습니다. 일본의 노예로 살기보다 자유로운 인간으로서 죽는 편이 훨씬 낫다.","불행하게 조금 더 사는 것보다 지금 목숨을 버리는 것이 낫다.","나라에 버림받는 것보다 애국자로 죽는 것이 낫다."[33] 대한제국 군대 해산 직후 경기도 양평에서 만난 의병에게서 들은 것이라고 합니다. 성패불수(成敗不須)의 정신세계를 잘 보여줍니다. 1920년에 펴낸 《한국의 자유 투쟁(Korea's Fight for Freedom)》을 통해 잘 무장된 일본군에 대하여 보잘것없는 무기로 대항하는 의병에 대해 경탄해 마지않았습니다. 일제의 침략상을 세계에 알리고, 영국에서 한국친우회를 조직하여 독립운동을 지원한 공로로 2014년 건국훈장(독립장)이 추서되었습니다.

일본의 공식 성명에 따르면 한국인들은 1915년 봉기가 최종적으로 진압될 때까지 그들의 싸움을 계속하였다. 산악인들, 들판의 젊은이들, 호랑이 사냥꾼들, 늙은 병사들이 겪었을 고난을 어렴풋이 상상할 수 있을 뿐이다. 한국인을 '겁쟁이'나 '무감각자'라고 조롱하는 말들은 힘을 잃기 시작하였다.[34]

Y 1910년 8월 29일 일본의 강제 병합으로 대한제국의 국권이
상실된 후 의병전쟁은 사실상 막을 내리게 됩니다. 이회영, 이
상룡 선생 등의 많은 애국지사가 만주와 연해주, 그리고 미주 지역으
로 망명하여 해외 독립운동기지 건설에 나섰습니다. 국내에서는 일
제 치하에서 비밀단체가 결성되어 친일파 처단을 비롯한 항일투쟁을
이어갔지요. 대표적인 단체가 1913년 풍기에서 채기중 선생이 조직한
광복단과 대구에서 박상진 선생이 조직한 조선국권회복단입니다. 풍
기광복단에는 의병과 관련된 인물들이, 조선국권회복단에는 애국계
몽운동을 수용한 혁신유림의 인물들이 참여했습니다. 1915년 두 단
체는 대한광복회(총사령 박상진)으로 통합됩니다.

K 대한광복회 인물 가운데 우재룡, 채기중, 한훈 선생의 묘소
가 보입니다. 대한광복회는 독립전쟁론에 입각하여 독립군
양성을 목표로 군자금 모집과 무기 구입을 중심으로 활동하는 한편,
친일부호를 처단했습니다. 상덕태상회(대구), 대동상점(영주)을 비롯한
국내외 여러 곳에 거점을 두어 활동하다가 1918년 체포되어 박상진,
채기중, 김경태, 김한종, 임세규 등 다섯 분이 사형선고를 받고 순국함
으로써 조직이 와해되었습니다.

Y 박상진 의사의 묘소는 경주에 있는 것으로 알고 있습니다.
울산에서 태어나 전통적 유가(儒家)에서 성장하여 허위 선생
에게서 학문을 배우고 1907년 양정의숙(養正義塾) 전문부 법과에서

채기중 선생 묘소   우재룡 선생 묘소

수학했습니다. 1910년 판사시험에 합격하여 평양법원에 발령받았으나 1911년 사퇴하고 만주로 건너갔습니다. 1912년 귀국하여 대한광복회를 조직, 활동하다가 1918년 체포, 기소되어 사형을 선고받고 4년간 옥고를 치르다가 1921년 8월 대구형무소에서 형 집행으로 순국했습니다.

K 박상진 의사는 사제(師弟)의 도리를 철저히 지킨 분이기도 합니다. 스승과 제자는 법관의 길을 갔던 분들이기도 합니다. 허위 선생은 평리원(平理院) 판사를 거쳐 원장을 지냈습니다. 1908년 양정의숙에 다니던 박상진 의사는 허위 선생이 서대문형무소에 순국하자 시신을 수습하여 고향인 선산에서 장사지낸 후 묘막을 짓고 1년간 복상(服喪)했다고 합니다.

Y 대한광복회는 1910년 8월 국권 상실 후 첫 항일단체로서 특별한 명예의식이 있었던 것 같습니다. 조직의 와해에도 불구

하고 국내외에서 독립운동을 이어가다가 광복 후인 1945년 10월 우재룡 선생에 의하여 새 국가건설에 이바지하기 위해 조직이 재건되기도 했지요. 우재룡 선생은 영천의 정용기 의병장을 존경하여 산남의진의 연병장을 맡아 활약하다가 종신 유형(流刑)에 처해졌지만 1911년 소위 은사령으로 출옥하였습니다. 1918년 대한광복회 사건으로 무기징역을 언도받고 1937년 출옥 때까지 16년간 옥고를 치렀습니다.

K 체포를 모면한 한훈 선생은 만주로 망명하여 광복단결사대를 조직합니다. 1921년 8월 미국 하원 의원단의 순방 때 요인 암살을 모의하다가 체포되어 8년 형을 선고받고 복역하던 중 홍주의병의 소모장을 맡은 사실이 발각되어 다시 23년 형을 받습니다. 19년 6개월 만에 형 집행정지 처분으로 출옥했지만 6·25전쟁 때 북한군에게 납치, 피살되었다고 합니다. 형 한태석 선생 또한 민종식 의병에 참가하고 광복단을 재정적으로 지원하였다고 하며, 1929년 군자금 모금 활동에 나섰다가 체포되어 8년의 옥고를 치렀습니다. 두 형제는 의병으로 활동하다가 칠갑산에서 전사한 것으로 알려진 외숙의 영향을 받았다고 합니다. (외숙은 '양씨'라고만 알려져 있다.)

Y 3·1독립선언에 참가한 33인 민족대표 가운데 11분의 묘소(위패 포함 14위)가 여기에 있습니다. 권병덕, 김완규, 라인협, 박동완, 신석구, 유여대, 이갑성, 이종일, 이종훈, 이필주, 홍병기 등입니다. 윌슨 대통령(T. Woodrow Wilson)의 민족자결선언이 있었다고는

하지만 강제 병합된 지 10년이 되기도 전에 그 같은 거족적 독립운동이 실행되었다는 것은 경이로운 일이 아닐 수 없습니다. 전국에서 200만 명이 참가한 거대한 대중운동은 피압박 민족의 희망이 되기에 충분했습니다.

이종일 선생 묘소

유여대 선생 묘소

죽음이 박두하여도 추호도 위축되지 않고 사지로 돌진하는 그들의 용기보다 더 고상한 용기가 어느 세계에 또 있으랴. 그들의 용기야말로 대적할 자 없으리라.(The China Press, Nathaniel Peffer), 그러한 거대한 운동을 조직하고 실천하는 능력과 철저성을 가진 데 대해 놀라지 않을 수 없다.(캐나다 장로회 A. E. Armstrong 목사), 3·1운동으로 보여준 한민족의 충성심과 비폭력 항쟁은 세계사에서 가장 아름다운 애국심의 본보기다.(Homer B. Hulbert)

K 영국 스코틀랜드 출신 여성화가 엘리자베스 키스(Elizabeth Keith)의 《올드 코리아(Old Korea)》라는 책을 읽고 새삼 3·1운동에 외국인의 따뜻한 시선을 확인할 수 있었습니다. 키스 자매는 1915년부터 중국, 일본, 한국 등에 체류하면서 그 지역의 풍속, 복식,

건축물 등을 그림에 담았습니다. 1919년 3월 28일 언니와 함께 서울에 온 엘리자베스는 만세 시위를 목격하고 거리의 상황을 글로 남겼습니다. 1921년과 1934년 두 차례 서울에서 전시회도 했는데 총 80여 점의 그림을 남겼다고 합니다. 1946년 처음 나온 키스 자매의 책은 2020년 6월 복원판이 나와 큰 관심을 모았습니다. 충무공 이순신 장군으로 추정되는 '무인 초상화'가 처음으로 공개되기도 했지요. 다음은 키스 자매가 목격한 3·1운동의 모습입니다.

한국인의 자질 중에 제일 뛰어난 것은 의젓한 몸가짐이다. 나는 어느 화창한 봄날 일본 경찰이 남자 죄수들을 끌고 가는 행렬을 보았는데, 죄수들은 흑갈색의 옷에 조개 모양의 삐죽한 짚으로 된 모자를 쓰고 짚신을 신은 채, 줄줄이 엮여 끌려가고 있었다. 그 사람들은 여섯 척 또는 그 이상 되는 장신이었는데, 그 앞에 가는 일본 사람은 총칼을 차고 보기 흉한 독일식 모자에 번쩍이는 제복을 입은 데다가 덩치도 왜소했다. 일본 경찰의 키는 한국 죄수들의 어깨에도 못 닿을 정도로 작았다. 죄수들은 오히려 당당한 모습으로 걸어가고 그들을 호송하는 일본 사람은 초라해 보였다. (…) 3·1만세운동은 놀라운 발상이었고 영웅적인 거사였다. 빈손으로 독립을 촉구한 사람들은 그들에게 돌아올 보복이 얼마나 심할지 잘 알고 있었다. 그런데도 서울에서만 이십만여 명이 길거리를 메웠고, 그와 동시에 한반도 방방곡곡 어디에서도 똑같은 독립선언서를 낭독하며 애국의 노래를 부르며 시위를 벌였다.[35]

Y 제국주의가 팽배해 있던 때에 피압박 약소민족이 하나가 되어 거대한 비폭력 대중적 운동을 계획하고 실천하였다는 점에서 기적이었고, 민족운동사의 금자탑이었습니다.

K 3·1운동은 종교계를 비롯한 각계의 민족 지도자들과 학생대
표들의 합작품이었습니다. 3월 1일 서울과 평양에서 시작된
3·1운동은 3월 3일 고종의 인산을 지나 3월 5일 4, 5천여 명이 집결
한 남대문역 앞 광장의 시위로 전국적으로 확산되었습니다. 전문학
교 학생들의 주도로 시작된 만세시위는 중학생, 농민, 노동자 등이 각
계각층이 참가한 거족적 독립운동으로 발전하였지요. 검찰에 송치된
19,525명 가운데 농민(10,864)과 학생(1,939)이 가장 많았습니다.[36]

Y 3·1운동이 약소민족의 독립운동에 영향을 주었다는 평가도
있지 않습니까? 그해 중국에서는 5·4운동이 일어났고, 인도
에서는 비폭력운동이 강화되었지요. 직접적인 영향을 확인할 수 없
지만 3·1운동은 그 시발점이었습니다.

K 3·1운동이 해외 매체를 통하여 처음으로 알려진 것은 1919년
3월 10일 미국 오클랜드 트리뷴지의 보도였다고 합니다. 3월
13일 뉴욕타임스와 로스앤젤레스타임스로 이어졌지요. 3·1운동은 중
국과 인도에 큰 충격을 주었던 모양입니다.
"조선의 독립운동은 위대하고 성실하고 비장하다. 중국 인민은 이에
대해 찬미, 애상, 흥분, 희망, 참괴 등 감정을 갖는다. (…) 조선 운동의
영광스러운 모습을 보면서 우리 중국인들은 수치를 느끼게 된다." 북
경대학교 교수 진독수(陳獨秀)가 《매주평론(每週評論)》에 쓴 글입니다.

일찍이 아시아의 황금시기에 빛나던 등불의 하나인 코리아
그 등불 다시 한번 켜지는 날에 너는 동방의 밝은 빛이 되리라

인도의 시인 타고르(Tagore)가 한국 독립운동을 고무했다는 사실은 잘 알려져 있지요. 훗날 인도 초대 총리에 오르는 네루(J. Nehru) 또한 다르지 않았던 것 같습니다. 1932년 12월 30일 딸 간디에게 보낸 편지 가운데 이런 내용이 나옵니다.

코리아에서는 오랫동안 독립을 위한 항쟁이 계속되어 여러 차례 폭발했다. 그 가운데서도 중요한 것은 1919년의 독립 만세 운동이었다. 한민족, 특히 청년 남녀는 우세한 적에 맞서 용감히 투쟁했다. (…) 그들은 자신들의 이상을 위해 희생하고 순국했다. 일본인이 한민족을 억압한 것은 역사상 보기 드문 쓰라린 암흑의 일막이다. 코리아에서는 대학을 갓 졸업한 젊은 여성과 소녀가 투쟁에서 중요한 역할을 하고 있다는 사실을 안다면 너도 틀림없이 깊은 감동을 받을 것이다.[37]

Y 3·1운동은 참가 규모뿐만 아니라 지향점에서도 세계의 찬탄을 자아냈습니다. 정의, 인도, 평화, 공존의 메시지였지요. "정의, 인도, 생존, 존영(尊榮)을 위하는 민족적 요구이니, 오직 자유적 정신을 발휘할 것이오, 결코 배타적 감정으로 일주(逸走)하지 말라." 민족 중심주의는 어디에도 찾아볼 수 없습니다.

K 미국 작가 시드니 그린비(Sydney Greenbie) 또한 1919년 9월 《아시아(Asia)》에 쓴 글을 통해 찬사를 아끼지 않았지요. "유려한 문장으로 되어 있는 한국의 독립선언서는 고귀한 사상과 주의 주장을 갖고 있으며 그 속에는 유교사상과 풍부한 기독교 사상이 함축되어 있다. 한국의 독립운동은 역사상 가장 위대한 혁명의 하나이며 기독교 국가도 감히 행할 수 없는 훌륭한 쾌거이다. 독립선언서 안에 담긴 주장은 혁명사에 길이 남을 것이다."[38] 그는 또한 1921년 《태평양 삼각지대(The Pacific triangle)》를 통해 미국과 일본이 조선과 필리핀의 지배권을 주고받았다며 날카롭게 비판하기도 했습니다.[39]

서대문 독립공원 3·1독립선언기념탑(독립선언서가 새겨져 있다.)

Y 의열투쟁을 통해 한민족의 독립의지를 세계에 보여주었던 강우규, 고인덕, 곽재기, 기산도, 김상옥, 박재혁, 우덕순, 이종암, 장인환, 전명운, 조명하 의사의 묘소가 보입니다.

강우규 의사 묘소   김상옥 의사 묘소

K 안중근, 윤봉길, 이봉창, 백정기 의사의 묘소는 효창공원에 있습니다. 안타깝게도 안 의사의 묘는 가묘(假墓)입니다. "나의 뼈를 하얼빈 공원 곁에 묻어두었다가 국권이 회복되면 고국으로 옮겨다오"라는 유언을 남겼지만, 아직까지 이렇다 할 진척을 보지 못하고 있습니다.

Y 하얼빈 의거는 중국인들에게 큰 충격을 주었습니다. 중국의 지도자들은 한인의 기개를 높이 평가하면서 중국인의 분발을 촉구했지요. 손문(孫文), 원세개(袁世凱), 장개석(蔣介石), 양계초(梁啓超), 장병린(章炳麟), 진독수(陳獨秀), 노신(魯迅) 등 많은 인물이 의거를 극찬해 마지않았습니다. '안중근전'을 쓴 정육(程育), 정완(鄭浣), 주호(周浩) 등의 학자들도 있었고, 주은래(周恩來)와 등영초(鄧穎超)는 학생 시절에 연극《안중근》에 함께 출연한 것을 계기로 부부의 연을 맺었다고 합니다.

K 1909년 10월 26일 하얼빈 의거로부터 1910년 3월 26일 여순형무소에서 사형 집행으로 순국할 때까지 정확하게 5개월, 안 의사는 당당하게 심문과 공판에 임했습니다. 장병린(장태염)은 안 의사에 대해 '아주 제일의협(亞洲 第一義俠)'이라고 극찬하면서 "체포되어 고문을 받았지만 쓸데없는 말이란 한마디도 없었고, 오히려 그 기백이 천하에 알려지니 지사들은 더욱 감동하고 격분하였다"라는 깊은 감회를 남겼습니다. 1910년 4월 16일 《더 그래픽(The Graphic)》에 소개된 찰스 모리머(Charles Morrimer) 기자의 '이토 공작 살해범 재판 참관기'는 재판에 임하는 안 의사의 진면목을 보여줍니다.

안중근은 달랐다. 기뻐하는 모습이 역력했다. 그는 이미 순교자가 될 준비가 되어 있었다. 준비 정도가 아니라 기꺼이, 아니 열렬히, 자신의 귀중한 삶을 포기하고 싶어 했다. 그는 마침내 영웅의 왕관을 손에 들고는 늠름하게 법정을 떠났다.[40]

"공은 삼한을 덮고 이름은 만국에 떨쳤다. 백세의 삶은 아니나 죽어서 천추에 드리운다."(孫文), "몸은 한국에 있어도 만방에 이름 떨쳤소, 살아선 백년이 없는 건데 죽어 천년을 가오리다."(袁世凱), "장렬한 죽음 하늘에 빛나리."(蔣介石), "붉은 피 다섯 걸음으로 큰일 해냈다. 큰 웃음소리 산과 달처럼 높더라."(梁啓超), "아, 나라를 위해 목숨을 바친 열사여. 대장부의 호연정기가 만세에 흥기하리라."(蔡元培), "현재의 우리나라가 고려의 전철을 밟고 있거늘 어찌하여 온 나라에 안중근 한 명이 없다는 말인가."(茅盾), "조선은 스스로 망하지 아니하였으니, 조선이 진실로 망하지 않을 것이오. 중국은 스스로 망하였으니 중국이 반드시 망하리로다."(魯迅), "내 당신 위하여 큰절드리고 당시 모습 황금동상 만들고 싶고, 이같이 시를 지음도 다만 당신 장해서만이 아니라 중원 땅 장자들의 마음 격려하고 싶어서 일세."(錢鍠), "조선에 인재가 없다고 말하지 말라."(北京 正宗愛國報), "조선의 정신은 아직 죽지 않았다."(天津大公報)

Y 안 의사는 굳은 신념과 고매한 인품으로 일본의 재판장, 검찰관, 변호사, 간수 등으로부터도 존경받았습니다. 형무소 직원들이 돈을 거둬 옷과 음식, 그리고 붓과 종이를 넣어주기도 했다고 합니다. 여순 고등법원장 히라이시 우지토(平石氏人)는 "나는 헤아릴 수 없이 많은 재판을 했지만 안중근처럼 강한 신념을 가진 사람을 본 적이 없다"라고 하였고, 이토를 수행하다가 부상을 입은 남만주철도주식회사의 이사 다나카 세지로(田中淸次郎)조차도 "지금까지 만난 사람

중에서 가장 훌륭한 인물은 유감스럽게도 안중근이다"라는 칭송의 말을 남겼다고 합니다.

K안 의사를 지킨 간수들의 이야기도 빼놓을 수 없습니다. 헌병 지바 도시치(千葉十七)는 안 의사의 위패를 사찰에 모시고, 휘호 '위국헌신군인본분(爲國獻身軍人本分)'을 가보처럼 간직했다고 합니다. 휘호 '언중신행독경만방기행(言忠信行篤敬蠻邦可行)'을 받은 경찰관 야기 마사노리(八木正禮) 경부도 있었습니다. 두 휘호는 유족들에 의해 안중근의사숭모회로 돌아왔습니다.

Y하얼빈 의거와 안중근 의사의 순국은 일본의 지식인 사회에도 큰 충격을 주었던 모양입니다. 안중근 의사 순국(1910년 3월 26일) 직후인 1910년 6월 메이지 천황(明治天皇)의 암살을 기도한 이른바 대역사건(大逆事件)으로 고토쿠 슈스이(幸德秋水)를 포함하여 사회주의자와 무정부주의자들이 대거 체포되었지요. 체포 당시 슈스이의 품속에서 안중근 의사의 사진 위에 한시가 쓰인 엽서가 발견되었는데, "사생취의 살신성인 안군일거 천지개진(舍生取義 殺身成仁 安君一擧 天地皆振)", 하얼빈 의거를 칭송하는 내용이었습니다.[41] 하얼빈 의거가 연상되는 이시카와 타쿠보쿠(石川啄木)의 '코코아 한 잔'(1911)이라는 시도 있습니다.

나는 안다.(…) 말과 행동으로 나누기 어려운
단 하나의 그 마음을

빼앗긴 말 대신에

행동으로 말하려는 심정을

자신의 몸과 마음을 적에게 내던지는 심정을[42]

K 역사학자 나카노 야스오(中野泰雄)는 영국의 토마스 모어(Thomas More)보다 더 위대한 인물이라고 평했습니다. 토마스 모어에게는 '3S', 즉 성인(Saint), 학자(Scholar), 정치가(Statesman)의 명예를 주어졌지만 안중근에게는 나라에 목숨을 바친 군인(Soldier)을 포함한 '4S'가 합당하다고 했지요. 아시아 대학교 교수를 지냈고, 하얼빈 의거와 관련된 《죽은 자의 죄를 묻는다》라는 저서를 남겼습니다. 철학자 마키노 에이지(牧野英二)는 '동양평화론'과 칸트의 '영구평화론'을 비교하면서 안 의사의 평화사상을 극찬해 마지않았습니다.[43] 호세이대학교 교수로 일본칸트학회 회장을 지냈고, 몇 차례 한국을 방문하여 '동양평화론'에 대한 강연회를 가진 바 있습니다.

Y 윤봉길 의사에 대한 칭송 또한 다르지 않았습니다. 국민당 장개석(蔣介石) 주석은 "4억 중국인이 해내지 못한 위대한 일을 한국인 한 사람이 해냈다"라고 하였고, 풍옥상(馮玉祥)은 "우리도 불굴의 자세로 윤봉길이 되자"라며 분발을 촉구했습니다. 아울러 작가 판제눙(潘子農)은 소설 《윤봉길》을 통해 중국인들의 저항정신을 고무했습니다.

K 윤봉길 의사는 1930년 3월 '장부출가 생불환(丈夫出家生不還, 대장부가 집을 떠나 뜻을 이루기 전에는 살아서 돌아오지 않는다.)'이라는 비장한 글을 남기고 망명의 길에 올랐습니다. "부모의 사랑보다도, 형제의 사랑보다도, 처자의 사랑보다도 일층 더 강의(强毅)한 사랑이 있는 것을 각오하였습니다." 중국 청도(靑島)에서 보낸 '사랑하는 어머니에게'라는 서신을 통해 다시 한번 결의를 다집니다.

1931년 상해에서 김구 선생을 만나 한인애국단에 가입하고 1932년 4월 29일 홍구공원(현 노신공원)에서 열린 천장절(天長節) 겸 전승축하 기념식에 폭탄을 투척하였습니다. 상해 파견군 사령관 시라카와(川義則) 대장과 일본거류민단장 가와바타(河端貞次)는 즉사하였고, 제3함대사령관 노무라(野村吉三郎) 중장과 제9사단장 우에다(植田謙吉) 중장과 주중공사 시게미쓰(重光葵) 등은 중상을 입었습니다. 윤 의사는 1932년 12월 19일 일본 가나자와(金澤) 육군형무소 공병 작업장에서 십자가 형틀에 매어 총살형으로 순국했습니다.

Y 의열투쟁은 세계에 충격을 주기에 충분했습니다. 한민족의 독립의지를 세계에 과시하였습니다. 식민지 백성이 되었지만 결코 무시할 수 없는 민족이라는 것을 깊이 각인시켰지요. 의열투쟁으로 독립유공자 포상을 받은 분이 130명이 넘습니다. 이재명 의사는 22세(1909년)의 청년이었고, 강우규 의사는 61세(1919년) 노인이었습니다.

K "눈먼 우리가 간섭하여 무기를 빼앗은 바람에 충분한 성공을 못한 것이다. 한탄과 후회가 그치지 않았다." 백범일지의 한 대목입니다.[44] 이재명이 권총을 쏘며 소동을 피웠다는 이야기를 들은 백범(김구)과 계원(노백린)이 그를 불러 주의를 주고 권총을 빼앗다시피 하여 보관하고 있었다는 것입니다. 1909년 12월 이재명 의사는 이완용을 습격하여 세 차례나 자상을 입혔지만 목숨을 거두지는 못했지요. 이재명 의사는 1910년 9월 30일 경성감옥에서 사형 집행으로 순국했습니다. 1910년 5월 18일 사형이 확정된 후 최후 진술입니다.

공평치 못한 법률로 나의 생명을 빼앗지마는 국가를 위한 나의 충성된 혼과 의로운 혼백은 가히 빼앗지 못할 것이니, 한 번 죽음은 아깝지 아니하거니와 생전에 이룩하지 못한 한을 기어이 설욕(雪辱) 신장(伸張)하리라.[45]

이재명 의사의 시신은 처가에 인계되었고, 19세 어린 아내와 세 처제, 그리고 장모의 눈물 속에 아현동 천주교 교회 묘지에 묻혔습니다. 훗날 독립투사 조신성 할머니에 의해 평양의 처가 근처 공동묘지로 이장되었고 합니다.[46] 하얼빈 의거 소식이 전해졌을 때 이재명은 노동이민으로 미국에 있었습니다. 서둘러 귀국한 그는 1907년 17세의 오인성을 아내로 맞이했지요. 결혼 생활 불과 2년, 남편을 그렇게 보낸 후 중국 길림과 상해를 오가며 독립운동의 유지를 이어가다가 3·1운동이 일어났다는 소식을 듣고 귀국하였지만 병을 얻어 세상을 떠났습니다.[47]

Y 이재명 의거에 참여한 조창호, 오복원 선생의 묘소가 보입니다. 개인 또는 소수의 인원으로 이뤄진 여타의 의열투쟁과 달리 참여 인물이 27명에 달합니다. 기소된 12명 중 사형(이재명), 15년(김병록·김정익·이동수·조창호), 10년(오복원·전태선), 7년(김중화·박태은) 5년(이응삼) 등의 중형이 선고되었습니다.

조창호 선생 묘소

오복원 선생 묘소

K 오복원 지사와 김중화(김용문) 지사는 대한제국 의학교(경성의학전문학교) 의생 출신이었습니다. 김중화 지사는 1916년 출옥 후 흑룡강성에서 송강의원을 개설하여 독립운동 세력을 규합하고, 고려혁명군에 참여했습니다. 1907년 대한제국 군대 해산을 계기로 촉발된 항일의식은 국권 상실과 3·1운동으로 더욱 고조되었습니다. 의학전문학교 학생대표들은 민족 지도자들과 접촉하며 행동대원으로 활약했지요. 김문진·이용설(세브란스의전), 김형기·한위건(경성의전) 등이 대표적인 분입니다. 민족대표의 한 분으로 활약한 이갑성 선생 또한 세브란스의전 출신으로 세브란스병원 약제 주임으로 있었

습니다. 1907년 군대 해산 때 부상군인들을 간호한 마가렛 에드먼즈
(Margaret J. Edmunds)의 기록입니다.

그날 싸움에 부상된 42인의 군사를 구호하기에 우리가 8일 동안 노력하였
습니다. 그 외에 참혹하게 화상을 당한 사람이 둘이었다. 세브란스병원 수술실에서 2개
의 수술대를 사용하였는데 의사들과 의학생들과 간호부들이 모두 땀으로 목욕
하였다.[48]

Y 1920년 평남도청과 선천경찰서 투탄 의거에 참가한 문일민,
김성호 선생의 묘소도 보입니다. 1920년 8월 미국 의원단의
동아시아 순방을 계기로 독립에 대한 여론 환기를 위한 의열투쟁이
전개되었지요. 평남도청 투탄 의거(8.3)와 선천경찰서 투탄 의거(9.1)입
니다. 3·1운동 직후의 엄혹한 시기여서 중형을 피할 수 없었습니다. 평
남도청 투탄 의거의 문일민·박태열·장덕진(무기)·안경신(10년), 선천경
찰서 투탄 의거의 박치의(사형)·김성호(15년)·김석창(8년)·안병균(8년)·
박치조(박치의 兄, 5년)·김학현(3년) 등입니다.[49]

K 선천 신성중학교 재학 중 의열투쟁에 나선 박치의 소년의 스
토리는 큰 감동을 줍니다. 1920년 9월 1일 선천경찰서에 폭
탄을 투척하고 체포, 투옥된 후 1921년 9월 30일 교수형으로 순국하
기까지 처신이 그렇습니다. 체포된 지역 유지들을 살리기 위하여 자
신이 주범임을 당당히 밝혔을 뿐만 아니라 사형선고가 내려지자 두

손을 들고 하늘을 향하여 "하나님 은혜 감사합니다"라고 소리쳤다고
합니다. "나는 다만 조국을 위하여 죽을 따름이다"라고 말한 후 대한
독립만세를 외치며 교수형을 받았다고 합니다.

미국 의원시찰단의 동아시아 순방

파리 강화회의 참가, 3·1운동에 이은 독립운동의 활로를 모색하던 임
시정부는 1920년 여름 미국 상·하원 의원과 가족 123명으로 구성된
시찰단이 동아시아를 순방할 것이라는 정보를 입수하였다. 대미의원
시찰단주비위원회(위원장 안창호)를 꾸려 외교, 선전, 시위운동, 의열투
쟁을 포함한 대응방안을 논의하였다.

상해에서 열린 각종 환영식에 참석하여 독립의지를 알리고 설득하
였다. 안창호 선생을 비롯한 임정대표단은 8월 16일에서 20일까지
북경에서 시찰단장(J. H. Small), 외교위원장(S. Y. Poter)를 비롯한 주요 인
사 10명과 면담하였다. 아울러 광복군총영(총영장 오동진)에 의하여 3개
결사대가 편성되었다.

제1대는 서울에서 종로경찰서, 이완용집, 서울역 투탄 계획은 행동
직전 발각, 체포됨으로써 실패로 돌아갔다. 제2대는 평남도청에 폭
탄 투척으로 제3부(평남경찰부) 담장이 무너지고 경찰 2명이 폭사하
였다. 평양부청과 평양경찰서 파괴는 폭탄이 터지지 않거나 도화
선이 젖어 성공하지 못했다. 제3대가 담당한 신의주에서는 호텔 계
단을 파손하는 데 그쳤지만, 선천경찰서 폭탄 투척은 성공하였다.
1920년 8월 24일 미국 의원단이 남대문역에 도착하자 1천여 명의 시
민들이 몰려나와 시위에 참가하였고, 그중 100여 명이 체포되었다.[50]

Y 만주에는 '남만삼천(南滿三天)'이라 불린 분들이 있었습니다. 경천(擎天) 김광서(김경천), 동천(東天) 신팔균, 청천(靑天) 지대형(지청천) 등 세분을 말합니다.

일본 육군사관학교를 졸업한 김광서와 지대형은 2·8독립선언을 계기로 탈출할 기회를 엿보고 있었습니다. 목에 피가 나올 정도로 연일 술을 마시고 몸을 해한 후에야 병가를 얻어 탈출에 성공하고 신흥무관학교의 교관이 되었습니다. 대한제국 육군무관학교를 졸업하고 정위(正尉)로 있다가 신흥무관학교 교관으로 있던 신팔균과 함께 삼천으로 불렸던 것이지요.

'설원의 백마 탄 장군'으로 알려진 김경천 장군은 1922년 볼셰비키 적군에 의하여 무장해제를 당한 뒤 1937년 중앙아시아 카자흐스탄으로 강제 이주당하였다가 '인민의 적'이라는 혐의로 체포되어 1942년 시베리아 수용소에서 생을 마감했습니다. 동천과 청천은 서울현충원에 안장되어 있지만 경천은 시베리아 수용소 근처 집단 묘지에 묻혀 있는 것으로 알려집니다. 1923년 7월 29일 자 동아일보에 소개된 "빙설(氷雪)쌓인 서백리아(西伯利亞)에서 홍백(紅白)전쟁한 실지(實地)경험담"이라는 인터뷰의 한 부분입니다.

미국이 독립전쟁을 할 때에 겨울에 맨발을 벗고 얼음 위를 지나가서 얼음에 발이 버지어 발자국마다 피가 흘렀다더니 우리 군사도 이 때 발자국마다 피가 보이었소. 그러나 사람 없는 산천에 보이는 것은 망망한 백설과 하늘뿐인데 깎아지른 듯한 산을 지날 때에 우리는 불국명장 나폴레옹이 알프스 산 넘던 행군을 연상하였소.

K 신팔균 선생은 대대로 장신(將臣)을 지낸 가문의 후손이었습
니다. 고조부(신홍주)는 훈련대장을, 조부(신헌)은 삼도수군통
제사와 훈련대장 등을, 부친(신석희)는 병마절도사와 포도대장 등을
거쳐 한성부판윤을 지냈습니다.

신헌 선생은 1874년 진무사(鎭撫使)에 임명되어 강화도 광성·덕진·초
지 3진(鎭)에 포대를 구축하였고, 1876년 강화도조약의 전권대관을
맡았습니다.

신팔균·임수명 부부 합장묘

신팔균 선생은 육군무관학교를 졸업하고 육군 참위를 시작으로 정위
에 올라 강계진위대에 근무하던 중 군대가 해산되자 진천으로 돌아
가 학교를 세워 청년교육에 힘썼습니다. 경술국치 후 만주로 망명하
여 신흥무관학교 교사로 독립운동에 투신했습니다. 대한통의부 총사
령관으로 활약하다가 1924년 7월 흥경현 이도구 밀림에서 일제의 사
주를 받은 마적단의 기습을 맞아 교전 중 전사했습니다. 참모들은 사
실을 숨긴 채 임신 중인 부인(임수명)을 서둘러 귀국시켰습니다. 뒤늦

게 그런 사실을 알게 된 부인은 출산한 아이와 함께 음독자살하였고, 두 아들 또한 목숨을 버렸습니다.[51] 많은 독립투사가 명멸하였지만 이같이 참담한 경우는 찾아보기 어렵습니다.

Y "두만강 푸른 물에 노 젓는 뱃사공. 흘러간 그 옛날에 내 님을 싣고 떠나간 그 배는 어디로 갔소. 그리운 내 님이여 그리운 내 님이여 언제나 오려나." 1938년 일제 강점기 고(故) 김정구 선생이 부른 '눈물 젖은 두만강' 1절입니다. 독립운동의 애환이 서려 있다고 합니다.

K 이설(異說)이 있기는 합니다만, 1922년 대한군정서의 함북 경흥군 신건원 경찰 주재소 습격사건으로 체포되어 사형 선고를 받고 순국한 문창학 선생과 관련이 있습니다. 이 사건으로 독립군 13명이 체포되어 사형(4명)을 포함하여 징역 10년 이상의 중형이 선고되었지요. 두만강 노래에 얽힌 사연은 이렇습니다. 작곡가 이시우 선생이 중국 동북부 일대에서 순회공연을 하던 중 한 여관에서 여인의 애절한 통곡소리를 듣게 되었다고 합니다. 사연을 알아보니 문창학 선생의 부인(김증손녀)이 여관 주인이 차려준 제사상을 앞에 놓고 슬피 울고 있었던 것입니다. 문창학 선생은 두만강변 온성의 부농의 자제였고, 임시정부 초대 교통총장을 맡은 문창범 선생의 4촌 동생이기도 합니다.

07

무후선열제단에 오르다

위패로 남은 외로운 넋

　충렬대 뒤편에 후손이 없는 순국선열의 위패를 모신 무후선열제단
(無後先烈祭壇)이 있다. 김마리아·김수민·김익상·나석주·남상덕·
백용성·서일·안경신·안명근·여준·연기우·염인서·오동진·원세훈·
유관순·유상근·이갑·이동휘·이상설·이위종·이재명·이진룡·장덕
진·조도선·조맹선·차도선·채응언·황병길 등 순국선열 위패 119위
와 고창일·김규식·김붕준·명제세·박열·안재홍·엄항섭·오화영·유
동열·윤기섭·정인보·조소앙·최동오 등 6·25전쟁 납북 독립유공자
위패 15위 등 총 134위가 봉안되어 있다. 대부분 건국훈장 독립장 이
상의 높은 등급을 받은 분들로 여성은 김마리아, 안경신, 유관순 열
사 등 세 분이다.

무후선열제단(서울현충원 독립유공자묘역)

Y와 K의 대화 ─────────────────────────

Y 조금 전 무후선열제단에서 참배하고 위패를 하나하나 둘러보
  았습니다만 공간이 소박하다는 느낌이 듭니다. 표지판이 없
어 공적 내용을 알기도 어렵습니다. 위패가 있어야 할 것 같은데 그렇
지 않은 분도 있는 것 같고, 후손이 밝혀진 경우도 있는 것 같습니다.

K 기념사업회, 출신지, 출신학교, 종교계 등에서 추모활동이 활
  발하게 이뤄지는 경우도 없지 않지만 대부분은 그렇지 못한
것으로 알고 있습니다. 수년 전 '순국선열의 전당'을 건립한다는 보도
가 있었습니다만 이렇다 할 진전이 있는 것 같지 않습니다. 상징성과
예술성을 아울러 갖춘 신성한 장소(shrine)가 되었으면 합니다. 후손

이 없는 분들에 대해서는 정부가 후손을 대신하여 특별한 관심이 필요합니다.

Y 15세 소녀 동풍신 열사가 있지 않습니까? 1919년 3월 15일 명천 화대 장터 시위에는 5천여 명이 참가했습니다. 동풍신 열사는 만세를 부르다가 순국한 부친(동민수)을 등에 업고 시위에 앞장서다가 체포되었지요. 재판정에서 '총살당한 아버지를 대신해 만세를 불렀다'고 당당히 주장한 끝에 2년 6개월의 형을 선고받고 옥중에서 순국하였습니다. 동풍신 열사는 유관순 열사보다 두 살 아래였습니다. "남쪽에 유관순이 있었다면 북쪽에는 동풍신이 있었다"라 할 정도로 북한지역을 대표하는 순국열사입니다. 그런데 위패조차 세워져 있지 않습니다.

유관순 열사 분묘합장 표지비(망우리공원)

K 유관순 열사는 1919년 4월 1일 천안 병천 아우내 장터 독립만세운동을 계획, 주도한 분으로 독립운동에 미친 영향

이 큽니다. 1920년 9월 28일 옥중에서 순국한 후 이태원 공동묘지에 묻혔지만 군용지와 주택지로 개발되면서 실전되었다고 합니다. 2018년 '이태원 무연분묘 합장지'가 망우리공원(현 망우역사문화공원)에 있다는 사실이 알려지면서 '유관순 열사 분묘합장 표지비'가 세워졌습니다. 1936년 일제가 이태원을 개발하면서 무연분묘 2만 8천기를 망우리로 옮겨 한꺼번에 묻었던 것이지요.

Y 연기우 의병장은 2015년 8월 이달의 독립운동가로 선정된 분이지만 대중적으로 잘 알려진 분은 아닙니다. 아들을 처단해야 했던 가슴 아픈 사연이 있다고 하지요?

K 선생은 강화진위대 부위(副校)로 복무하다가 1907년 8월 대한제국 군대가 해산 때 봉기하여 십삼도창의군(총대장 이인영)의 서울진공작전에 참가하여 동대문 근처까지 진출하는 등 충청·경기·황해 일대에서 용맹을 떨치다가 일본군에 체포되어 순국하였습니다. 그 과정에서 아우(연창수)가 체포, 순국하는 아픔을 겪어야 했고, 일본군의 회유에 넘어간 아들을 처단하는 고통을 피할 수 없었습니다. 부친(연성한) 또한 함께 체포되었다고도 합니다. 후손 없는 선열로, 또 위패만 남은 데는 그만한 이유가 있습니다. 다음은 정교(鄭喬)의 《대한계년사(大韓季年史)》가 전하는 내용입니다.

'내가 의병을 일으킨 것은 다만 대의를 부식하기 위함이다. 그러한 말을 한 너는 내 자식이 아니다'라고 하였다. 그는 휘하 병사들에게 아들을 포박하여 총살하라고 명령하였다. 많은 의병이 울며 처형을 중지하라고 했으나 끝내 듣지 않았다.[52]

Y 박열 선생과 동지이자 아내였던 가네코 후미코(金子文子)의 아름답고도 슬픈 이야기는 2017년에 개봉된 영화 《박열》로 대중적인 관심을 불러일으켰습니다.

K 두 분의 변호를 맡았던 후세 다쓰지(布施辰治) 변호사와 가네코 후미코 여사의 독립유공자 포상 심사에 참여한 적이 있습니다. 당시에는 한국의 독립을 위한 투쟁이라기보다는 불의와 제국주의에 대한 저항으로 보았던 것 같습니다.

박열 선생은 경성고등보통학교(현 경기고등학교)를 다니다가 3·1운동이 일어나자 학업을 중도 포기하고 식민 지배의 심장부인 일본에 건너갔습니다. 흑도회, 흑우회, 불령사 등 반제국주의 항일단체를 조직하여 활동하였습니다. 1923년 9월 도쿄 대지진이 발생하자 보호검속이라는 명목으로 사회주의자와 조선인에 대한 학살과 검속이 자행되었습니다. 불령사 조직원들도 예외가 아니었지요. 1923년 9월 선생은 일왕을 폭살하려 했다는 혐의, 소위 대역사건(大逆事件)으로 체포, 구금되었습니다.

선생은 재학 중 일본인 교사로부터 고토쿠 슈스이(幸德秋水)의 대역사건에 관한 이야기를 들은 적이 있었다고 합니다. 1945년 10월 홋카이도 근교 아키다 감옥에서 석방될 때까지 무려 22년 2개월의 옥고를 겪었습니다. 전후 혼란했던 시기에 재일본조선인거류민단장을 맡아 동포들의 권익보호에 힘썼습니다. 김구 선생의 부탁으로 윤봉길, 이봉창, 박정기 등 삼의사의 유해를 수습, 봉환할 수 있게 된 것도 그때 일이었지요. 1949년 귀국하였지만 6·25전쟁 중 납북되었습니다.

가네코 여사는 구금 중 선생과 결혼하고 재판 도중 만세를 부르는 등 일제의 소행을 비판하고 항일의 정당성을 끝까지 항변하였다고 합니다. 사형에서 무기징역으로 감형되어 옥고를 치르던 중 의문 속에 사망하였습니다. 당국에 의하여 가매장되었던 유골은 동지들에 의하여 비밀리에 선생의 형에게 전해져 경북 문경으로 옮겨 묻힐 수 있었지요. 후세 다쓰지 변호사(2004년)와 가네코 후미코 여사(2018년)에게는 건국훈장이 추서되었습니다.

장덕준·장덕진(상단, 순국선열영위 좌우), 안경신(중단, 왼쪽부터 첫째), 오동진(하단, 왼쪽부터 셋째)

Y 장덕준, 장덕진 형제의 위패가 좌우로 나란히 세워져 있습니다. 그 아래에 안경신, 오동진 선생의 위패도 있습니다. 네 분

은 모두 1920년 8월 미국 의원단의 동아시아 순방과 관련이 있습니다.('06 애국지사의 숨결' 참조) 장덕준 선생은 동아일보의 창간 발기인의 한 분으로 논설위원으로 있던 중 특파원으로 파견되어 북경에서 안창호 선생 등 임정 대표단과 함께 미국 의원단장(J. H Small)을 면담하고 독립 문제에 관하여 논의했습니다. 이 사실은 동년 8월 24일 자동아일보 보도를 통해 알려졌습니다. 그때 논설주간이던 선생의 첫째 동생 장덕수 선생은 '미국 의원단을 환영하노라'라는 제목의 논설을 써 힘을 보탰습니다.

장덕진 선생은 1920년 10월 이른바 훈춘사건(琿春事件)으로 많은 동포가 학살당하자 그 진상을 취재하기 위해 간도 현장으로 달려갔습니다. 용정의 한 여관에 여장을 풀고 일본군 헌병대장을 찾아가 따지고 힐책했다고 합니다. 취재에 분주하던 중 이른 아침에 일본인 두세 명에게 불려 나가 행방불명이 되었습니다.

선생은 주위의 만류에도 불구하고 "신문은 정간 중에 있지만 기자의 활동은 중지할 수 없다"라며 취재 길에 올랐다고 합니다. 당시 동아일보는 일본이 신성시하는 거울, 구슬, 칼 등 이른바 3종의 신기(神器)를 모독하는 사설을 게재하였다는 혐의로 무기 정간된 상태였습니다. 선생은 '기자 출신 첫 번째 독립유공자', '순직 기자 1호'가 되었습니다. 1971년 한국기자협회는 기장(紀章)을 제정하면서 뒷면에 장덕준 선생의 얼굴을 새겨 넣어 기자정신을 기리고 있습니다. 둘째 동생 장덕진 선생은 3·1운동이 일어나자 만주로 망명하여 광복군총영(총영장 오동진) 참모로 활동하다가 1920년 8월 미국 의원단이 동아시아 순방을 계기로 국내에 파견되어 평남경찰서에 폭탄을 투척하고 상해로 피신하였습니다. 교민들을 보호하는 의경대원(義警隊員)으로 활동하다가 중국인에 피살되었습니다.

K 오동진 선생은 1920년 광복군총영을 조직하여 미국 의원단이 지나는 평양에 결사대를 파견하여 일제 통치기관에 폭탄을 투척하는 의거를 일으킨 분입니다. 대한통의부와 정의부 군사위원장을 맡아 무장투쟁을 이어가다가 1926년 체포되어 고초를 겪다가 1944년 옥중 순국했습니다. 안경신 선생은 1920년 미국 의원단이 동아시아 순방을 계기로 장덕진 선생과 한 조가 되어 평남경찰서에 폭탄을 투척한 분입니다. ('09 독립유공자를 찾아서(2)' 참조)

Y 1907년 헤이그 만국평화회의 밀사였던 이상설과 이위종 선생의 위패가 보입니다. 이상설 선생은 분사(憤死)한 이준 선생의 시신을 거두어 헤이그의 공동묘지에 안장하고, 유럽 각국을 돌며 독립을 호소한 후 블라디보스토크에서 활동하다가 1917년 니콜리스크에서 병사했습니다.

"조국 광복을 이루지 못하고 이 세상을 떠나니 어찌 고혼인들 조국에 돌아갈 수 있으랴. 내 몸과 유품은 모두 불태우고, 그 재를 바다에 날린 후 제사도 지내지 마라"라는 유언대로 아무르 강가에서 화장돼 강물에 뿌려졌습니다. 이준 열사는 와세다대학교 법과를 졸업하고 독립협회, 을사늑약 반대 투쟁, 국채보상운동 등에 참가하였으며, 근대적 상급 재판소인 평리원(平理院) 검사로 활동했습니다. 그 외에도 법관, 검사, 변호사 등 법률가 출신으로 독립운동에 투신하였거나 독립운동가의 보호에 앞장선 분들이 있습니다. 의병장 허위, 안중근 의사를 변호한 안병찬 선생, 박상진 의사를 비롯하여 김병로, 이인, 이창휘, 유복영, 태윤기, 함태영, 홍진 선생 등입니다.

K 이범진 러시아 주재 공사의 둘째 아들 이위종 선생은 당시 23세의 약관으로 영어, 러시아어, 프랑스어 등에 능통했다고 합니다. 주미 공사로 부임한 부친을 따라서 워싱턴 D.C.에 체류한 적이 있었고, 주러 공사로 전임한 후 프랑스 생 시르 육군사관학교를 졸업했습니다. 1907년 헤이그 만국평화회의 때 영국의 언론인 윌리엄 스테드(William T. Stead)의 주선으로 국제기자클럽에서 '코리아를 위한 호소(A plea for Korea)'는 기자들에게 감동을 주기에 충분했습니다.

일본인들은 평화, 평화를 부르짖고 있습니다. 그러나 기관총 앞에서 사람들이 평화로울 수 있겠습니까? 모든 한국인들을 죽이거나 일본인들이 한국의 독립과 자유를 자기들의 손아귀에 집어넣을 때까지는 극동에 평화가 있을 수 없을 것입니다. 한국인들은 아직 조직화되지 않았습니다. 그러나 그들은 일본의 무자비하고, 비인도적인 침략이 종말을 고할 때까지 대항해야 한다는 마음으로 하나가 되고 있습니다. 일본은 항일정신으로 무장되어 있는 이천만 한국민을 모두 학살하는 일이 결코 유쾌하지도, 쉽지도 않다는 것을 곧 깨닫게 될 것입니다. 일본은 이미 그리고 확실하게 그들이 정중하게 약속한 한국의 개방(Open Door) 정책뿐만 아니라, 한국의 독립까지도 짓밟아버렸습니다.[53]

연설에 감명을 받은 폴란드 기자의 제안으로 한국의 입장을 동정하는 결의안이 만장일치 박수로 채택되었습니다. 그러나 결의안의 내용은 만족스럽지 못했지요. "한국을 동정하지만 일본을 비난하지는 않는다. 조속한 시일 내에 국제재판소가 헤이그에 설립되어 이러한 문제들을 공정하게 다루고 진리와 정의가 회복되길 바란다"는 내용이었습니다.[54]

이위종 선생의 행적은 오랜 기간 묻혀 있었습니다. 그러다가 2019년 외손녀(류드밀라 예피모바)와 외증손녀(율리아 피스쿨로바)가 방한함으로써 행적이 알려지게 되었습니다. 헤이그 만국평화회의가 끝난 후 시베리아 등지에서 활동하다가 블라디미르 사관학교를 졸업하고 제1차 세계대전과 볼셰비키 혁명군 지휘관으로 복무하다가 사망하였다고 합니다. 그에 앞서 부친 이범진 공사는 경술국치를 당하여 자결하였고, 간도관리사로 있던 백부 이범윤 선생은 블라디보스토크에서 무장투쟁을 이어가다가 1940년 세상을 떠났습니다.

영국 언론인, 저술가였던 윌리엄 스테드는 유럽 통합과 세계 기구 창설의 주창자로 수차례 노벨 평화상 후보에 오른 인물이었다. 1907년 7월 5일 《만국평화회의보》에 대한제국 특사단의 호소문과 인터뷰 기사를 게재함으로써 큰 반향을 불러일으켰다. 인터뷰 기사의 제목이 '축제의 해골(Le squelette de la fête)'이었다. '즐거울 때일수록 죽음을 생각하라'라는 의미로 축제 때에 테이블에 해골을 올려둔 이집트인들의 관례에서 온 것이라고 한다.[55] 1907년 7월 9일 각국 기자단 앞에서 행한 이위종 선생의 연설도 그의 주선과 사회 덕분이었다. 하지만 한국의 입장에 동조하면서도 일본에 대한 비판에는 반대했다고 한다. 1912년 1월 15일 타이타닉호 침몰 사고의 희생자가 되었다. 여성들과 아이들이 구명보트에 탈 수 있도록 도와주었고, 마지막에는 구명조끼를 벗어 다른 승객에게 주었다는 후일담이 전한다.

Y 《백범일지》에 이런 내용이 나옵니다. "나라가 망한 이래 일제에게 전 가족이 도륙(屠戮)된 것이 수백수천에 이르지만 기미독립선언이래 상해에서 운동하던 장면에는 이명옥(李溟玉) 군이 당한 참독(慘毒)이 제1위를 차지한다."

K 본명이 이광복(李光福)인 이명옥 선생은 황해 금천 출신으로 3·1운동에 참가하고 중국에 망명하여 한인애국단에 가입하였습니다. 1935년 3월 낙양군관학교 훈련생 모집원으로 활동하던 중 일경에 체포되어 국내로 압송되어 신의주지방법원에서 징역 13년

을 언도받고 옥고를 치렀습니다.

선생의 아들(이효상) 또한 남경에서 군사훈련을 받고 조선민족혁명당과 조선의용대에 가입하여 항일투쟁을 전개했지요. 상해에 잠입하여 비밀리에서 모친(이정숙)과 접촉하다가 일경에 발각되어 도피하였습니다. 체포된 모친은 모진 신문에도 불구하고 함구하며 수감돼 있었습니다. 그러나 아들이 체포되었다는 소식을 듣고 졸도하여 선혈을 토하였고, 얼마 지나지 않아 숨을 거뒀다고 합니다. 일제 당국은 시신을 화장하여 나무상자에 넣어 어린 삼 남매와 함께 국내로 보냈는데 국내로 압송되던 아들이 기선에서 동생들을 만나 모친의 죽음을 알게 되었다고 합니다.

그로부터 얼마 지나지 않은 1942년. 아들도 옥중에서 숨을 거뒀습니다. 이명옥 선생은 9년 6개월 옥고를 치르고 1944년 9월 가출옥하였지만 그 후 행적이 알려지지 않았습니다. 본인과 부인과 장남 등 세 분께 독립유공자의 명예가 주어졌지만, 사후 묻힌 곳조차 알려지지 않고 있습니다. 백범 선생의 말처럼 한 가족이 자취조차 남기지 않고 스러졌습니다.

08

독립유공자를 찾아서(1)
독립운동 명문가

　독립유공자묘역과 임시정부요인묘역에는 강무경·양방매, 김학규·
오광심, 민필호·신창희, 박영준·신순호, 손정도·박신일, 신건식·오건
해, 신송식·오희영, 신영삼·김은주, 신팔균·임수명, 오광선·정정산
(정현숙), 오영선·이의순, 이상룡·김우락, 이회영·이은숙, 지청천·윤
용자, 채원개·김병일, 최창식·김원경 등 부부 독립유공자 합장묘(合
葬墓) 16기가 있다.(국가유공자 제2묘역의 이범석·김마리아金瑪利亞 합
장묘를 포함하면 17기이다.) 노백린·노태준, 박은식·박시창, 박찬익·
박영준, 이회영·이규창, 지청천·지달수(이상 부자), 윤세두·윤세복(형
제) 등의 묘소도 보인다.[56]

　대한민국 정부가 수립된 후 최우선적으로 해야 할 일은 조국의 독
립을 위해 헌신한 분들을 찾아 서훈하고 예우하는 것이었지만 그렇
지 못했다. 1949년부터 1961년까지 서훈을 받은 분은 고작 16명(외

국인 14명 포함)에 불과했다. 1962년에 가서야 201명의 대표적 독립운동가에게 건국공로훈장이 수여되었다. 지금까지 독립운동 공적으로 정부로부터 포상을 받은 분은 총 1만 7,644(2023년 1월 기준)으로 건국훈장 11,665명, 건국포장 1,507명, 대통령 표창 4,472명이다. 여성 607명과 외국 국적자 75명이 포함되어 있다.

독립운동 계열별로 보면 의병(2,712), 3·1운동(6,134), 국내항일(4,112), 임시정부(1,257), 만주·러시아(2,653), 일본·미주(688), 기타(87) 순이다. 일제 강점기 본적지 기준으로 보면 서울(468), 안동(391), 의주(262), 청양(258), 홍성(247), 서산(212), 평양(193), 제주(163), 임실(154) 순이다.

위에서 내려다본 독립유공자묘역

부부, 부자, 부녀, 형제 등 온 가족이 독립운동에 투신한 경우도 많았다. 가계도에 의하여 정밀한 확인이 필요하지만 나름대로 정리해 보면 2인 이상 독립운동가가 나온 경우는 260여 가(家)로 나타나고 있다. 그중 부부가 함께 독립유공자 포상을 받은 경우도 90여 가(家)이다. 아래에서는 독립운동에서 차지하는 비중과 무관하게 다수 독립유공자를 배출한 가문을 대상으로 간단히 살펴본다.(부록 독립유공자 가문 일람표 참조)

황해도 해주의 안중근 의사의 집안은 해주, 봉산, 연안 일대에 많은 전답을 소유한 황해도 일대의 대표적 자산가였다. 진해현감을 지낸 조부 안인수 슬하의 6남 3녀 중 4남인 부친(안태훈)은 '황해도의 신동'이라는 소리를 들었고, 한양에서도 알아주는 인물이었다고 한다. 박은식과 교유가 있었고, 동학농민운동이 실패로 돌아간 뒤 김구(당시 김창수)가 잠시 의탁한 적이 있다. 안의사는 1909년 10월 26일 하얼빈 의거 후 다섯 달이 지난 1910년 3월 26일 여순감옥에서 순국했다. 남은 가족들은 서둘러 동포들이 많이 거주하는 연해주로 이주하였지만 장남 분도는 석연찮은 원인으로 목숨을 잃었다. 가족들은 1919년 4월 임시정부가 수립되자 상해로 망명하여 독립운동을 이어갔다. 안태훈 직계에서 조마리아, 아들(중근·정근·공근), 손자 등 여덟 분, 안인수 家 전체로 보면 안태순(안의사 숙부), 안명근·안홍근·안경근(사촌), 종질 등을 포함하여 열일곱 분의 독립유공자가 나왔다.

우당 이회영 가(家)는 백사 이항복의 후손으로 조선 명문가의 하나였다. 우당 6형제의 부친(이유승)은 한성부판윤, 이조판서, 우찬성 등을, 백부(이유원)는 함경도 관찰사, 좌의정, 영의정 등을 지냈다. 우당의 둘째 형(이석영)이 백부에 출계함으로써 막대한 재산을 물려받았다. 일가의 토지가 총 267만 평에 달했다고 한다. 1910년 12월 우당 6형제는 전 재산을 처분하여 40만 원을 가지고 서간도로 이주하였다. 서간도 유하현 삼원보에 경학사와 신흥무관학교를 설립하여 3,500여 명에 달하는 독립군 인재를 배출했다. 우당을 포함하여 다섯 형제가 이역에서 병사하거나 실종되었고, 이시영 선생 한 분만이 환국하여 초대 부통령 역임하였다. 우당과 부인, 세 아들과 사위에 다섯 형제(이건영·이석영·이철영·이시영·이호영)와 세 조카를 포함하여 열네 분이 독립유공자 포상을 받았다.

양주의 조정규 가(家)에서는 5남 1녀가 독립운동에 투신하였다. 차남 조소앙(조용은) 선생은 임시정부 외교부장, 국무위원 등으로 활동하였고, 삼균주의(三均主義)를 주창하고 대한민국 건국강령을 제정하여 독립국가의 이론적 기초를 세운 분이다. 제2대 국회의원에 당선되었으나 6·25 때 납북되었다. 부인과 자녀 등 여섯 분에 다섯 형제(조용하·조용주·조용한·조용원·조용제)와 계수, 질녀 부부를 포함하여 열네 분이 독립유공자다.

안동의 석주 이상룡 가(家)에서는 1910년 12월 선생을 포함한 3대가 만주 유하현 삼원보로 망명하여 독립운동을 이어갔다. 당시 안동 지역에서 150명이 넘는 인원이 만주로 건너갔다고 한다.[57] 선생은 이회영, 김동삼 등과 함께 경학사와 신흥무관학교를 설립하였고, 서로군정서 총재와 임시정부 초대 국무령을 역임하였다. 부인, 아들, 손자 부부 등 여섯 분에 두 동생(이상동·이봉희)과 조카, 당숙(이승화), 매부 등을 포함하면 3대 열세 분이 독립유공자다. 2대에 걸쳐 부부 독립유공자가 나온 가문이기도 하다.

석린 민필호 선생은 1911년 12월 상해로 망명하여 임시의정원 의원, 외무차장 등을 지내고 임시정부의 살림살이를 도맡았다시피 한 분이다. 자당(이헌경), 부인, 아들, 딸 등 일곱 분에 임시정부에서 함께 활동한 형(민제호)과 조카 부부, 두 질녀 등 다섯 분을 포함하여 열두 분이 독립유공자다.

천안의 유관순 가(家)에서는 순국한 부친(유중권)과 모친(이소제), 오빠(유우석)와 올케(조화벽) 등 다섯 분과 숙부(유중무), 사촌언니(유예도), 종질 등을 포함하면 아홉 분이다.

안동의 김진린 가(家)에서는 아홉 분의 독립유공자가 나왔다. 1910년 12월 백하 김대락 선생은 66세 고령에 전 가족과 일가 사람들을 이끌고 만주로 망명하여 경학사 조직과 신흥무관학교 설립에 참여하였다. 두 여동생(김우락·김락), 세 조카, 종손자 등 일곱 분이다. 여기에 석주 이상룡(김우락의 夫)과 이중업(김락의 夫)을 포함하면 아홉 분이다.

청주 출신 예관 신규식 선생은 한어학교와 육군무관학교를 졸업

하고 부위(副尉)로 복무하였다. 1911년 상해로 망명하여 손문의 중
국동맹회에 가입하여 신해혁명에 참가하였고, 임시정부 법무총장,
국무총리 겸 외무총장 등으로 활동하면서 중국 호법정부로부터 임
시정부의 승인을 받는 데 주도적 역할을 하였다. 딸 부부(민필호·신
창희)에 동생 부부(신건식·오건해)와 질녀 부부, 조카 등을 포함하여
여덟 분이 독립유공자이다.

안동의 향산 이만도 선생은 1895년 을미사변 때 의병장으로 활약
하였고 경술국치 직후인 1910년 10월 10일 단식 24일 만에 순국하
였다. 아들 부부와 두 손자 등 다섯 분에 동생(이만규)과 삼종질을
포함하여 3대 여덟 분이 독립유공자다.

평남 용강 출신 김붕준 선생 일가는 1919년 상해로 망명하여 끝
까지 임시정부와 함께하였다. 군무부장, 의정원 의원, 비서장, 의정원
의장, 국무위원 등을 역임하였고, 1950년 7월 납북되었다. 부인, 아
들, 두 딸 부부를 포함하여 일곱 분이 독립유공자포상을 받았다.

1883년 황해도 장연에 홍삼무역을 하던 서상륜에 의하여 우리나
라 최초의 자생교회가 세워졌다. 소래학교를 세운 김성섬 가(家) 사
람들도 있었다. 두 집안은 아들(서병호)과 딸(김구례)의 혼인으로 사
돈지간이 되었다. 김성섬의 4남 김필순은 1908년 세브란스의학교
1회 졸업생으로 최초의 서양의사 가운데 한 명으로 신민회 회원으
로 활동하였다. 일제의 감시망이 좁혀오자 1911년 만주로 건너가 통
화에서 병원을 열고 군자금을 제공하다가 일제의 감시를 피하여 몽

골 근처 치치하얼로 옮겼지만 1919년 의문 속에 사망했다. 아들 김염(金焰)은 '영화 황제'로 불린 중국 1세대 최고의 배우였다. 삼녀 김순애와 손녀 김마리아(金瑪利亞) 또한 독립운동에 투신하였다. 여기에 임시정부에서 활동한 서병호와 외손자, 우사 김규식(김순애의 夫)와 외손자를 포함하면 일곱 분이 독립유공자이다.

소래교회

한글 성경을 최초로 제작한 사람은 심양에 동관교회를 세운 스코틀랜드 장로교 존 로스(John Ross·羅約翰) 목사였다. 1875년 고려문(高麗門, 柵門)을 여행하던 중 이응찬, 김진기, 서상륜, 백홍준 등 의주 청년들을 만나 한문 성경을 한글로 번역하기 시작하였다. 1882년 누가복음과 요한복음, 1887년 신약전서의 번역이 완성되어 국내로 들여보내졌다. 로스 목사는 장티푸스 걸린 무역상인 서경륜, 서경조 형제를 치료해 주었다. 그 후 서상륜은 성경의 번역과 목각 작업에 참여하였고, 로스 목사로부터 세례를 받고 1883년 5월 황해도 장연 송천(솔내)에 교회를 열었다. 한국 최초의 자생교회라 불리는 소래교회의 시작이었다.(총신대 양지캠퍼스에 16칸으로 증축, 복원된 소래교회와 서상륜의 기념비가 있다.) 소래교회에는 캐나다에서 온 선교사 윌리엄 J. 매켄지(William John Mckenzie)가 함께 하고 있었다. 서경조는 한양의 새문안 교회에서 시무하던 언더우드(Horace G. Underwood)로부터 세례를 받고 최초의 장로교 목사 7명 가운데 한 사람이 되었다. 로스 목사는 한글의 우수성을 발견한 첫 외국인으로 1877년 《한글문법서(Corean Primer)》를 펴냈다. 가로쓰기와 띄어쓰기도 그때 나온 것이다. 로스로부터 시작된 한글 연구는 언더우드(Horace G. Underwood), 헐버트(Homer B. Hulbert), 주시경, 김윤경, 최현배 등으로 이어졌다.

구미의 왕산 허위 선생은 1907년 13도 창의군 군사장 겸 진동창의
대장을 맡아 동대문까지 진출하였지만 일본군에 체포되어 1908년 서
대문형무소에서 교수형을 받고 순국하였다. 왕산의 아들과 사위 등
세 분에 두 형제(허훈·허겸), 종제, 종질녀 등을 포함하면 일곱 분이 독
립유공자다.[58] 왕산 가와 석주 가는 혼인으로 얽혀 있다. 왕산의 재종
손녀 허은(종질 허발의 딸)은 석주의 손부(손자 이병화의 처)이고, 석주
의 손녀 이후석(아들 이준형의 딸)은 왕산의 자부(아들 허국의 처)이다.

미주지역에도 독립운동 명문가가 있다. 평남 강서의 강명화 선생은
1905년 하와이로 이주하여 공립협회, 대한인국민회 등에서 활동하
였다. 아들 다섯 명을 포함하여 여섯 분이 독립유공자다. 차남(강영
소)은 대한인국민회 북미지방 총회장, 언론인, 시카고의 사업가 등으
로 활동한 한인사회의 지도자였다.

광주의 강호일 가(家) 사람들은 3·1운동, 광주학생운동, 근우회,
신간회, 청년단체 등에서 활동하였다. 두 아들과 딸. 두 자부, 사위
등 여섯 분이 독립유공자 포상을 받았다.

경기 화성 고주리의 김흥렬 가(家) 사람들은 1919년 4월 15일 제
암리 학살 사건으로 6명이 순국하였다. 천도교 지도자로 3·1운동
에 앞장섰던 김흥렬과 두 동생 김성열·김세열, 조카 세 명을 포함하
여 여섯 분이 독립유공자이다.

평남 강서의 도산 안창호 가(家)에서는 부인, 아들, 질녀 부부 등
여섯 분이 독립유공자다. 안창호 선생은 독립협회, 미주 공립협회와

국민회, 그리고 흥사단을 통하여 독립운동을 이어가다가 1937년 수양동우회 관계로 체포되어 옥고를 겪다가 병 보석으로 출옥하였으나 1938년 병사하였다.

용인의 오인수 가(家) 또한 독립운동 명문가로 이름이 높다. 오인수 선생은 용인의병에 참가하여 안성 매봉재 전투에서 체포된 서대문형무소에서 8년간 옥고를 겪었다고 한다. 장남 오의선은 군자금 모집 등으로 활동하다가 체포되어 3년간 옥고를 치렀고, 차남 오광선은 신흥무관학교를 졸업하고 대한독립군단, 한국독립군, 낙양군관학교 교관 등으로 활동하였다. 광복군 등에서 활약한 두 손녀와 사위를 포함하여 여섯 분이 독립유공자이다.

춘천의 의암 유인석 선생은 화서학파의 대유학자였다. 전례 없는 국난을 맞이하여 지식인으로서 행동해야 할 방도로 거의 소청(擧義掃淸), 거지수구(去之守舊), 자정치명(自靖致命) 등 이른바 처변삼사(處變三事)를 제시하였다. 1895년 봉기하여 충주, 제천 등지에서 활약하다가 1908년 블라디보스토크로 망명하여 13도의군 도총재에 추대되었고, 성명회를 조직하여 항일투쟁을 이어가다가 1915년 만주 봉천 관전현에서 병사했다. 의암 가(家)에서는 의병으로 활약한 두 아들을 포함하여 세 분이, 재종형(再從兄) 유홍석 가(家)에서는 자부(윤희순)와 손자를 포함하여 세 분이 독립유공자다. 두 집안을 포함하면 3대에 걸쳐 여섯 분의 독립유공자가 나왔다.

문경의 운강 이강년 선생은 1896년 을미의병 때 문경에서 거의하여 안동관찰사 김석중을 처단하고 안동의 권세연 의병과 연합 작전을 모색하였다. 의암 유인석이 이끄는 제천의진의 유격장으로 문경, 수안보, 제천, 단양 등지에서 활약하였다.

1907년 정미의병 때 제천에서 봉기하여 도창의대장에 추대되어 단양, 원주, 횡성, 영월, 강릉, 충주, 문경, 풍기, 봉화, 안동 일대에서 큰 전과를 거두고 가평, 포천, 인제 등지로 북상하였다. 그러나 1908년 6월 청풍 작성 전투에서 부상을 입고 체포되어 그해 10월 13일 서대문형무소에서 교수형으로 순국하였다. 운강은 의병장 가운데 경북, 충북, 경기, 강원 지역 등 활동 공간이 가장 넓었고 주민을 철저하게 보호하는 등 뛰어난 애민사상을 가지고 있었다. 운강 가의 독립유공자는 13년간의 의병투쟁에 함께한 세 아들, 종제(이강수), 사위를 포함하여 여섯 분이다.

청주의 이광 가(家)에서는 부인, 두 아들, 딸 부부를 포함하여 여섯 분이 독립유공자이다. 이광 선생은 신민회, 신흥무관학교, 임시정부 등에 참여하였고, 두 아들과 딸과 사위는 광복군 등에서 활동하였다.

해주의 백범 김구 가(家)에서는 모두 다섯 분의 독립유공자가 나왔다. 김구 주석과 자당 곽낙원 여사를 비롯하여 두 아들과 자부 등이다. 김구 선생은 1919년 경무국장, 국무령, 국무위원, 주석을 역임하면서 대한민국 임시정부 26년을 지켜냈다.

나주의 김창균 가(家)에서는 다섯 분의 독립유공자가 나왔다. 김창균(김창곤)·김석현 부자는 1896년 나주의병에 참가하였다가 체포되어 피살·순국하였다. 차남 김복현(김철 金鐵)은 3·1운동에 참가하여 옥고를 치렀고, 손자 부부는 상해 임시정부에서 활약하였다.

안동의 서산 김흥락 선생은 학봉 김성일의 종손이자 대유학자로 70세의 고령에 거의하여 권세연 의병장의 참모로 활약하였다. '노름꾼' 행세를 하며 군자금을 댄 것으로 알려진 손자(김용환)에 의병으로 활약하다가 순국한 종제(김회락)와 조카, 종손 등을 포함하면 다섯 분이 독립유공자다.

평양의 손정도 가(家)에서는 대한애국부인회를 조직하고 총재로 활동한 자당 오신도 여사를 비롯하여 부인과 두 동생(손경도·손이도)을 포함하여 다섯 분이 독립유공자이다. 손정도 목사는 임시정부 초대 임시의정원 의장을 지냈다.

경기 광주의 신익희 가(家)에서는 동생(신재희)과 딸에 두 사위를 포함하면 다섯 분이 독립유공자이다.

충무공 이순신 정군의 9대손 아산의 이도희 가(家) 사람들의 독립운동은 치열했다. 두 아들(이규풍·이규갑), 자부, 손자, 증손자에 이르기까지 희생이 컸습니다. 장남 이규풍, 손자(이민호)와 증손자(이길영) 등 3대에 차남 이규갑과 이애라 부부를 포함하여 독립유공자 다섯 분이 나왔다.

함북 단천의 이발(이승교) 가(家)에서는 본인과 임시정부 국무총리

를 역임한 아들 이동휘 선생에 두 손녀와 손서를 포함하여 다섯 분
이 독립유공자이다.

백산 지청천 가(家)는 부인, 아들, 딸, 사위를 포함하여 다섯 분이
독립유공자다. 지청천 선생은 1914년 일본 육군사관학교를 졸업하
고 소위로 임관하였지만 1919년 3·1운동이 일어나자 김경서(김경천)
와 함께 만주로 망명하여 신흥무관학교 교관을 시작으로 독립운동에
투신하여 서로군정서, 대한독립군단, 고려혁명군, 정의부 등에 참여하
였고, 한국독립군 총사령관과 광복군 총사령 등을 역임하였다.

하와이 대한인부인회를 조직한 황마리아 선생은 미주 독립운동의
개척자였다. 아들 부부와 딸 부부를 포함하여 다섯 분이 독립유공
자이다.

울산의 손진인 가(家)에서는 두 아들과 사위를 포함하여 다섯 분
의 독립유공자가 나왔다. 선생은 아들(손후익)과 함께 심산 김창숙
선생(아들 손후익의 사돈)을 도와서 군자금 모집 등으로 활동하였다.

담양의 장흥고씨 일문은 애국충절의 가문으로 이름이 높다. 임진
왜란 때 고경명 의병장과 차남 고인후는 금산 전투에서, 장남 고종
후는 제2차 진주성 전투에서 남강에 몸을 던져 순사하였다. 조정에
서는 세 부자에게 불천위(不遷位)를 내려 특별히 예우하였다. 고인후
의 직계혈손인 고광순 의병장은 1895년 을미사변 후 기우만과 함께
봉기하여 남원, 광주, 화순, 구례 등지에서 활약하였고, 지리산 자락
연곡사로 들어가 유격전을 벌이다가 1907년 8월 순국했다. 고광순

의병장과 동생(고광훈), 재종(고광문), 사위(기산도 의병장) 등 네 분이 독립유공자이다. 의병진에서 함께 했던 족친(고제량·고광덕·고광채)을 포함하면 일곱 분에 이른다. 전북 고창에도 고경명 의병장의 후손들이 있다. 의병(6명) 또는 3·1운동(1명)에 참가하여 일곱 분이 독립유공자 포상을 받았다.

이 밖에 독립유공자 4인이 나온 가문은 김건영, 김세원, 김좌진, 김철(金澈), 노백린, 류인식, 마정삼, 박용만, 손진수, 승치현, 안창식, 염병환, 유소유, 유진동, 이남규, 이동하, 이선호, 임병찬, 조정구, 최택현, 한준상 가(家) 등이다. 3인이 나온 가문은 고용진, 곽준희, 기삼연, 김규식, 김동삼, 김창균, 김홍기, 나철, 박문희, 박찬익, 서효신, 송복덕, 승진, 안승우, 안이순, 양제안, 어윤석, 엄항섭, 유연박, 유연청, 유찬희, 이광복(이명옥), 이범윤, 이상정, 이원기, 이장녕, 이주상, 윤세용(윤세두), 정환직, 조병옥, 최능현, 최원순, 한진교, 한흥교, 현상건, 홍범도 가(家) 등이다.

⁂ 학봉 가와 제봉 가

학봉(鶴峯) 김성일 가와 제봉(霽峰) 고경명 가는 영남과 호남의 대표적 명문가이다. 임진왜란 때 제봉과 차남 고인후는 금산전투에서, 학봉과 제봉의 장남 고종후는 제2차 진주성 전투에서 순사하였다. 학봉이 나주목사로 있을 때 대곡서원(현 경현서원)을 세운 이래 제봉 가와 인연이 이어졌다. 금산전투에 앞서 제봉은 4남 고순후로 하여금 가솔들을 이끌고 안동의 학봉 가에 의탁하도록 하였다. 고순후가 고향에 돌아온 후에도 막내 고용후는 남아 학봉의 손자 김시권과 함께 수학하며 과거에 급제하였다. 훗날 안동부사에 임명된 고용후는 학봉 가의 어른들을 부모처럼 모셨다고 한다. 1693년 학봉은 호남 유학자들에 의하여 대곡서원에 배향되었다. 구한말에 이르러 학봉의 후손 김흥락 가와 제봉의 후손 고광순 가는 다수의 독립유공자를 배출함으로써 명문가의 이름을 이어갔다.

Y와 K의 대화 ──────────────

Y 독립운동 공적으로 포상을 받은 분은 약 1만 8천 명에 이르는 것으로 나타나고 있습니다. 매년 3·1절, 광복절, 순국선열의 날이 되면 새로운 포상 소식을 접합니다. 광복 80주년이 다 돼 가고 있습니다. 행정시스템이나 독립유공자 인정기준에 문제가 있는 것이 아니냐는 지적이 있는 것 같습니다.

K 1962년 독립유공자 포상이 시작되었지만 순조롭지 못했습니다. 1977년부터 원호처(현 국가보훈부)가 포상 업무를 담당하면서 본격 추진되었지만 사료의 공백이 컸습니다. 1990년대 이후 중국, 러시아, 일본 등 해외 사료 수집 여건이 좋아지고, 전문 인력도 늘어남에 따라 성과를 낼 수 있게 되었습니다. 정부는 포상기준을 완화하는 등으로 적극적인 발굴에 나서고 있지만 입증 자료의 한계가 있고, 후손마저 찾을 수 없는 경우가 많습니다. 독립유공자 포상은 한 시대의 역사를 정리하는 일로서 엄정한 잣대가 필요합니다.

첫째, 독립운동의 범주에 속하는 공로인가? 둘째, 신빙성 있는 자료에 의하여 입증될 수 있는가? 셋째, 추앙과 존경받을 만한 정도의 특별한 공적인가? 넷째, 행적상 흠결사항은 없는가? 적어도 네 가지 관점의 엄밀한 심사를 거쳐야 합니다. 국민들의 마음속에 사표가 되어야 할 분들이기 때문입니다.

Y 1910년 9월 스스로 목숨을 끊은 이중언 선생의 묘소가 보입니다. 안동에서는 권용하(10.9), 이만도(10.10), 이면주(10.19), 유도발(10.26), 이중언(11.5), 이현선(11.26), 김택진(11.28) 선생이 차례로 순국했습니다. 그중 이만도·이중언 선생은 숙질간입니다. 그 후 유신영(1919.3, 유도발 선생의 아들), 이명우·권성 부부(1921.1) 등으로 이어졌습니다.(유도발, 유신영, 이명우 선생은 대전현충원에 안장되어 있다.)

K　《매천야록》을 남긴 매천 황현 선생은 지식인의 처신과 사회적 책임의 무거움을 보여준 분입니다. "나는 하늘에 대하여 정덕(正德)을 책임질 필요는 없으나 평생에 책을 읽은 뜻을 남기기 위하여 길이 잠들려고 한다." 지리산 자락의 구례에 은거하던 선생이 경술국치를 당하여 자결 순국하기 직전에 남긴 글입니다.(황현 선생의 묘소는 전남 광양 봉강에 있다.)

Y　을사늑약 또는 경술국치를 당하여 자정순국(自靖殉國)한 분으로는 김도현(의병장), 김석진(전 판서), 민영환(시종무관장), 송병선·송병순 형제, 이설(의병장), 이범진(전 러시아 공사), 이한응(주영국 공사관 서리공사), 장태수(전 중추원 의관), 정두흠(전 사헌부 지평), 정재건(전 사간원 정언), 조병세(전 의정부 의정), 홍만식(전 이조참판) 등이 있습니다.(홍만식 선생은 무후선열제단에 위패로, 조병세 선생은 대전현충원에 안장되어 있다.)

K　이름 높은 선비나 고관뿐만 아니었습니다. 이상철(학부 주사), 이건석(김천 선비), 이봉학(평양진위대 삼등병), 이현섭(전 성균관 생원)도 있었습니다. 이건석 선생은 아들(이응수)에게 "내가 죽은 후에 너는 슬퍼함으로써 효도를 하지 말 것이며, 예를 갖추어 장사 지내지 말고, 마땅히 내 뜻을 이어야만 내 자식이 됨을 명심하라"라는 유서를 남기고 순국했습니다. 선생의 유언대로 독립운동에 투신하였고, 2대 독립유공자를 배출한 가문이 되었습니다.

이봉학 선생은 "그동안 전공 한 번 세우지 못했으니, 한 번 죽음으로서 나라의 은혜에 보답하고 온 나라 사람들에게 힘쓰도록 격려하는 것이 우리의 직분이다"라며 자진 순국하였습니다. 전북 정읍에는 김천술이라는 19세 청년 순국자도 있었습니다. 자세한 인적 사항이 알려지지 않고 있지만 가옥 중개업을 하던 배씨는 돈의문 밖 원교에 올라 통곡하다가 자결했는데 경술국치 최초의 자진 순국자였습니다. 그 외 공임(恭任)이라는 여종도 있었고, 반종례(潘宗禮)와 서판풍(西坂豊)과 같은 외국인도 있었다고 합니다.(이건석, 이현섭 선생은 대전현충원에 안장되어 있다.)

Y　언론을 통해 독립운동 명문가에 관한 이야기를 접하고 노블레스 오블리주(Noblesse Oblige)의 대표적 사례로 큰 감동을 받습니다. 하지만 김구, 안중근, 유인석, 이상룡, 이회영, 조소앙 가(家) 외에는 그다지 잘 알려져 있는 것 같지 않습니다.

K　알려진 것은 일부에 불과합니다. 2명 이상 독립유공자가 나온 가문이 260가(家)가 넘을 정도입니다. 5명 이상이 나온 경우도 28가(家)에 이릅니다. 습니다. 그중에는 명문거족과 자산가 집안도 적지 않았습니다. 개인적으로 찾아서 정리한 것이 이 정도라면 실제로는 훨씬 더 많을 것으로 짐작됩니다.

Y 이회영 가(家)는 백사 이항복의 후손으로 조선 최고 명문가의 하나였습니다. 부친(이유승)은 이조판서, 숙부(이유원)는 영의정을 지냈지요. 이회영 선생 6형제는 여의도 면적의 3배에 달하는 26필지 267만 평(숙부에 출계한 이석영이 상속받은 것)을 처분하여 40만 원을 마련하여 60여 명이 서간도로 망명하여 독립운동 기지를 건설하는데 앞장섰습니다.

이회영·이은숙 부부 합장묘 　　　　　　　　이시영 선생 묘소(북한산 선열묘역)

K 3대에 걸쳐 독립유공자가 나온 가문도 있습니다. 안동의 이만도 가(家) [이만도-이중업·김락(아들 부부)-이동흠·이종흠], 이상룡 가(家) [이상룡-이준형-이병화·허은(손자 부부)], 아산의 이구풍 가(家) [이규풍-이민호-이길영], 예산의 이남규 가(家) [이남규-이충구-이승복], 나주의 김창균 가(家) [김창균-김복현-김재호], 옥구의 임병찬 가(家) [임병찬-임응철-임수명], 강릉의 권인규 가(家) [권인규-권종해-권기수] 양평의 안종응 가(家) [안종응-안승우-안기영] 등입니다.

Y 청산리 전투에서 순국한 이민화 선생의 묘소가 보입니다. 선생은 충무공 이순신 장군의 11대손입니다. 충무공의 후손들은 일제 강점을 전후하여 항일의 기치를 높이 들었습니다. 이필희 (9대, 의병장), 이규현(10대, 의병), 이규풍·아규갑(10대), 이민화(11대, 청산리전투, 순국), 서로군정서 이세영(12대, 의병, 신흥무관학교 교장, 임정 노동부 차장), 이붕해(12대, 청산리전투, 재만한족총연합회 군사위원장, 광복군 참모장), 이응열(14대 종손, 국내항일) 등입니다.

이민화 선생 묘소

K 이규풍·이규갑 형제가 독립운동에 투신한 데는 자당(박안나)의 영향이 컸다고 합니다. "사내들이 국난에 집에만 있으면 되겠느냐"며 호통을 치며 의병에 나가라고 독려하였을 뿐만 아니라 자신도 국내외에서 독립에 힘을 보태다가 블라디보스토크에서 사망하였다고 합니다.[59]

1909년 이규풍 선생은 연해주로 망명하여 안중근 의사와 함께 국내외를 넘나들며 의병으로 활약했습니다, 3·1운동 후 한성정부 수립에 참여하여 평정관(評政官)에 선임되었고, 고려혁명당(위원장 양기탁) 위원으로 활동하다가 연해주에서 사망하였습니다. 이규갑 선생은 홍진(홍면희) 선생과 함께 한성정부 수립의 주역으로 활동하고 평정관에 선임되었습니다. 그 후 상해 임시정부 임시의정원 충청도의원, 상해 한인청년단, 신간회 운동 등에 참가하였습니다.[60] 이민호 선생은 경성의학전문학교 출신 의사로 3·1운동에 참가하여 3년간 옥고를 치른 후 가족을 이끌고 연해주로 망명하여 신민부(총사령관 김좌진) 휘하에서 군의관으로 활동하였고, 부친이 사망한 후 북경에서 지하활동 중 체포돼 고문 후유증으로 병원에서 숨졌다고 합니다. 선생의 네 아들 가운데 위로 셋이 실종되고, 막내(이길영)만 광복군으로 활동하다가 돌아올 수 있었습니다.(이애라 선생은 '09 독립유공자를 찾아서(2)' 참조)

Y 서산 대호지(현 당진)의 의령 남씨 사람들은 대대로 호국의 맥을 이어왔습니다. 나주목사 남유 선생은 정유재란 때 이순신 장군과 함께 노량해전에서 전사하였고, 영변부사 겸 평안도 병마절도사 남이홍 장군은 정묘호란 때 안주성이 포위되자 성에 불을 지르고 뛰어들어 순국했다고 합니다. 구한말에 이르러 남정 선생은 민종식 의병의 소모장과 호남의병 13진 도총영의 군사(軍師)로 활약하다가 만주로 망명하여 정의부, 고려혁명군 등 독립군 단체에서 활약했습니다.

K 의령 남씨 문중 사람들이 세운 도호의숙(桃湖義塾)은 대호지·천의장터 독립만세운동의 중심적 역할을 했습니다. 서산 대호지면(현 당진) 만세운동 참가자 1천여 명 가운데 151명이 독립유공자 포상을 받았는데 그중 20명이 의령 남씨 일가 사람들이었습니다.[61]

Y 1995년 독립유공자로 서훈된 김용환 선생은 오랫동안 '파락호'의 오명이 씌워져 있었습니다. 그는 학봉 김성일의 13대 종손, 거유 김흥락의 손자, 이만도의 손녀사위, 이중업·김락 부부의 사위 등 여러 이름이 붙은 명문가 자제였습니다. 선생이 '노름꾼' 행세를 했던 것도 일제의 눈을 피해 은밀히 군자금을 제공하기 위한 것이었습니다.

K 김용환 선생은 이강년 의진, 김상태 의진, 의용단 등에서 활약하였고 군자금 제공 혐의 등으로 수차례 체포되어 고초를 겪었습니다. 1946년 7월, 임종 며칠 전 지인이 그런 사실을 세상에 알리자고 하였지만 선비로서 마땅히 해야 할 일을 했을 뿐이라며 거절하였다는 일화도 있습니다. 1995년 무남독녀 외동딸 김후응 여사(당시 80세)가 건국훈장을 전수받고 남긴 서간문 형식의 망부가 끝부분입니다.

오늘에야 알고 보니 이 모든 것 저 모든 것 독립자금 모금 위해 그 많던 천석 재산 다 바쳐도 모자라서 하나뿐인 외동딸 시댁에서 보낸 농값 그것마저 다 바쳤구나. (…) 자랑스런 우리 아베 학봉 종손 참봉 나으리![62]

Y 경주 최부자집은 12대 만석꾼에 노블레스 오블리주로 이름
이 높습니다. "과거를 보되, 진사 이상 벼슬을 하지 마라, 재산
은 만 석 이상 지니지 마라, 흉년에는 땅을 사지 마라, 사방 백리 안에
굶어 죽는 사람이 없게 하라"는 등의 가훈을 더 말할 필요가 없을 것
같습니다. 12대 최준 선생은 백산무역주식회사를 통하여 임시정부에
군자금을 지원하였습니다. 백산무역은 1914년 부산에서 설립된 백산
상회(안희제)가 주식회사로 전환된 것으로 최준 선생이 사장을 맡았
지요. 지난 2018년 고택의 창고에서 국채보상운동에 관한 문서가 다
량으로 발견되었다고 합니다. 그에 비추어 국채보상운동에도 적극 참
여한 것으로 짐작됩니다. 계림학숙과 대구대학을 설립하여 재산을 사
회에 환원했습니다.

K 이탁, 이인식, 염온동 선생의 묘소가 보입니다. 이탁 선생은
평남 평원의 만석꾼 대지주(이용규)의 장남으로 가산을 정리
하여 이회영, 이상룡, 김동삼 등과 함께 신흥무관학교 설립에 참여하
였습니다. 전북 옥구의 만석꾼(이태하)의 막내아들 이인식 선생은 보
성고등보통학교 재학 중 전북 학생대표로 3·1운동 때 남대문역 앞 시
위에 참가하여 10개월의 옥고를 겪은 후 전답을 방매하고 만주로 망
명하여 임시정부에 8천 원을 전달하였고, 목단강 고려중학교 교장으
로 동포들의 교육에 종사하다가 귀국하였습니다. 1953년 폐교 직전
의 임피중학교 2대 교장에 부임하였지만 병마와 가난에 시달리다가
사망하였다고 합니다. 임시의정원 의원과 임시정부 군무처 등에서 활

동한 염온동 선생은 금화의 만석꾼(염문우)의 아들이었습니다.(백부 염세우 선생 또한 독립유공자이다.)

이탁 선생 묘소

이인식 선생 묘소

Y 전북 김제의 장현식 선생은 중앙고등보통학교를 설립하고 대동단, 조선어학회 사건으로 체포되어 고초를 겪었습니다. 경남 의령의 이우식 선생은 백산무역에 주주로 참여하여 임시정부에 군자금을 지원하였고, 조선어학회 후원회장으로 활동하다가 체포되어 옥고를 치렀습니다. 1950년 10월 납북 중 사망한 것으로 알려지고 있습니다. 서울 북촌을 개발하여 건축왕으로 불린 정세권('11 민족정기를 말하다' 참조), 경남 양산 출신 재력가 집안의 윤현진 선생도 있습니다. 임시정부 재무차장을 맡아 살림살이를 도맡다시피 한 분입니다.[63]

K 아래쪽에 민강 선생의 묘소가 보입니다. 우리나라 최고(最古)의 제약회사인 동화약방(현 동화약품)을 설립한 신흥 자산가로 독립운동에 투신한 보기 드문 분이지요. 민강 선생은 다양한 면모

를 가진 분이었습니다. 1897년 근대 최초의 제약회사 동화약품을 세운 분으로 1906년 조선약학교(1906, 서울대학교 약학대학 전신)의 설립에 참여하였고, 소의학교(1907)를 세워 민족교육사업의 일선에 서기도 했습니다.

1909년 각계 인사 80여 명과 비밀결사 대동청년당을 조직하였고, 1919년 3·1운동에 참가하고, 한성 임시정부 수립을 위한 국민대회에 참가하여 동화약방을 연락 거점으로 삼아 자금 조달 활동에 나섰다가 체포되어 옥고를 치렀지요. 출옥 후 대동단에 가입하고 동화약방을 대동단과 임시정부 연통부(聯通府) 거점으로 제공하였습니다. 그해 11월 독립 만세 시위를 준비하던 중 체포되어 2년여의 옥고를 겪었습니다. 1921년 3월 출옥한 선생은 상해로 망명하여 독립운동을 이어가다가 1924년 3월 또다시 체포되어 옥고를 겪었습니다.

민강 선생 묘소

우리나라에도 최고(最古)의 제조회사 (1897), 최고(最古)의 제약회사(1897), 최초의 등록상표(부채표, 1910), 최초의 등록상품(활명수, 1910)이라는 타이틀을 보유한 기업이 있다.(한국기네스협회 인증) 125년 최장수 기업, 부채표 활명수로 유명한 동화약품이다. 지금까지 활명수 91억 병이 판매되었다고 한다.

SINCE 1897

1897년 궁중 선전관(宣傳官) 노천 민병호 선생이 궁중 생약과 서양 의학을 접목하여 개발한 최초의 신약이자 양약이었다. 1910년 한 병에 50전, 설렁탕 두 그릇에 막걸리 두세 잔을 사 먹을 수 있는 비싼 가격이었지만 '생명을 살리는 물'이라는 이름처럼 만병통치약으로 여겨졌다고 한다. 선생은 활명수의 대중화를 위하여 아들(민강)과 함께 한성 서소문 차동(현 순화동)에 동화약방(현 동화약품)을 창업하였다.
1908년 활명수를 비롯한 98종이 정식 허가를 받았고, 이화분·도화분과 같은 화장품을 개발하여 사업 영역을 확대하였다. 초대 사장 민강 선생은 3·1운동 후 수립된 상해 임시정부의 한성 연통부 책임을 맡았고, 판매 수익금의 일부를 군자금으로 제공하였다고 한다. 1937년 동화약방은 윤창식(제5대 사장) 선생에 인수되어 지금의 동화약품이 되었고, 독립운동의 맥이 이어졌다.[64]

Y 사업보국(事業報國)으로 널리 알려진 분은 유일한 선생인 것 같습니다. 기업 창설, 독립운동, 학교 설립, 사회공헌 등으로 이어진 입지전적 이야기는 큰 감동을 줍니다. 평양에서 9남매의 장남으

로 태어난 유일한 선생은 1904년 아홉 살에 미국 네브래스카의 작은 농촌 마을 커니(Kearney)로 갔습니다.(순회공사 박장현을 따라 이주한 몇 명의 소년들이 더 있었다.) 경북 예천 출신인 부친은 여러 곳을 전전하며 장사를 하다가 평양에 정착하여 상업으로 재산을 모았다고 합니다. 선생은 침례교 신자 터프 자매와 함께 생활하면서 커니초등학교와 헤이스팅스중고등학교를 졸업했습니다. 1909년(14세) 박용만 선생이 세운 소년병학교를 수료하기도 했지요. 1919년 미시간대학교 상과를 졸업하고 기업에서 일하다가 나와 1922년 라초이식품회사(La Choy Food Product Inc.)를 창업하여 6년 만에 2백만 달러의 자산을 가진 큰 회사로 발전시켰습니다.

K 유일한 선생은 1919년 4월 필라델피아에서 열린 제1차 한인자유대회에 참가하여 결의문을 발표하였고, 1926년 조국에 돌아와 유한양행을 창립했습니다. 1941년 태평양전쟁이 발발하자 로스앤젤레스에서 한인국방경비대(맹호군) 창설에 주도적으로 참여하고, 미육군전략처(OSS) 한국 담당 고문으로 활동했습니다. 1944년 냅코작전(NAPKO Project)에 지원하여 한반도 침투 훈련에 참가하기도 했지요. 1946년 초대 대한상공회의소 소장을 맡아 산업 발전에 헌신하면서 고려공과기술학교(현 유한공고·유한대학)를 설립하여 기술 인력을 양성하였습니다. 각종 기부활동을 통하여 육영에 힘썼습니다. 그리고 1971년 모든 재산을 사회에 환원하고 세상을 떠났습니다.(부천유한대학교에 묘소가 있다.)

🖱 버드나무의 보국안민(報國安民)

유한양행의 상징 버드나무는 유일한 선생이 귀국할 때 서재필 선생이 선물한 목판화에서 비롯되었다고 한다. 유한양행은 2022년까지 '한국에서 존경받는 기업 All Star' 19년 연속 선정된 기업이다.

그것은 '기업은 개인의 것이 아니라 사회와 종업원의 것이다', '기업에서 얻은 이익은 그 기업을 키워 준 사회에 환원하여야 한다'라는 유일한 선생의 경영철학이 면면히 이어진 결과일 것이다. 유한양행은 우리나라 기업사에 지울 수 없는 기록을 남겼다. 종업원지주제, 사원복지제도, 전문경영인제, 사회공헌 활동 등의 혁신적 경영기법을 처음 도입한 기업이기도 하다.

1971년 별세한 후 공개된 유언서는 국민들에게 큰 감동을 주었다. "내 주식 14만 941주는 전부 한국사회 및 교육원조 신탁기금에 기증한다. 딸 재라에게는 유한공고 안의 묘소와 주변 땅 5천 평을 물려주되 유한동산으로 꾸며 학생들이 마음대로 드나들게 하여 '젊은 의지'를 죽어서도 보게 해 달라. 아들 일선은 대학까지 졸업시켰으니 앞으로는 자립해서 살아라"라는 등의 내용이었다. 선생은 생전에 유한중·고교재단, 연세대학교 재단, 유한공고, 유한양행 사우공제회, 보건장학회 등에 22만여 주를 기부하고, 개인재산 8만 주를 출연하여 한국사회 및 교육원조 신탁기금(현 유한재단)을 설립하였다.

Y 유일한 가(家)의 이야기는 그것이 끝이 아닙니다. 기업보국과 사회봉사의 신념과 철학은 막내 여동생 유순한 여사와 딸 유재라로 이어졌습니다. "한국의 나이팅게일 인간 유순한 여기 잠들다"

양화진외국인선교사묘원의 묘비명입니다. 유순한 여사는 1933년 평양 기독병원 간호과를 수료하고 도미하여 글렌데일병원 간호학교를 졸업한 후 6년간 수련 경험을 쌓았습니다.

귀국 후 서울위생병원(현 삼육서울병원), 서울대학교병원, 전남대학교병원을 거쳐 1962년부터 국립의료원 간호과장을 맡아 병원이 제자리를 잡는 데 큰 역할을 하였습니다. 대한간호협회 보건간호사회 회장을 여러 차례 맡았고, 1967년에는 국제적십자 나이팅게일기장을 받았지요. 유순한장학재단을 설립하고 자신이 소유하고 있던 유한양행 주식을 청십자복지회, 부산 생명의 전화, 유한재단 등에 모두 기부하였습니다. 2003년 12월 세상을 떠났을 때 27평 아파트 외에 남은 것이 없었다고 합니다. 그에 앞서 1991년 3월 타계한 유재라 여사 또한 전 재산을 유한재단에 기부했다고 합니다.

K 이곳에 묘소가 없지만 3·1운동 민족대표의 한 분인 이명룡과 이승훈 선생 또한 자산가 출신이었습니다. 평북 철산의 자산가였던 이명룡 선생은 1912년 일제가 날조한 105인 사건으로 3년간, 3·1운동 때 민족대표의 한 분으로 2년의 옥고를 치렀습니다.(수유리 통일교육원 경내에 묘소가 있다.) 평북 정주 출신 이승훈 선생은 유기제조업, 유통업, 도자기 제조업 등으로 조선 제일의 부자가 되었습니다. 오산학교를 설립하고 대성학교설립을 지원하였으며 태극서관이라는 출판사도 세웠지요. 105인 사건으로 5년여, 3·1운동으로 5년간 옥고를 치렀습니다.(정주 오산학교 근처 야산에 묘소가 있다고 한다.)

Y 두 분도 그런 분들이지만, 신흥 자본가들은 국경 무역이 발달해 있던 평안도, 함경도, 만주, 연해주에서 많이 나왔습니다. 이종호 선생은 거부 이용익의 양자로 막대한 부를 물려받아 보성, 협성, 대성, 나자우 무관학교, 서전학교 등을 세우거나 힘을 보태는 등으로 연해주 일대의 항일운동에 큰 역할을 하였지만 서울의 셋방을 전전하다가 사망한 것으로 전해집니다.

K 연해주에는 '강동 3걸'로 불린 사람들이 있었습니다. 연해주 해상왕이라 불린 최봉준은 녹둔도 근처 향산동을 개척하여 재력을 모았고, 블라디보스토크로 이동하여 '준창호'라는 무역선으로 원양무역에 종사했는데 선원이 200여 명에 이르렀다고 합니다. 해조신문을 창간하고 계동학교를 지원하였습니다.

최재형 선생은 철도회사 통역과 도로 건설의 공로로 은급훈장을 받고 연추의 도헌(都憲, 행정책임자)에 임명되어 러시아 군대에 소고기와 건축자재의 납품 등으로 재력가 반열에 올랐고, 간도관리사를 지낸 이범윤과 의병을 조직하였습니다. 안중근 의사가 그곳에 합류한 것도 그때였지요. 선생은 동의회 조직에 큰돈(1만 3천 루블)을 지원하였고, 대동공보 발행, 권업회(도총재 유인석)를 조직하고 총재를 맡았습니다. 그리고 대한인국민의회 외교부장, 상해 임시정부 초대 재무총장에 선임되었지만 1920년 4월 러시아 당국에 체포되어 총살로 순국하였습니다.

김학만 선생은 계동, 명동, 동흥, 선흥, 등 연해주에 10개 학교를 세웠고, 한인거류민회 회장을 맡았으며, 이강년 의병과 이범윤 의병을 지원하기도 했습니다. 또 한 분의 신흥 자본가 최운산 선생은 소목장과 생필품 공장으로 거부가 되어 군자금을 제공하였고, 대한독립군(사령관 최진동, 선생의 형)에 참가하여 봉오동전투를 비롯한 여러 전투에서 활약하였습니다.

이상룡·김우락 부부 합장묘(임정묘역)

김동삼 선생 묘소(임정묘역)

Y 임시정부요인묘소로 올라가면 이상룡, 김동삼 선생의 묘가 있습니다. 1989년 미·소 몰타정상회의 냉전 종식 선언을 계기로 구소련, 중국과 수교 분위기가 무르익던 때로 기억합니다만, 일송 선생의 자부와 손자 부부가 중국에서 영주 귀국하여 큰 관심을 모았습니다.

K '만주의 호랑이'라 불린 김동삼 선생은 가곡 '선구자'의 주인공으로 거론되는 분이기도 합니다. 1937년 4월 서대문형무소에서 순국했지만 그 유족들은 북만주에 있었고, 총독부는 시신을 내주지

않으려 했다고 합니다. 만해 한용운 선생이 설득에 나선 끝에 자신의 거처인 성북구 소재 심우장(尋牛莊)으로 모실 수 있었다고 합니다.

안동 전천 내앞마을(前川)에 집성촌을 이루고 살아가던 선생의 일가는 만주로 망명하여 독립운동에 헌신하다가 멸문이 되다시피 했습니다. 본인은 서대문형무소에서 순국하셨고, 동생은 간도사변 때 일경에 피살되었습니다. 아들은 중국 공산당의 박해로 목숨을 잃었고, 장손과 손녀 또한 불행을 피하지 못했습니다. 1989년 자부와 손자 부부만이 돌아올 수 있었습니다. 독립유공자 이원일 선생의 딸이자 이육사 시인의 질녀이기도 한 자부(이해동)는 《만주생활 77년》을, 손자(김중생)은 《조선의용군과 6·25전쟁》,《험난한 팔십 인생 죽음만은 비켜갔다》,《취원장》 등을 냈습니다.

Y 중국이나 러시아에서 활동하던 분들이 대개 다 그랬습니다. 일제 강점기 디아스포라가 된 많은 동포가 중국, 러시아, 중앙아시아, 그리고 미국, 멕시코, 쿠바 등지에서 살아가고 있습니다.

K 2000년 12월, 「재외동포의 출입국과 법적 지위에 관한 법률」의 개정으로 외국 국적동포에게도 보훈연금이 지급되기 시작했습니다. 그러나 후손이 확인되지 않거나 확인이 되었다고 해도 이미 4대손, 5대손에 이르러 「독립유공자 예우에 등에 관한 법률」에 의한 보훈급여금의 적용대상이 아닌 경우가 많습니다. 일찍이 국외 거주 독립유공자 후손에 대한 예우에 관심을 기울이지 못한 탓입

니다. 독립유공자와 후손에게는 특별귀화제도가 시행되고 있습니다. 영주 귀국을 원하는 독립유공자 후손에게는 국적이 부여되고 정착금이 지원됩니다.

Y 독립유공자를 찾아내어 명예를 드리는 것도 늦었지만 독립운동을 하면 3대가 망한다는 이야기가 있을 정도로 예우에 대해서도 말이 많지 않았습니까. 지금은 많이 달라졌겠지요?

K 1948년 정부 수립 후 가장 먼저 챙겨드렸어야 할 분들이지만 관심 밖에 있었습니다. 과문한 탓인지 모르지만 국회 또는 정부에 참여한 독립지사들조차도 이 문제를 제기한 흔적이 보이지 않습니다. 1962년 「국가유공자 등 특별원호법」의 제정으로 비로소 독립유공자와 후손에 대한 원호가 시작되었습니다. 1967년 한일청구권 자금 중 일부를 할애하여 '애국지사사업기금'을 만들어 지원하기도 했지요. 1984년 「국가유공자 예우 등에 관한 법률」이 제정되고, 1995년 「독립유공자 예우 등에 관한 법률」로 분리된 것을 계기로 독립유공자와 후손의 위상이 새롭게 정립되었습니다. 그 후 몇 차례 제도적, 정책적 보완을 통해 연금을 비롯하여 예우의 수준과 내용이 큰 폭으로 나아진 것으로 압니다.

09

독립유공자를 찾아서(2)

여성 독립운동가

독립유공자묘역에는 남자현, 권기옥 등 여성 독립유공자 두 분의 묘소가 있다. 부부 합장 묘소를 포함하면 18기이다. 전체 여성 독립유공자의 숫자에 비하면 국립묘지에 안장된 경우는 극소수에 지나지 않는다.

여성 독립운동가의 활약상이 새롭게 조명되고 있다. 비밀 결사대, 애국부인회, 적십자회, 근우회, 근화회 등의 단체에서 활동하였고, 임시정부를 뒷바라지하였거나 독립군이나 광복군에서 활약하기도 했다. 흔한 경우는 아니지만 의병진에 참가하기도 했다.

여성 독립유공자는 총 607명(2023년 1월 기준, 외국인 포함)이다. 건국훈장 216명(대한민국장 2, 대통령장 1, 독립장 9, 애국장 42, 애족장 162), 건국포장 70명, 대통령표창 331명 등이다. 건국훈장 독립장 이상을 받은 분은 유관순(대한민국장), 남자현(대통령장), 권기옥(독립장), 김마리아(독립장), 김순애(독립장), 박차정(독립장), 방순희(독립장), 안경신(독립장), 오광심(독립장), 이신애(독립장), 이애라(독립장) 등이다.

여성들은 의병, 국채보상운동, 3·1운동, 의열단, 독립군, 광복군 등 무장 투쟁과 임시정부, 미주지역, 사회문화운동 등 광범위한 분야에서 활동하였고, 유학자 집안의 전통적 여성, 근대적 교육을 받은 신여성, 의사, 간호사, 교사, 노동자 등 다양했다. 요리 집에서 일하는 기생, 해녀들도 있었다.

"나라를 위하는 백성된 도리에는 남녀의 차이가 없는 것이다. (…) 남자들이 구국대열에 참여하는 데 대해 우리 여자들은 패물, 폐지로 참여하자." 1907년 2월 말 대구 남일동에서 결성된 패물폐지부인회(佩物廢止婦人會)를 시작으로 국채보상부인회, 애국부인회 등의 이름으로 약 20개 단체가 조직되었다.[65]

정신여학교(서울), 이화학당(서울), 호수돈여학교(개성), 숭의여학교(평양), 수피아여학교(광주), 기전여학교(전주), 일신여학교(부산), 신명여학교(대구), 영명여학교(공주) 등의 여학교는 여성 독립운동의 산실이 되었다.[66]

3·1운동에 참가한 여성은 전체 피검자(被檢者) 1만 9,525명 가운데 471명(2.4퍼센트)에 불과한 것으로 나타나고 있다. 그러나 여사(女

숨)의 부족으로 경찰서 차원에서 석방된 사람이 많았기 때문이라는 분석이 나온다.[67]

어린 소녀들이 파리평화회의 참석자들에게 독립호소문을 보내기도 했다. 박은식 선생의 《한국독립운동지혈사》에 수록되어 있었지만 작성자가 알려지지 않고 있었다. 그러다가 1972년 미국 장로교역사학회(Presbyterian historical society)가 발간한 자료집 《한국 3월 1일 독립운동》을 통해 1919년 3월 10일 '한국의 여학생들(Korean School Girls)'의 명의로 작성되었다는 사실이 확인되었다.

이제 세계 각지의 사람들이 모두 자유를 요구하고 있다는 말을 들었으므로, 우리 한국인민의 남녀 아동들이 모두 일어나서 우리가 받는 압박을 밝히는 동시에 독립을 호소합니다. 우리 겨레는 왜인들에게 구타당하고 감금당하며, 칼에 맞고 쇠갈고리에 찍히며, 총에 맞는 등 갖은 박해를 받고 있습니다. 우리의 가옥은 많이 파괴되었습니다. 이것은 정의도 인도도 없는 것입니다.[68]

해외의 여성계에서도 움직임이 있었다. 미국, 중국, 러시아의 한인 여성들이 조직한 대한부인회는 '대한독립여자선언서'를 만들어 국내외에 배포하였다.[69] "우리 동포의 마음속에 품은 비수로써 징거할 바로다." 여성들의 분발을 촉구하는 격문의 성격이었다.

3·1운동 직후 투옥된 여성들의 옥바라지를 위하여 혈성단애국부

인회와 대조선독립애국부인회가 결성되었다. 두 단체는 출옥한 김마리아, 이혜경, 황애시덕(황에스더) 등의 주도로 1919년 6월 대한민국애국부인회로 통합되었다. 각지에 지부를 설치하고 6천 원의 군자금을 모아 임시정부로 보내는 등으로 활동하다가 그해 11월 말 일경에 체포되어 그중 아홉 명이 징역 1년 내지 3년의 실형을 선고받았다. 그러나 여성들의 독립운동은 중단되지 않았고, 대한애국부인회(평양), 대한민국애국부인회(상해)로 이어졌다.

1927년 2월 신간회가 조직되자 그 자매단체로 유각경, 유영준, 이현경 등에 의해 근우회(槿友會)가 창립되었다. 40여 개 지회에 3천여 명으로 늘어났지만 1931년 신간회와 함께 해체되었다. 1928년 미국 뉴욕에서 김마리아와 황애시덕 등에 의해 근화회(槿花會)가 조직되었다.

1929년 11월 광주학생독립운동의 배경에는 광주여고보(현 전남여고) 재학생 장매성, 박옥련, 박현숙, 장경례, 고순례 등이 결성한 항일학생결사 '소녀회'가 있었다. 광주고보(현 광주일고), 광주농교(현 광주자연과학고), 광주사범(현 광주교육대학교)의 학생들과 함께 항일시위를 주도하였다. 1931년 제주 해녀들은 일제의 생존권 수탈에 항거하여 238회, 1만 7천여 명이 참가한 대규모 항일시위를 전개했다.[70]

의병진의 홍일점

윤희순 선생은 최초의 여성 의병 지도자였다. 1895년 시부(媤父) 유홍석 의병장이 봉기했을 때 '안사람 의병가'와 '왜놈대장 보거라' 등의 격문을 쓰고 군자금을 모아 지원하였으며, '안사람 의병단'을 조직하였다. 1910년 일가족이 만주로 망명하였지만 시부와 남편(유제원)이 연이어 병사한 데다가 아들(유돈상)마저 체포되어 모진 고문 끝에 목숨을 잃자 열하루 만에 숨을 거뒀다고 한다. 1895년부터 1935년까지 40년에 걸친 투쟁과 고난으로 점철된 삶이었다. 다음은 윤희순 지사의 '안사람 의병가' 노랫말이다.

> 아무리 여자인들 나라사랑 모를쏘냐.
> 아무리 남녀가 유별한들 나라 없이 소용 있나.
> 우리도 의병 하러 나가보세.
> 의병대를 도와주세.
> 금수에게 붙잡히면 왜놈시정 받들쏘냐.
> 우리 의병 도와주세.
> 우리나라 성공하면 우리나라 만세로다.
> 우리 안사람 만만세로다.[71]

양방매 선생은 강무경 의병장의 부인이다. "언제 무슨 일을 당할지 모르는 남편, 살아도 같이 살고 죽어도 같이 죽겠다"며 주위의 만류를 뿌리치고 부군과 함께하였다. 1909년 10월 전남 화순 능주 바람재 바위굴에서 부군과 함께 체포될 때까지 1년 동안 의병진의 일원으로 전남 동남부 일대 산악지방을 무대로 유격전을 전개하였다. 체포된 강무경 의병장은 대구감옥에서 순국했다.

강무경·양방매 부부 합장묘   남자현 지사 묘소

독립군의 어머니

남자현 선생은 안동의 유학자 남정한의 삼 남매 중 막내딸이었다. 열아홉에 영양 석보의 김영주에게 출가하였으나 몇 년이 지나지 않아 부군을 잃고 3대 독자이며 유복자인 아들의 양육과 집안일을 책임져야 했다. 3·1운동이 일어나자 서울로 이사하여 독립선언서를 배포하는 등으로 활동하다가 정동교회 손정도 목사를 만난 뒤 만주로 망명하였다.

경기 용인에서 삼악학교를 설립, 운영하다가 망명한 여준(신흥무관학교 교장)의 도움으로 백서농장에서 일하면서 '여선생, 남선생'으로 불렸다고 한다. 20여 곳의 교회와 여자교육회를 설립하고, 서로군정서에서 독립군을 뒷바라지하면서 '독립군의 어머니'로 통했다.

1926년 서울에 잠입하여 사이토 마코토(齋藤實) 총독 암살을 기도하다가 발각되어 실패하고 만주로 돌아와 길림사건으로 구속되어 있던 안창호, 김동삼, 오동진 등 47명 독립지사의 구출에 노력하였다. 1932년 만주사변 진상조사를 위해 국제연맹 조사단이 왔을 때 왼손 무명지 2절을 잘라 흰 천에 '조선독립원(朝鮮獨立願)'이라는 혈서를 써 잘린 손가락 마디와 함께 조사단에 전달하였다고 한다. 1933년 주만(駐滿) 일본대사 부토 노부요시(武藤信義)를 주살하려다가 체포되어 옥고를 치르던 중 단식 투쟁 끝에 보석으로 출옥했지만 고문 후유증으로 순국하였다.

임시정부의 큰어머니

안중근 의사의 자당 조마리아 여사는 강인한 여성이었다. 일본 검찰은 헌병을 보내 회유하려 했지만 강철 같은 의지를 확인하고 돌아서야 했다. 안 의사의 두 동생마저 모친의 태도에 당황해할 정도였다고 한다. 검찰은 다시 헌병을 보내 감형을 제안하며 회유하려 했지만 꼼짝도 하지 않았다.[72] 그 같은 사실은 시모시자(是母是子), 즉 '그 어머니에 그 아들'이라는 제목으로 보도한 1910년 1월 29일 《대한매일신보》를 통해서도 확인할 수 있다.

안씨(안중근)의 역사를 거리낌 없이 설명함에 순사 헌병들도 서로 고개를 돌려 수군거리며 하는 말이 "안중근의 행사는 우리 동료들이 말을 더듬을 정도로 크게 놀란 바이거니와 그 모씨(母氏), 조마리아의 위인(爲人)이 한국에서 아주 드문 인물"이라 하였더라.[73]

조마리아 여사는 수의를 만들면서 밤낮으로 눈물을 흘렸고, 가방을 싸고 풀기를 반복하였다. 증손자(안웅호)는 이렇게 말한다. "자신의 탯줄을 자기 손으로 끊었다. 자신의 연장된 자아가 죽음을 맞이하는 것을 의미했지만 자기애를 정화함으로써 그것을 초월하였다."[74] 그의 시 '전설의 탄생(Legendary Birth)'의 첫대목이다.

전설이 무엇입니까?
찬양의 노래도,
흐느끼는 눈물의 집적도 아닙니다.
그러면 전설은 무엇입니까?
치명적인 혈육의 경험
영원한 슬픔 속에 눈물을 흘리게 합니다.
이기심을 완전하게 견디어 내는 것은,
죽음을 초월하는 것입니다.[75]

빛의 3원색이 합쳐지면 백색광(white light)이 되는 것처럼 자기희생(self-giving)을 최고의 인간애(humanity)로 보고 '흰색'에 특별한 의미를 부여하였다. 안 의사는 항소를 포기하고 모친이 지어준 '흰색' 수의를 입고 순국하였다. "네가 만일 늙은 어미보다 먼저 죽는 것을 불효라 생각한다면 이 어미는 조소거리가 된다. 너의 죽음은 너 한 사람의 것이 아니라 한국인 전체의 공분(公憤)을 짊어지고 있는 것이다. 네가 공소를 한다면 그것은 목숨을 구걸하고 마는 것이 되고 만다"라는 것이 마지막 당부였다고 한다.

안중근 의사의 가족들은 일제의 감시와 위해를 피하여 연해주와 길림 목릉 등지로 이동하였다가 상해로 옮겨 독립운동을 이어갔다. 상해에서 어렵게 살아가던 조마리아 여사는 1927년 별세하여 만국 공묘에 묻혔지만 도시 개발로 멸실되었다고 한다.

김구 선생의 자당 곽낙원 여사는 '강한 어머니'의 표상으로 교과서에 수록되었을 정도로 널리 알려져 있다. 1896년 '치하포 사건'과 1911년 '105인 사건'으로 투옥된 백범을 옥바라지하다가 옥고를 겪기도 했다. 조마리아 여사와 함께 임시정부 요인들의 대모이자 정신적 지주로 통했다. 장손 김인과 안미생(안정근의 딸)의 혼인으로 사돈 지간이 되었다.

1938년 김구 선생은 중경에서 한국국민당, 한국독립당, 조선혁명당 등 3당 대표들이 합당을 논의하고 있을 때 이운환이라는 청년이 갑자기 들어와 권총을 난사하였다. 맨 먼저 가슴에 총을 맞은 백범은 중태에 빠졌고, 유동열과 이청천(지청천)은 중경상을 입었으며, 현익철은 병원에 도착하자마자 절명하였다. 다음은 백범이 구사일생으로 깨어났을 때 곽낙원 여사가 한 말이다.

자네 생명을 하나님이 보호하시는 줄 아네. 사불범정(邪不犯正)이지만 한인의 총에 맞고 살아 있는 것이 왜놈의 총에 맞다 죽는 것만 못하이.

여성계 지도자 김마리아

김마리아 선생은 황해도 장연의 독실한 기독교 집안에서 태어났다. 세 살에 김성섬 가(家)의 장남인 부친을, 열세 살에 모친을 여의고도 꿋꿋하게 성장하였다. 1910년 정신여학교를 졸업하고, 언니가 교사로 있던 광주 수피아여학교 교사가 되었다. 1913년 1년간 히로시마여학교에 유학하고 돌아와 모교의 교사로 부임했다. 이듬해 동경여자학원 본과(고등부)와 고등과(대학부 영문과)에서 수학하면서 동경여자유학생친목회 회장을 맡아 '2 ·8 독립선언'에 참가하였다.

1919년 2월 17일 졸업을 한 달 남겨두고 일본인으로 변장하여 몸에 2 ·8독립선언서를 숨겨 귀국하였다. 고모(김순애)와 큰고모부(서병호, 김필례의 夫)를 대구에서 만나 막내 고모부(최영욱[76], 김필례의 夫)의 병원에서 2 ·8독립선언서를 수백 장을 복사하여 상경하였다. 천도교 본부와 보성사를 방문하는 등 분주하게 움직이다가 정신여학교에서 체포, 수감되어 5개월 가까이 옥고를 겪고 그해 7월 말 가석방되었다.

고문 후유증으로 인한 유양돌기염(코뼈 속에 고름이 생기는 병)으로 세브란스 병원에서 입원 치료를 받은 후 정신여학교 교사로 부임하였다. 대한민국애국부인회를 조직하여 임시정부에 군자금을 보내는 등으로 활동하다가 핵심 간부들과 함께 체포되어 대구감옥으로 송치되었지만 고문에 의한 발병으로 사경에 이르자 병보석이 받아들여져 출감하였다. 세브란스 의학전문학교의 프랭크 스코필드(Frank W. Schofield) 박사가 도움을 주었다고 한다.

1921년 7월 최종심에서 3년 형이 확정되자 세브란스 병원에 입원해 있던 김마리아 선생은 은밀히 인천으로 이동하여 중국 위해위(威海衛)로 탈출하였다.

선생의 탈출에는 미국 북장로회 선교사 조지 맥큔(George S. McCune, 尹山溫)의 조력이 있었다고 한다. 1905년에 입국한 맥큔은 평양의 숭실학교 교사, 선천의 신성학교 교장 등으로 재직하면서 독립운동을 지원하였다. 1920년 8월 미국의원단이 선천을 통과할 때 대한독립승인청원서를 전달하려다가 적발되어 미국으로 추방되었다. 1928년 다시 입국하여 숭실학교 교장으로 재직하던 중 1938년 신사 참배 거부로 파면되고 학교도 폐교되었다. 1963년 건국훈장 독립장이 추서되었다.

상해로 망명한 김마리아 선생은 1922년 2월 임시의정원 최초의 여성의원(황해도 대의원)에 선출되었다. 1923년 6월 미국으로 건너가 가정부를 하며 학비를 벌어 이듬해 파크 대학에 입학하였다. 파크 대학 설립자의 사위였던 조지 맥큔의 도움이 컸다고 한다.[77]

1928년 옛 동지들과 근화회(槿花會)를 조직하고 회장을 맡아 독립운동을 이어갔다. 콜롬비아대학교 사범대학원과 뉴욕신학교에 수학한 후 1932년 귀국하였다. 선생의 귀국에는 이런 일화가 전한다. 대한민국애국부인회 사건 담당 검사였던 카와무라 시미즈(河村靜水)가 뉴욕에 체류하고 있다는 소식을 접하고 그를 찾아갔다. 그로부터 혹독한 취조와 가혹한 형벌에 대한 사죄의 말과 함께 법적 시효 10년이 지난 후 귀국하라는 조언을 들었다고 한다.[78]

귀국 후 원산의 마르타윌슨 여자신학원 교수로 시무하면서 장로교여전도회 회장으로 활동하였다. 1943년 신사참배를 거부하다가 신학원이 폐교되고, 신병이 악화되어 1943년 3월 별세하였다. "나는 대한의 독립과 결혼하였다"라는 말처럼 독신으로 종신하였고, 아무것도 남긴 것이 없었다. 서울 잠실의 정신여자고등학교에 생전에 사용하던 수저 한 벌이 남아 있다고 한다. 다음은 1923년 1월 31일 상해에서 열린 국민대표회의에서 민족의 단결을 역설한 개막 연설의 일부이다.

오늘은 대동단결의 절대 필요를 철저하게 깨달았으니까 사사 혐의를 버리고 서로 양보하고 자기를 희생해 가면서 단합하고 연후에 대내의 혁명 대신에 대외 혁명에만 전 세력을 경주하기를 바라고 우리는 낙심을 멀리하고 더욱 분발할 것이올시다.[79]

김마리아 동상(서울보증보험 후원)

비밀문서를 숨겼다는 회화나무

　　김마리아의 동상은 정신여학교 옛터, 정신여고, 보라매공원 등 여러 곳에 서 있다. 정신여학교 옛터에는 수령이 500년 된 회화나무가 있다. 정신여학교가 일제 관헌의 수색을 받았을 때 교사로 있던 김마리아가 비밀문서, 태극기, 국사교재 등을 회화나무 빈 구멍에 숨겨 위험한 고비를 넘겼다 하여 '독립운동나무'라는 이름이 붙었다.

　　연동여학교에서 시작된 정신여학교는 선생의 고모와 언니들의 모교였다. 선생의 막내 고모(김필례)는 최초의 국비 동경 유학생이었다. 동경여자학원 본과(고등부)와 고등과(대학부)를 졸업하고 영화(英和) 음악전문학원에 수학하면서 동경여자유학생친목회 초대 회장을 맡았다. 귀국 후 정신여학교와 수피아여학교 교사로 봉직하였고, 1923년 대한여자기독교청년회연합회(YWCA)를 조직하여 계몽운동에 앞장섰다. 1927년 근우회 조직에 참여하였고, 기독교 청년단체 등에서 활동하다가 광복 후 수피아여학교와 정신여자중학교 교장을 지냈다.

임신부 독립투사

"나는 일제침략자를 놀라게 해서 그들을 섬나라로 철수시킬 수 있는 방법이 무엇인가를 곰곰이 생각해 보았다. 그것은 곧 무력적인 응징이다." 안경신 선생은 평양 대동 출신으로 1919년 평양 만세운동에 참가하고 1919년 대한애국부인회(총재 오신도)의 교통부원으로 임시정부에 군자금 모금, 전달하는 역할을 담당하였다. 임시정부는 미 의원 시찰단의 한반도 방문 소식을 듣고 이를 기회로 세계 여론에 독립을 호소하고자 했다.

안경신은 임신부의 몸으로 1920년 8월 광복군총영 결사대의 일원이 되어 평남도청 투탄 의거에 참가하였다. 1921년 3월 체포되어 평양으로 압송되었는데 생후 12일 된 아기를 안고 있었다고 한다. 사형이 선고되었지만 공소 제기로 평양복심법원에서 징역 10년이 확정되었다.

수감된 지 석 달이 못 되어 선생의 어머니는 세상을 떠났고, 1927년 가출옥한 선생은 눈을 뜨지 못하는 아들을 만나는 고통스런 현실과 마주해야 했다. "어머니는 돌아가셨고 자식은 병신이오니 어느 것이 서럽지 않겠습니까마는 동지 장덕진 씨의 비명을 듣고는 눈물이 앞을 가리어 세상이 모두 원수같이 생각됩니다." 당시《동아일보》와 인터뷰에서 밝힌 소회이다.[80] 그 후 행적은 알려지지 않았고, 위패 하나로 남았을 뿐이다.('07 무후선열제단에 오르다' 참조)

가혹한 운명에 지다

충남 아산 출신인 이애라 선생은 이화학당을 졸업하고 모교의 교사로 근무하던 중 공주 영명여학교 교감으로 있던 이규갑 선생과 결혼했고, 동교에서 교직을 이어가다가 1917년 같은 미션스쿨인 평양의 정의여학교로 전근하였다. 3·1운동에 참가하여 구금되었다가 풀려난 선생은 상경하여 임시정부 수립을 위한 국민대회 준비에 동분서주하던 이규갑 선생을 뒷바라지하였다.

그러던 어느 날 일본 헌병과 맞닥트리게 되었고, 등에 업고 있던 아기를 빼앗겼다. 아기는 내동댕이쳐져 즉사하였다. 그 후 지방의 여러 교회를 오가면서 애국부인회를 결성하고 모금운동을 벌이다가 공주에서 다시 체포되었다. 갖은 고문에도 부군의 행방을 숨긴 끝에 죽을 고비를 넘기고 풀려날 수 있었다. 두 아이의 양육을 위해 천안의 양대여학교 교사로 취직하였지만 일제 경찰의 감시와 핍박을 피할 수 없었다.

선생은 시숙(이규풍)이 독립운동을 하고 있던 러시아로 망명을 시도하였다. 1921년 두 아이를 데리고 야반도주하여 경원선 열차로 원산을 거쳐 배편으로 함북 웅기에 하선하였지만 다시 피체되었다. 고문과 투옥으로 선생의 생명이 위태로워지자 의사를 불러 진찰하게 하였는데 조카(이규풍의 아들 이민호)였다. 그는 경성의학전문학교를 졸업하고 부친이 있는 러시아로 망명해 있었다.

서로 아는 체하지 않았고, 몇 차례 더 진료한 후 유치장 안에서 치료할 수 없을 정도로 병세가 위중하다는 소견을 냈다. 경찰이 정해준 장소에 몸을 추스르고 있던 선생은 감시가 느슨해진 틈을 이용하여 아이들과 함께 시숙이 있는 블라디보스토크로 피신할 수 있었다. 그러나 고문 후유증을 견디지 못하고 얼마 후 숨을 거뒀다.

부군을 상봉한 것은 불과 며칠 전이었다. 스물여덟의 짧았던 일생, 선생의 삶은 파란만장했다. "이제는 어디 가지 마오. 내가 무릎으로 걸어서라도 당신을 도우리다."[81] 생명의 불꽃이 꺼져 가던 마지막 순간에 부군에게 했다는 말이다.

할머니 독립투사

평북 의주 출신 조신성 선생은 22세에 남편을 여의고 평생을 독립운동과 교육활동으로 일관하였다. 미국 북장로교회 소속 선교사 윌리엄 베어드(William M. Baird, 배위량)에 의해 기독교 신자가 되었다. 이화학당에서 교사로 있으면서 도산 안창호 등과 교유하였다. 34세의 나이에 일본 유학길에 올라 시모노세키 성경학교를 졸업하고, 요코하마 성경여학교 고등과에 다니던 중 갑작스러운 신경쇠약으로 졸업을 얼마 남겨두지 않은 채 귀국하였다. 잠시 부산에서 교사로 있다가 평양의 진명여학교 교장을 맡았지만, 3 ·1운동 때 강제 사임하였다.

1920년 애국부인회 평양지회장으로 활동하였고, 평남 맹산에서 대한독립청년단(맹산독립단)을 조직하여 활동하다가 체포되어 옥고를 겪었다. 1928년 근우회 평양지회를 결성하였고, 여성실업장려회와 조선교육학교를 설립하였다. 1945년 광복 직후 북조선 여맹위원장에 추대되었지만 월남하였다. 1948년 대한부인회 부총재를 맡았고, 6 ·25전쟁 중인 1953년 5월 5일 부산에서 병사하였다.

삯바느질로 총을 사다

우당 이회영 부인 이은숙 선생은 신흥무관학교의 설립 과정, 북경과 천진에서의 망명 생활 등 피어린 독립운동의 역정을 육필(肉筆)로 담아낸《서간도시종기》를 남겼다. 거기에는 하루걸러 두 손녀를 잃고, 또 젖먹이 아들을 땅에 묻어야 했던 독립운동가 가문의 고통스러운 가족사가 담겨 있다. 빼어난 묵란(墨蘭) 솜씨를 가지고 있던 이회영 선생이 그림을 내다 팔아 독립운동 자금을 마련하였다면 이은숙 선생은 삯바느질로 총을 샀다. 다음은《서간도시종기》의 한 부분이다.

그날부터 일감을 얻어 빨래를 해서 잘 만져 옷을 지어주면 여자 저고리 하나에 30전, 치마는 10전씩하고, 두루마리 하나에는 양단이나 합비단은 3, 4원 하니 두루마리가 많이 있으면 입양이 넉넉하겠지만 두루마리가 어찌 그리 있으리요. 매일 빨래하고 주야로 옷을 지어도 한 달 수입이란 겨우 20원가량 되니 그도 받으면 그 시로 부쳤다. 매달 한 번씩은 무슨 돈이라는 건 말 아니하고 보내드리는데 우당장(이회영, 저자 주)께서는 무슨 돈인 줄도 모르면서 받아쓰시니, 우리 시

누님하고 웃으며 지냈으나 이렇게 해서라도 보내드리게 되는 것만 나로서는 다행일 뿐이다.

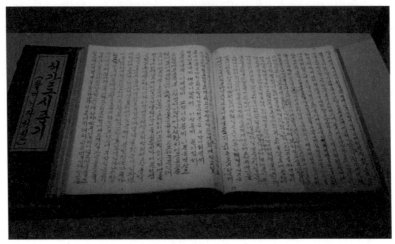
서간도시종기(이회영기념관)

임청각의 종부들

안동시 법흥동에 위치한 임청각은 임시정부 국무령을 역임한 석주 이상룡 선생의 생가이다. 원래 99칸 저택이었지만 일제 강점기 철도 부설로 인해 헐리고 50여 칸이 남아 있다가 2023년 복원되었다. 3대 독립유공자를 배출한 명가의 터이기도 하지만 석주 부인 김우락-이종숙(자부)-허은(손부)에 이르는 종부들의 수난도 컸다.

1대 종부 김우락은 만주에서 모진 세월을 보내다가 1932년 석주 선생이 별세하자 귀향했지만 이듬해 세상을 떠났다. 1911년 만주 망

명을 회고하며 쓴 내방가사(內房歌辭) '해도교거사'를 남겼다. 독립
유공자 백하 김대락 선생의 누이동생이자 김락의 언니가 된다. 국내
에서 활동하던 아들(이준형)은 조국의 암담한 현실을 비관한 나머지
스스로 목숨을 끊었다. 부군을 그렇게 보낸 2대 종부 이종숙은 광복
을 보지 못한 채 1944년 눈을 감았다. 3대 종부 허은은 1915년 여
덟 살에 서간도로 망명하여 석주의 손자(이병화)와 결혼하여 독립운
동을 뒷바라지하다가 1932년 귀향하여 임청각을 지켰다. 허은의 회
고록《아직도 네 귀에는 서간도의 바람소리가》의 한 부분이다.

지나온 90 평생 뒤돌아봐도 여한은 없다. 고달픈 발자국이었기는 하나 큰 일
하신 어른들 생각하면 오히려 부끄러울 뿐이다. 머지않아 여러 영령들 뵈옵고 이
토록 살기 좋은 세상 된 것을 말씀드릴 생각하면 마음이 뿌듯하다.

임청각(안동시 법흥동)

권기옥 지사 묘소

최초의 여류 비행사

권기옥 선생은 평양 숭의여학교 비밀결사대 '송죽회'에 가입하여 독립운동 기금을 모으고 평양에서 만세시위운동에 참가하여 6개월의 옥고를 겪었다. '평양청년회 여자전도대'를 조직하여 활동하다가 1920년 9월 목선을 타고 상해로 탈출하였다. 임시정부의 추천으로 운남육군항공학교에 1기생으로 입학하여 1925년 3월 한인 최초의 여류비행사가 되었다. 군벌 풍옥상(馮玉祥)의 공군, 중국 공군 동로항공사령부(東路航空司令部)등에서 항일전을 수행하였고, 1943년 중경에서 김순애, 방순희 등과 함께 대한애국부인회를 재건하는 데 힘을 보태기도 했다.

부군 이상정 장군은 1921년부터 1923년까지 오산학교 교사로 근무하면서 지하조직을 결성하여 항일투쟁을 전개하다가 만주로 망명하였다. 1926년 풍옥상의 서북국민부대에서 참모로 활약하였고, 장개석의 부대와 통합된 후 국민정부 정규군 소장으로 항일전선에서 활동하였다. 1936년에 중일전쟁이 발발하자 임시의정원 의원 겸 중국 육군 참모학교의 교관으로 활동하였고, 1940년 9월 한국광복군 창설을 적극 지원하였다. 중국군 중장으로 진급하여 북중국에서 일본군의 무장을 해제하는 임무를 수행하는 한편, 교민의 보호에 힘썼다. 1947년 모친이 위독하다는 소식을 듣고 귀국했다가 뇌일혈로 숨을 거뒀다. '빼앗긴 들에도 봄은 오는가'로 유명한 이상화 시인의 형이다.

사진신부들

1900년대 초 하와이 한인 이주 노동자 900여 명은 이른바 사진신부(picture bride)와 결혼하였다. 한인 여성들은 대한인부인회, 대한부인구제회, 애국부인회 등의 활동을 통해 임시정부에 독립운동 자금을 지원하였다. 사진신부 출신 독립유공자는 박금우, 심영신, 이영옥, 이희경, 천연희 등이다.[82]

1920년대 말 임시정부는 국내는 물론이고, 만주 지역과도 연락이 끊어져 재정적으로 매우 어려운 상황에 처해 있었다. 김구 선생은 황해도 출신 심영신, 박신애와 긴밀히 연락하면서 이른바 '편지정책'으로 미주 한인사회의 도움을 청하기도 했다.

소녀 투사들

유관순, 동풍신 열사보다도 어린 소녀들이 있었다. 1919년 3월 20일 천안 입장 장날 시위에 앞장서다가 체포되어 1년의 옥고를 치른 한이순(1906)은 13세, 민옥금(1905)은 14세의 소녀였습니다.(남녀를 통틀어 가장 어린 나이는 평북 철산의 만세 시위에 앞장서다가 순국한 12세 안정명이다.)

한 팔이 잘려 나가 '혈녀(血女)'라 불린 여성도 있었다. 1919년 3월 10일 광주 만세 시위에 앞장섰던 윤형숙(윤혈녀)은 군도에 왼팔이 잘리고 피투성이가 되었지만 잠시 쓰러졌다가 일어나 오른손으로 태극기를 집어 들고 독립만세를 외쳤다고 한다. 1919년 3월 3일 개성 호수돈여학교 학생들의 시위에 참가하여 1년간 옥고를 치른 심영식은 맹인 여성이었다.

권번(券番, 기생조합)도 예외가 아니었다. 그들은 논개와 계월향을 자처했다. 1919년 4월 1일, 3천여 명이 참가한 해주 만세 시위는 권번(券番)의 기생들이 주도한 것이었다. 그 가운데 문응순(월선), 김용성(해중월), 김성일(월희), 문재민(향희), 김화용(화용), 송금희(금희), 이벽도, 옥운경(채주) 등 여덟 명이 독립운동의 공적을 인정받았다. 그 외에 통영의 이소선(이국희)과 정막래, 수원의 김향화 등이 있다.

1920년 3월 1일 3·1운동 1주년 때 만세시위운동을 주도한 배화여학교 재학생 소은숙·소은명 자매도 있었고, 노동현장에서 투쟁하다가 체포되어 옥고를 겪은 여공 이효정과 이병화(나이는 아래였지만 이효정의 종고모였다.)도 있었다.

Y와 K의 대화 ─────────────────────

Y 국가보훈부에 의하면 여성 독립유공자는 607명(2023년 1월 기준)입니다. 몇 해 전에 비하여 2배 이상 늘어난 인원입니다. 여성 독립유공자의 적극적 발굴은 바람직한 방향입니다.

K 최근 여성 독립유공자가 큰 폭으로 늘어난 것은 발굴 성과 못지않게 포상기준 완화의 영향이 큰 것으로 보입니다. 최근 각 시도의 여성재단에서 여성사 복원에 성과를 내고 있다고 하니 협력하면 좋은 결과가 있을 것입니다.

Y 여성들의 독립운동은 기록으로 남지 않은 부분이 많을 것입니다. 남성 중심의 사회 속에 숨은 부분이 적지 않을 것입니다. 예를 들면 여성의 국채보상운동 참여가 과소평가된 측면이 없지 않은 것 같습니다. 전국에 약 20개 여성단체가 결성되어 귀중한 패물(佩物)을 내놓는 등으로 힘을 보탰다고 합니다. 국채보상운동에는 권번의 여성들까지 참여했습니다.

K '기생 앵무'로 더 잘 알려진 대구의 염농산(염경은)은 집 한 채 값에 해당하는 100원을 쾌척함으로써 국채보상운동에 불을 붙였다고 합니다.[83] 당시 황성신문(1907.3.26.) 기사에 의하면 염농산이 의연금을 지참하고 국채보상수금소를 찾아가자 서상돈, 김병순, 정재학 등이 부끄러워 얼굴을 붉히며 각각 1만 원씩 출연하기로 결의했다는 내용이 나옵니다.

그 후 대구 권번 기생 14명의 집단적 의연금 납부로 이어졌고, 진주와 평양과 부산의 기생들 또한 이에 호응하였다고 합니다. 그뿐 아니라 고향 성주 용암에 물난리가 나자 사재를 털어 제방을 쌓았습니다. 그리고 폐교 직전에 있던 교남학교(현 대륜중고등학교)에 거금 2만 원을 희사하였지요. 이 사실은 1937년 4월 24일 자 동아일보에도 보도되었습니다.

Y 607명의 여성들은 필설로 다할 수 없는 고통을 감수하면서도 독립운동을 이어갔습니다. 앞서 특별한 사연이 있는 분들을 중심으로 살펴보았습니다만, 그 외에도 기억해야 할 분들이 더 많이 있겠지요?

K 국내에서는 3·1운동에 참가하고 대동단에서 활동한 이신애, 애국부인회에서 활동한 황애시덕과 박현숙, 간우회(看友會) 회원들을 규합하여 3·1운동에 참가하고 만주로 망명하여 부군(신채호)과 독립운동을 이어간 박자혜, 3·1운동에 참가하고 근우회에서 활

동한 여기자 최은희, 농촌계몽운동의 최용신, 해녀 항일 투쟁의 부춘화 선생이 있습니다.

중국에서는 독립군에서 활동한 오항선, 근우회·의열단·조선의용대에서 활동한 박차정, 임시정부에서 활동한 김순애·민영주·방순희·신순호·안봉순·조계림·장희수·정정화·최형록·연미당, 광복군에서 활동한 김봉식·김정숙·민영숙·송영집·신정숙·안영희·오광심·오희옥·유순희·이월봉·지복영·조순옥 선생이 있었습니다. 미주에서는 강원신, 이혜련 선생이 있습니다.

Y 그와 같이 많은 분이 있었지만 유관순, 김마리아, 남자현, 윤희순 선생 등을 비롯한 몇몇 분 외에는 잘 알려지지 않은 것 같습니다. 여성 독립유공자의 발굴과 함께 그분들의 공적을 널리 알리기 위한 노력이 뒤따라야 할 것입니다.

K 각급 교과과정에 여성들의 독립운동 사실을 충실하게 반영하는 한편, 독립기념관·대한민국임시정부기념관·대한민국역사관 등에 별도의 공간을 마련하는 것은 어려운 일이 아닐 것입니다. 가칭 '여성 독립운동 기념재단'을 설립하는 방안도 고려해 볼 수 있을 것입니다.

10

임시정부 요인을 만나다

상해에서 중경까지

임시정부요인묘소는 1993년 상해의 민국공묘에서 박은식, 신규식, 노백린, 김인전, 안태국 등 임정요인 5인의 유해봉환을 계기로 조성된 묘역이다. 박은식(제2대 대통령), 이상룡(국무령), 양기탁(국무령), 홍진(국무령), 김인전(의정원 의장), 손정도(의정원 의장), 이강(의정원 의장), 신규식(국무총리 겸 외무총장), 노백린(국무총리), 김동삼(국무원), 김성숙(국무원), 윤세용(국무원), 이유필(국무원, 내무총장), 박찬익(국무위원, 외무·법무총장). 오영선(법무총장), 조경한(국무위원, 비서장), 지청천(군무부장, 광복군총사령), 황학수(생계부장) 등 열여덟 분이 안장되어 있다.

이곳 임시정부요인묘소가 아닌 다른 곳에 안장되어 있는 분도 있다. 이승만(대통령, 국가원수묘역), 송병조(의정원 의장, 독립유공자묘역), 김구(주석, 효창공원), 이동녕(주석, 효창공원), 조성환(국무위원, 효창공원), 차이석(국무위원, 효창공원), 안창호(국무총리서리 겸 내무총장, 도산공원) 등이다.

임시정부요인묘역(서울현충원)

1919년 3·1운동을 계기로 임시정부 수립 움직임이 나타났다. 3월 17일, 러시아 블라디보스토크에서 대한국민의회(의장 문창범, 대통령 손병희)가 조직되었다.

상해에서도 만주와 러시아, 국내와 연락하면서 분주히 움직였다. 국내에서 파견된 현순 목사가 프랑스 조계 내에 독립임시사무소를 개설하고 국내의 만세운동 소식을 전하자 상해는 물론이고 만주, 러시아, 국내에서 많은 지도자가 모여들었다. 거기서 임시정부 수립 방안이 논의되었고, 4월 10일 임시 의회인 임시의정원(의장 이동녕)이 열렸다. 4월 11일 새벽에 되어 국호 '대한민국'과 국체 '민국'을 정하고, '대한민국 임시헌장'을 채택하였다. 내각은 국무총리(이승만), 내무총장(안창호), 외무총장(김규식), 재무총장(최재형), 교통총장(문창범), 법무총장(이시영), 군무총장(이동휘)으로 구성되었다.

4월 2일, 국내에서도 13도 대표자회의 통하여 한성 임시정부(집정관총재 이승만) 수립이 선포되고, 국체(민주제)·정체(대의제)·국회 등을 규정한 약법(約法)이 채택되었다.

이들 세 갈래의 흐름은 1919년 9월 6일, 상해 임시정부의 개조를 통하여 단일 임시정부로 통합되었다. 상해 임시정부가 의회와 행정부가 병존하는 조직이었다면 블라디보스토크의 대한국민의회에는 행정부가 없었고, 한성정부에는 의회가 없었다. 임시의정원의 전면 개편을 전제로 통합에 합의하기에 이르렀지만 지켜지지 않았다.

개편된 내각은 대통령(이승만), 총리(이동휘), 내무총장(이동녕), 외무총장(박용만), 군무총장(노백린), 재무총장(이시영), 법무총장(신규식), 학무총장(김규식), 교통총장(문창범), 노동국 총판(안창호)으로 구성되었다. 그 후 지도체제는 국무령제(1925.7), 국무위원제(1927.8), 주석제(1940.7) 등으로 변화되었다.[84] 1930년대에는 이당치국(以黨治國)의 원리에 입각하여 한국독립당, 한국국민당, 민족혁명당 등이 조직되기도 했습니다.

임시정부는 1945년 11월 23일 임정 요인들이 환국할 때까지 상해(上海 1919.4~1932.4), 항주(杭州 1932.5~1935.11), 진강(鎭江 1935.11~1937.11), 장사(長沙 1937.11~1938.7), 광주(廣州 1938.7~1938.10), 유주(柳州 1938.10~1939.5), 기강(綦江 1939.5~1940.9), 중경(重慶 1940.9~1945.11)으로 이동하면서 27년 가까이 유지되었다.

초기에는 국내외를 연결하는 비밀조직인 교통국과 지방행정조직인 연통제를 설치하여 정보 수집, 군자금 모집, 징모, 군수품 조달, 공채 모집 등의 임무를 수행하였다.

임시정부는 파리위원부와 구미위원부를 설치하여 한국의 독립의지를 알리는 한편, 독립을 승인받기 위하여 외교적 노력을 전개하였다. 그 결과 중국, 프랑스, 폴란드 등이 임시정부를 잠정 승인하였고, 미국 상하원 합동회의에서 의결되었다. 그와 함께 상해에 인성(仁成)학교, 3 ·1중학, 남화(南華)학원 등을 설립하였고, 독립신문을 비롯한 수십 종의 간행물과 자료집을 발간하여 민족의식을 고취하였다. 아울러 '전 국민이 독립군이 되어 독립전쟁에 참가할 것'을 포고하고 임시육군무관학교와 한국노병회(韓國勞兵會)를 설치하여 군대 양성과 전비 조달에 노력하였다. 무장투쟁을 위하여 독립운동단체 연합전선으로 군사통일주비회를 결성하고, 만주에 육군주만참의부를 설치하여 북로군정서와 서로군정서 등의 독립군 단체와 연결하여 활동하였다.

1937년 중일전쟁의 발발로 중국 관내에서의 독립운동은 새로운 국면에 접어들었다. 한국국민당 중심의 한국광복운동단체연합회와 민족혁명당 중심의 조선민족전선연맹이 연합전선을 모색하였다. 1940년 9월 한국광복군이 창설되고, 이듬해 조선의용대 일부가 합류하였다. 국내로의 정진(挺進)을 준비하던 광복군은 영국군의 요청으로 1943년 버마전선에 참전하였고, 미 전략정보국(OSS)에서 정보전을 수행하였다.

Y와 K의 대화

Y 임시정부(臨時政府)는 '국제법적으로 적법한 정부로 인정받지 못한 사실상 정부(de facto government)'를 의미한다는 점에서 가정부(假政府), 망명정부(亡命政府), 과도정부(過渡政府)와 구별하기 어렵습니다.

K 임시정부, 가정부, 망명정부는 명칭과 뉘앙스에는 차이가 있지만 '주권을 행사하지 못하는 사실상의 정부'라는 점에서는 크게 다르지 않습니다. 상해에서 수립된 대한민국임시정부(Korean Provisional Government)는 '가정부'라고 불리기도 했습니다. 하지만 가정부는 아직 권력을 잡지 못했거나 국제적으로 적법한 정부로 인정할 받지 못한 정부를 의미하는 소극적 뉘앙스가 있습니다.

망명정부(government-in-exile)는 다른 나라에 의한 정복, 전쟁, 혁명 등으로 외국으로 피신한 정부 또는 정객들이 세운 정부를 말합니다. 대한민국임시정부는 대한제국 황실이나 정부가 이동하였거나 그 정객들에 의해 수립된 정부가 아니라는 점에서 망명정부와 차이가 있습니다. 국호와 국체를 새로 정했다는 점에서도 그렇습니다. 과도정부(transitional government)는 한 정치 체제에서 다른 정치 체제로 넘어가는 과정에서 임시로 구성된 정부로 제한적 범위 내에서 통치권을 행사한다는 점에서 차이가 있습니다.

Y 우드로 윌슨(Woodrow Wilson) 대통령의 민족자결주의와 3·1운동의 영향으로 한민족의 독립 의지가 결집되어 국내외에서 여섯 곳에서 임시정부 수립 움직임이 나타났습니다. 국내의 한성 임시정부·신한민국 임시정부·대한 민간정부와 국외의 블라디보스토크 대한국민의회·상해 대한민국임시정부입니다.

K 한인 인구가 가장 많았던 지역은 블라디보스토크였습니다. 독립군의 주 무대였던 만주에 인접해 있는 곳이기도 했지요. 그러나 연해주에 대한 러시아의 정책, 일본의 간섭, 그리고 중국과 서방의 영향력이 미치지 못하는 한계가 있었습니다. 국내의 한성 임시정부는 일제의 단속과 탄압이라는 현실적 한계가 있었지요.
그에 비해 상해는 열강의 조차지(租借地)가 있었고, 일본의 영향에서 비교적 자유로운 곳이었습니다. 그곳에 망명해 있던 독립지사들에게 신해혁명(辛亥革命)과 중화민국 수립은 큰 자극이 되었습니다. 때마침

들려온 민족자결 선언과 3·1운동은 기폭제가 되었습니다. 국호를 '대한민국'으로 정하고, 민주공화제를 채택하였으며, 의회와 행정부가 분리했지요. 그런 점에서 대한국민의회와 한성 임시정부와 차이가 있었습니다.

신규식 선생 묘소(임정묘역)

Y 신규식, 박찬익, 민필호 선생의 묘소가 보입니다. 상해 임시정부의 수립에는 신해혁명에 참가한 예관 신규식 선생의 역할이 컸던 것으로 알고 있습니다. 선생은 다양한 면모를 가진 분이었습니다. 대한제국 무관 출신으로 을사늑약 후 극약을 먹고 자결을 시도했다가 오른쪽 시신경을 다쳐 한쪽 시력을 잃어 그때부터 흘겨본다는 뜻으로 예관(睨觀)을 호로 사용하였지요.

1911년 상해로 망명하여 신정(申檉)으로 개명하고 비밀결사 동제사(同

濟社)를 조직했습니다.(同舟共濟에서 따온 이름이다.) 같은 배를 타고 강을 건넌다는 동주공제(同舟共濟)에서 취한 이름이라고 하는데 한때 회원이 300여 명에 이르렀다고 합니다. 인재 육성을 위해 박달학원을 세우고, 교민들의 자제들을 중국 군사학교에 보내기도 하였습니다. 선생은 손문(孫文)의 중국동맹회에 참가하고, '남사(南社)'라는 시 동인회에 가입하여 송교인(宋教人), 진기미(陳其美) 등 중국 지도자들과 폭넓게 교유했습니다. 임시정부가 광동정부(대원수 손문)의 승인을 받아낸 것도 그 같은 유대관계의 영향이 컸습니다.(손문, 송교인, 진기미 등에게 건국훈장이 추서되었다.)

K 박찬익 선생은 1910년 관립공업전습소(현 서울공고)[85]를 졸업하고 만주로 망명하여 대종교에서 활동하다가 상해로 이동하여 신규식 선생과 동제사를 조직하였습니다. 임시의정원 의원을 시작으로 국무위원 등으로 시종 임시정부와 함께 하였습니다. 민필호 선생 또한 대중(對中) 외교에 큰 역할을 하였고, 임시정부의 살림살이

박찬익 선생 묘소(임정묘역)

민필호 선생 묘소(독립묘역)

를 책임지다시피 했습니다. 일제 패망 후 중국국민당과 협조하여 임시정부 요인들을 귀국시키는 한편, 주화대표단(단장 박찬익, 부단장 민필호)을 맡아 임시정부의 잔무를 정리했습니다. 국공내전 때 본토에 남아 있던 교민들을 대만으로 안전하게 이동시키고 중화민국 주재 초대 총영사를 맡았습니다.

Y 남의 땅에서 27년 가까이 임시정부를 유지하면서 독립투쟁을 이끄는 일은 여간 어려운 일이 아니었을 겁니다. 1932년 윤봉길 의거 후 임시정부는 일제의 추적을 피하여 여러 곳을 전전해야 했습니다.

K 윤봉길 의거 70주년 때 상해를 방문하여 그 일대의 임시정부의 길을 따라가 본 적이 있습니다. 윤봉길 의거 후 일제 군경은 거액의 현상금을 걸고 김구 주석의 체포에 혈안이 되어 있었습니다. 김구 주석은 중국인 저보성(褚補成)의 도움으로 가흥의 남호(南湖) 호수가 매만가 76호에 은신하여 중국인 '장진구'로 행세하면서 감시망을 피했습니다. 하지만 그곳 또한 안전하지 않았습니다. 위험을 느낀 저보성은 자부 주가예(朱佳蕊)로 하여금 거처를 해염(海鹽)의 재청별서(載靑別墅)로 옮기게 했습니다. 지금은 '김구피난처(金九避難處)'라는 이름이 붙은 기념관으로 꾸며져 있습니다.

Y 임시정부는 1940년 9월, 중국 국민당 정부가 있던 중경에 자리를 잡을 때까지 항주, 진강, 장사), 광주, 유주, 기강 등으로 이동하며 독립을 향한 노력을 이어갔습니다. 임시정부의 활동에 대해서는 여러 가지 평가가 있을 수 있지만 중요한 것은 한민족을 대표하는 공식 기구였다는 점이 아닐까 합니다.

K 1943년 11월 27일 '한국의 자유와 독립'이 카이로 선언에 명문화됩니다. 피지배 민족들 가운데 특정 국가의 독립이 문서에 의해 보장된 유일한 케이스였습니다.[86]

1943년 초 미국과 영국의 수뇌부가 전후 한국을 국제공동관리 하에 두는 안에 합의하였다는 소식이 전해지자 임시정부는 긴급 국무위원회를 소집하여 반대운동을 전개하기로 하는 한편, 중국 측 인사들과 접촉에 나섭니다. 그해 7월 26일 김구 주석은 외교부장 조소앙, 선전부장 김규식, 광복군 총사령 이청천, 부사령 김약산과 안원생(통역)을 대동하고 장개석 주석을 만나 독립을 관철해 줄 것을 강력히 요청했지요.('총재접견한국영수담화기요(總裁接見韓國領袖談話紀要)'에 면담 기록이 남아 있다.)[87]

미국에서는 임시정부 주미외교위원부 위원장을 맡고 있던 이승만 박사에 의해 프랭클린 루스벨트 대통령과 지도층을 움직이기 위한 노력이 있었습니다.[88] 이 박사는 1941년 7월 《일본내막기(Japan Inside Out)》를 통해 일본이 태평양을 놓고 미국과 전쟁을 하게 될 것이라고 경고한 바 있었습니다. 그해 12월 태평양전쟁이 발발하자 미국의 소리(VOA) 라디오(1942.6.13.)를 통해 독립 준비를 위한 민족의 분발을 촉구하기도 했습니다.

Y 임시정부를 포함한 독립운동 전반에 대한 관심과 이해가 크게 높아진 것 같습니다. 하지만 독립운동사에 부풀려진 부분이 많다거나, 이른바 '정신승리'에 도취하게 함으로써 망국의 원인을 덮게 하고 있다는 지적이 있는 것으로 알고 있습니다. 나아가 독립이 2차 대전의 결과물이었다거나 식민지 근대화에 나오기도 합니다.

K 국권 상실의 원인은 그것대로 규명되어야 할 것입니다. 반면 교사를 위해서도 반드시 필요한 일이지요. 독립운동 또한 민족의 통일된 역량을 충분히 보여주지 못한 한계가 있었습니다. 그러

대한민국임시정부기념관(서대문독립공원 옆)

나 이것 하나는 분명하다고 봅니다. 비록 나라는 망했어도 민족의 혼 또는 정기가 죽지 않고 살아 있음을 증명하였기 때문에 다시 주권을 회복할 수 있었다는 사실입니다.

체제에 순응하며 안일과 굴종에 빠져 있었다면 어떻게 말과 글을 지키고 민족의 얼과 문화를 보전할 수 있었을까요? 카이로 선언과 포츠담 회담으로 한국의 독립이 보장될 수 있었던 것은 한민족의 독립 의지와 열망을 끊임없이 보여주었기 때문에 가능한 일이었을 것입니다. 앞에서 주고받은 독립운동가와 가족들의 고통으로 얼룩진 스토리가 그것을 여실히 증명합니다.

민족정기를 말하다
역사는 없어질 수 없다

독립유공자묘역에서 임시정부요인묘역으로 올라가면 가장 먼저 눈에 띄는 것이 화강암 조형물 중앙에 새겨진 '민족정기(民族正氣)'라는 글이다. 옛날부터 정기(正氣)는 호연지기(浩然之氣)와 비슷한 의미로 쓰였다. 광명정대, 파사현정, 위정척사, 사필귀정에서 보는 바와 같이 올바름, 올곧음, 떳떳함 등을 말한다. '민족정기'라는 말은 1941년 11월 조소앙 선생이 기초한 대한민국 건국강령(大韓民國 建國綱領) 첫머리에 나온다.

우리나라는 우리 민족이 반만년래(半萬年來)로 공동한 언문과 국토와 주권과 경제와 문화를 가지고 공동한 민족정기를 길러온 우리 끼리로서 형성하고 단결한 고형적 집단의 최고 조직이다.[89]

김구 주석 또한 1943년 3월 1일 중경《대공보》를 통해 3·1운동을 민족정기의 발로였다는 견해를 보였다.

임시정부선열묘역 조형물

　3 ·1대혁명은 한국민족의 부흥과 재생의 운동이었다. 바꾸어 말하면, 이 운동
은 단순한 반일·복국운동이 아니라 우리 한민족이 오천 년 이래로 연마하고 양
성해 온 민족정기와 민족의식이 이 운동을 통하여 발양됨으로써 민족부흥과 국
가재생의 정신적 기초가 정립되는 운동이었다.[90]

조소앙 선생과 타고르 시인

1929년 조소앙 선생과 타고르 시인이 런던에서 만난 적이 있다는 사실이 1941년 11월 29일 중경의 타고르 추도식에서 행한 조사에 의해 확인되었다. 1916년 타고르는 방일 후 좋은 감정을 가졌는데 3·1운동 후 선생을 만나 토론하는 가운데 생각을 바꾸게 되었다고 한다. '동방의 등불'은 1929년 타고르가 캐나다로 가던 길에 요코하마 부두에서 동아일보 관계자에 전한 네 줄로 된 영문시였다. 주요한 동아일보 편집국장이 번역하여 '동방의 등불'이라는 제목으로 실었다고 한다.

다음은 중국 국민당 주가화(朱家驊) 조직부장이 주최한 추도식에서 조소앙 선생이 행한 조사의 일부이다. "동양과 서양의 문화를 소통하고 옛날과 오늘날의 학문을 융합하여 조국 독립을 위해 분투하고 동아시아 각 민족의 해방을 위해 분주하였다. 원동(遠東)의 각국을 재차 방문하고 한국과 중국에 세 차례 뜻을 보낸 것은 선생이라는 영험한 바다의 한 물결이었다. 예전에 영국 수도에서 공을 만났는데 담론이 '시두(時頭, 시간이 머리), 방미(方尾, 공간이 꼬리), 고신(故身, 사건이 몸)'에 대한 이야기에 이르자 두 사람의 마음이 서로 부합하여 즐거워하고 기뻐했다."

선열들은 민족정기를 민족의 정수(精髓)로 보았다. 형식적 국가와 정신적 민족을 구별하고, 국권을 잃었지만 정신이 살아 있으면 언젠가 회복될 수 있다고 믿었다. "정치로써 투쟁함은 거의 절망의 일이요, 국사를 연찬하여 민족정기를 남겨놓음이 지고의 사명임을 자임한다"[91]라는 안재홍 선생의 말처럼 민족정기는 민족사학을 관통하는 흐름이

었다. 국혼(박은식), 한국혼(이준, 신규식), 얼(정인보), 낭(신채호), 조선심
(문일평) 등으로 용어는 달랐지만 일제 강점기 민족의 활로를 강한 민
족정신에서 찾았다. 박은식 선생의 《한국통사》에 나오는 말이다.

　　옛사람이 이르기를 나라는 없어질 수 있으나 역사는 없어질 수 없다고 하였으
니, 이는 나라가 형체라면 역사는 정신이기 때문이다. 이제 우리나라의 형체는
없어져 버렸지만 정신을 살아남아야 할 것이다.

서일·나철·김교헌 선생 묘소
(중국 길림성 화룡현)

윤세복 선생 묘소
(서울현충원 임시정부요인묘소)

　　국혼(國魂)을 강조한 민족사학과 국교(國敎)를 표방한 대종교(大倧
敎)와 일맥상통하였다. 대종교 2대 교주 김교헌 선생은 1911년 《단
조사고(檀祖事攷)》, 1914년 《신단실기(神壇實記)》와 《신단민사(神檀
民史)》를 저술한 민족사학의 개척자였다. 박은식, 신규식, 신채호, 유
근, 조소앙, 조성환, 박찬익 선생을 비롯한 많은 민족 지도자가 대종
교에 입교하였다.

> 대종교는 1909년 단군 숭배 사상에 기초하여 홍암 나철 선생에 의하여 창설되었다. 제2대 교주 김교헌 선생은 총본사가 있는 길림성 화룡을 중심으로 신도가 30만 명을 넘었다고 한다. 1919년 2월 대종교 인물들이 대거 참여한 가운데 대한독립선언서가 선포되었고, 대한군정서(총재 서일, 총사령관 김좌진)가 조직되어 청산리전투에서 큰 승리를 거두었다. 3대 교주 윤세복 선생은 1921년 대동교포교금지령이 내려짐에 따라 1928년 총본사를 소만(蘇滿) 국경지대인 밀산(密山)으로 옮겼다가 안희제 선생이 개척한 만주 동경성의 발해농장으로 이동하였다. 1942년 이른바 임오교변(壬午敎變)으로 선생을 포함하여 25명의 대종교 지도자들이 체포, 구금되었다. 그때 선생의 두 아들(나정련·나정문)을 포함하여 권상익·안희제·이정 선생 등 열 분이 고문으로 순국했다.

1898년 《조선과 그 이웃나라들》을 쓴 영국의 지리학자 이사벨라 비숍 (Isabella Bird Bishop)은 러시아 지역 한인들의 놀라운 적응력을 목격하고 거기서 희망을 발견하였다. 한인의 민족정신을 높이 평가한 사람 중에는 호머 헐버트(Homer B. Hulbert) 박사를 빼놓을 수 없다. 그의 《대한제국멸망사(The Passing of Korea)》의 헌정사에서도 확인된다.

지금은 옛 한국이 낯선 한국에게 자리를 내주는 모습을 목격하고 있으나, 민족정신(spirit of nation)이 불붙으면 '잠은 죽음의 모습'이지만 죽음 그 자체는 아니라는 것을 증명하게 될 한국인에게 이 책을 바칩니다.[92]

19세기 말 근대국가를 수립하지 못하고 식민지로 전락한 이후 반봉건과 반제국주의 투쟁이 동시에 전개되는 과정에서 일제의 탄압과 회유, 주변국들의 기회주의적 태도, 사상과 노선의 갈등 그리고 지도력의 부족 등으로 많은 어려움을 겪어야 했다. 국권을 상실한 상황에서 민족의 활로를 열고 끝내 광복의 날을 맞이할 수 있었던 저력은 국혼이나 민족정기를 빼놓고 설명하기 어렵다.

Y와 K의 대화

Y 베네딕트 앤더슨(Benedict Anderson)이 '상상의 공동체'라 규정한 것처럼 정치학자나 서양사학자들은 '민족' 개념을 근대의 산물로 봅니다. '민족주의'가 '민족'을 낳았다고도 하지요. 그러나 국사학계의 입장은 실체론에 가깝습니다. '민족'이라는 용어는 19세기 말 일본에서 프랑스의 아상블레 나시오날(Assemblee Nationale)을 민족의회 또는 국민의회로 옮긴 데서 비롯되었다고 합니다. '민족'이라고 하면 독일에서 그랬던 것처럼 혈통과 언어의 단일성에 기초한 폐쇄적 느낌이 강합니다.

K '민족주의(nationalism)'라는 용어는 대한매일신보 1909년 5월 28일 자 신채호 선생의 논설 '제국주의와 민족주의'에서 처음 사용된 것으로 알려지고 있습니다. 민족주의로 단결하여 제국주의의 침탈을 막아내자는 격문과 같은 내용입니다. 팽창하는 제

국주의에 대응하기 위한 정신무장과 같은 것으로 이해하고 있음을 알수 있습니다.

민족주의가 박약하면 아날비(亞剌飛)같은 대걸남(大傑男)으로도 석란고도(錫蘭孤島)에 이서(離黍)를 곡(哭)하였나니, 오호라 민족을 보전코자 하는 자가 차(此) 민족주의를 사(捨)하고 하(何)를 당취(當取)하리오. 시고(是故)로 민족주의가 팽창적 웅장적 견인적(堅忍的)의 광휘를 양(揚)하면, 여하한 극렬적 죄악적의 제국주의라도 감히 참입(參入)치 못하나니, 요컨대 제국주의는 민족주의가 박약한 국가에만 참입하나니라.[93]

Y 민족정기라고 하면 민족주의가 맹위를 떨치던 구시대 유물과 같은 느낌을 받습니다. 창이나 칼과 같은 날카로운 느낌을 받기도 합니다. 지금의 세계화 시대에 어떤 가치가 있을까요? 편협한 민족주의나 대외 배타성으로 흐를 수 있다는 지적이 있습니다.

K 일제 강점기 독립투사들에게는 가진 게 아무것도 없었습니다. 제2차 세계대전 때 윈스턴 처칠이 말했던 것처럼 '피와 땀과 눈물' 밖에 없었습니다. 강한 민족정신 하나로 버텨냈던 것이지요. 그러나 안중근 의사의 동양평화론, 3·1독립선언서, 안창호 선생의 '꽃밭론', 김구 선생의 '문화국가론' 등에서 볼 수 있는 것처럼 인류 보편의 정의·인도·평화의 가치를 지향했습니다. 그것은 올곧음과 밝음을 지향하는 대의정신으로서 여전히 유효한 가치가 아닐까요? 다른 나라나 남을 공격하기 위한 것이 아니라 우리 자신의 본모습을 바르

게 드러내는 데 그 본질이 있다는 생각입니다. 민족적 감정이나 민족 지상주의와 다른 것으로 봅니다.

Y "나는 우리나라가 세계에서 가장 아름다운 나라가 되기를 원한다. 가장 부강한 나라가 되기를 원하는 것은 아니다. 내가 남의 침략에 가슴이 아팠으니, 내 나라가 남을 침략하는 것을 원치 아니한다. 우리의 부력은 우리의 생활을 풍족히 할 만하고, 우리의 강력은 남의 침략을 막을 만하면 족하다. 오직 한없이 가지고 싶은 것은 높은 문화의 힘이다. 문화의 힘은 우리 자신을 행복되게 하고, 나아가서 남에게 행복을 주겠기 때문이다." 김구 선생의 '내가 원하는 우리나라'는 널리 알려 있습니다만, 안창호 선생의 '꽃밭론'은 다소 생소합니다.

K "각 민족으로 하여금 침략과 외력의 간섭의 우려가 없는 환경에서 자유로 최선의 국가와 문화를 창조, 발달하게 하면 형형색색의 이종(異種)의 꽃이 한 폭의 화단에 조화된 미를 구성하는 모양으로 인류의 진정한 조화와 통일을 가져오리라는 것이었다."[94] 시대를 앞선 도산의 세계주의 사상이라고 할 수 있지요. 선열들의 사상에는 따뜻한 인간애가 묻어 있습니다. 남을 억압하려 하거나 부정하지 않았고, 평화와 공존의 염원이 담겨 있습니다.

Y 백암 박은식 선생은 《한국통사(韓國痛史)》의 서론(緖論)에서 이렇게 말했습니다. "국교·국학·국어·국문·국사는 혼(魂)에 속

하는 것이요. 전곡, 군대, 성지, 함선, 기계 등은 백(魄)에 속하는 것으로 혼(魂)의 됨됨은 백(魄)에 따라서 죽고 사는 것이 아니다 그러므로 국교와 국사가 망하지 아니하면 국혼이 살아 있으므로 그 나라는 망하지 않는다"라고 했습니다. 창강 김택영 선생 또한 "역사가 망하는 것보다 더 슬픈 것이 없고 나라 망하는 것은 그다음이다"라는 말로써 역사의 보존을 강조하였습니다.

K 박은식 선생의 말씀처럼 한 국가의 유지, 발전에 있어서 국어는 필수불가결한 요소입니다. 일제 강점기 선열들이 우리 말과 글을 지키고 가꾸기 위해 큰 희생을 치른 것도 그 때문입니다. "말이 오르면 나라도 오르고 말이 내리면 나라도 내린다." 주시경 선생의 '한나라말'이라는 글에 나온 말입니다.

Y 한글의 우수성을 먼저 발견한 것은 외국인이었습니다. 존 로스 목사('08 독립유공자를 찾아서(1)' 참조)에서 호머 B. 헐버트 박사와 주시경 선생으로 이어졌지요. 로스 목사는 《조선어 첫걸음》을 통하여 가로쓰기를, 헐버트 박사는 띄어쓰기·쉼표·마침표 등의 맞춤법을 시도하였습니다. 주시경 선생은 제자들과 함께 '말모이'라는 국어사전을 만드는 작업을 하던 중 1914년 세상을 떠났지요. 1921년 선생의 유지를 이어 창립된 조선어연구회는 조선어학회, 한글학회로 이어져 맞춤법 통일안 마련 등 한글의 발전에 공헌했습니다.

K 2019년 1월에 개봉된 《말모이》는 '조선어학회 사건'을 소재로 한 영화로 우리말과 글이 그저 지켜진 것이 아니라는 것을 잘 보여줍니다. '말모이' 편찬 사업은 1908년 주시경 선생에 의하여 시작되었습니다. 1914년 선생의 사망으로 중단되었던 사업은 1921년 김윤경, 최현배 등의 제자들에 의하여 조선어연구회(1931년 조선어연구회)가 창립됨으로써 재개되었습니다.

그에 따라 각계 인사 108명이 참여한 '조선어사전편찬회 준비위원회'가 조직되어 1942년 4월 '조선어사전' 원고 일부를 출판사에 넘길 수 있었습니다.

그에 당황한 당국은 조선어학회 회원 33명과 후원자를 포함하여 총 48명을 검거하여 16명을 기소했습니다. 이윤재·한징 선생은 미결수 상태에서 옥중 순국하였고, 이극로·최현배·이희승·정인승·정태진 선생 등 다섯 분에게는 6년 내지 2년의 실형이 선고되었습니다.[95] 원고가 압수되었음에도 불구하고 광복 후 경성역(서울역) 창고에서 원고가 발견됨으로써 1957년 한글학회의 '큰 사전'이 간행될 수 있었습니다. 상급심의 증거용으로 수송하던 중 일제가 패망함으로써 그곳에 남아 있다가 기적적으로 발견되었던 것입니다.

Y 조선어학회 사건으로 체포, 기소된 분들은 대부분 학자입니다. 학자들 외에도 사전 편찬 사업을 재정적으로 후원한 독지가도 있었습니다. 이우식 선생은 경남 의령의 3·1운동을 주도하고 상해로 피신했다가 돌아와 고향 사람들과 백산무역주식회사를 설립하

여 비밀리에 임시정부에 자금을 지원하였고, 신문사를 설립하여 민족문화 향상에 애썼습니다. 조선어학회 후원회장을 맡아 사전 편찬 사업을 뒷받침하다가 고초를 겪었습니다. 징역 2년에 집행유예 3년의 선고가 내려졌지만 이미 2년 2개월의 옥고를 치른 상태였습니다.

또 한 분 정세권 선생은 건양사(建陽社)를 설립하여 경성 일대의 주택 사업으로 크게 성공하여 '건축왕'으로 불렸습니다. "사람 수가 힘이다, 일본인들이 종로에 발붙이지 못하게 하자"며 회유와 압력에도 불구하고 광복 때까지 일본식 집을 짓지 않았다고 합니다. 선생은 조선 물산장려회관(1931)과 조선어학회관(1935)을 건축하기도 했습니다. 1942년 조선어학회 재정지원 혐의 등으로 검거되어 모진 고문을 당하고, 경제사범으로 몰려 건축 면허를 박탈당했지요. 뚝섬의 땅 3만 5천 평을 포함한 전 재산을 빼앗기고 남은 것은 쌀되와 수저 한 벌, 그리고 '큰 사전'이 전부였다고 합니다. 다행히 두 분 모두 같은 공적으로 독립유공자로 서훈되었습니다.

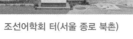

조선어학회 터(서울 종로 북촌)

북촌 한옥 거리

K 1984년 봄 서울 낙산 자락에 사시던 일석 이희승 선생을 찾아 뵙고 '원호처' 명칭 변경 문제와 관련하여 자문을 구한 적이 있습니다. 녹차를 내주시며 따뜻하게 맞아주시던 모습이 생각납니다. 천상의 선비, 인자한 할아버지 같은 분이었습니다. '원호처'가 '의로움을 장려하는 기관'으로 자리매김해야 한다는 귀한 의견을 주신 것으로 기억합니다.

선생은 '딸깍발이 선비'였습니다. 수필집 《벙어리 냉가슴》에서 '딸깍발이'는 남산골샌님의 별칭으로 비록 모습은 초라하고 궁상맞지만 청렴개결(淸廉介潔)과 절의(節義)를 생명으로 하는 선비정신의 맥을 이은 사람들이라 풀이했습니다.(남산 한옥마을에 일석 기념비가 세워져 있다.) 서울대학교 국어국문학과 교수로 있으면서 4·19 때 시국선언에 앞장섰고, 동아일보 사장으로 있으면서 언론 탄압에 맞서기도 했지요. 만원 버스를 이용하며 아껴둔 전 재산을 1989년 94회 생신 때 사회에 내놓았다고 합니다. 지금의 일석문화재단이 그것입니다.

Y 1944년 1월 북경의 옥중 순국한 '광야'와 '절정'의 시인 이육사(이원록, 이활) 선생은 의열단 활동 등으로 무려 17차례나 옥고를 치른 투사였습니다. '이육사'라는 이름도 수인번호(264)에서 비롯되었지요. 형(이원기), 동생(이원일)과 더불어 3형제 독립유공자이기도 합니다. 자당(허길)은 왕산 허위 선생의 5촌 질녀가 됩니다. 친가와 외가가 모두 독립운동 명문가입니다.

K '빼앗긴 들에도 봄은 오는가'의 시인 이상화와 '빈처'의 소설
가 현진건 선생은 대구에서 성장한 죽마고우였습니다. 두 분
은 1917년 《거화(炬火)》라는 동인지를 발행하였고, 삶의 궤적도 비슷
했습니다. 1943년 4월 25일 같은 날 세상을 떠났지요. 현진건 선생은
1936년 동아일보 사회부장으로 있을 때 '일장기 말살 사건'으로 옥고
를 겪고 병사하였지만 안타깝게도 묘소조차 남아 있지 않다고 합니다.
이상정과 이상화, 현정건과 현진건 선생은 형제 독립유공자이기도 합
니다. 시 '그날이 오면', 소설 《상록수》로 널리 알려진 심훈(심대섭) 선
생은 다양한 면모를 가진 분입니다. 개척기 영화의 하나인 《먼동이 틀
때》의 시나리오와 연출을 맡고 주인공으로 출연한 영화인이기도 했습
니다. 선생의 시, '필경'은 문필가의 역할을 강렬한 어조로 보여줍니다.

우리의 붓끝은 날마다 흰 종이 위에 갈(耕)며 나간다.
한 자루의 붓, 그것은 우리의 쟁기요, 유일한 연장이다.
(…)
비바람이 험궂다고 역사의 바퀴가 역전할 것인가
마지막 심판날을 기약하는 우리의 정성이 굽힐 것인가
동지여, 우리는 퇴각을 모르는 전위(前衛)의 투사다.

Y '서시', '자화상', '별을 헤는 밤'의 윤동주 시인과 동갑내기 고
종사촌이자 단짝친구인 송몽규 시인은 만주 용정 명동촌(明
東村)에서 태어나 명동소학교, 은진중학교, 연희전문학교(현 연세대학
교) 문과를 다녔습니다. 연희전문 졸업 후 일본 유학에 올라 각각 동

지사대학과 교토제국대학에 다니던 중 1943년 7월 조선인 유학생들을 모아놓고 독립과 민족문화를 선동했다는 죄목으로 함께 체포되었습니다. 송몽규 시인은 1935년 중국 남경의 학생훈련소에 입교한 전력 때문에 '요시찰인'으로 감시를 받고 있었다고 합니다. 두 분은 각각 1945년 2월과 3월에 옥중 순국하여 용정에 묻혀 있습니다.

K 용정 일대의 독립운동 사적지를 돌아본 적이 있습니다. 그곳은 1899년 김약연, 문치정, 김하규, 남위언 일가 142명의 이주로부터 시작되었습니다.(김약연 목사는 윤동주의 외숙이다.) 최초의 한인 마을 명동촌에 명동서숙(明東書塾)이 세워지면서 한인 문화교육운동의 중심지로 발전했습니다.

Y 일제 강점기 독립운동의 이념적 스펙트럼은 매우 넓었습니다. 하지만 역사와 문화와 교육에 대한 강조는 다르지 않았습니다. 그때 우리의 어문을 지켜낼 수 있었기에 광복을 맞이할 수 있었고 한글세대가 역사의 전면에 등장할 수 있었습니다.

K 일제 강점기 민족 지도자들은 말과 글을 지켜 한국인의 정체성을 굳건히 해주었습니다. 후세들은 이전과 다른 개방체제 속에서 높은 지적 역량과 성취의욕으로 보답하였습니다. 그것이 아니라면 세계 최악의 여건 속에서도 선진국의 반열에 오른 우리의 저력을 설명하기 어려울 것입니다.

Y　1920년대 민족 지도자들에 의하여 민립 대학 설립 운동이 전개된 적이 있었습니다. 민족의 장래가 걸려 있다는 자각에 있었던 것이지요. 하지만 일제의 교묘한 방해와 탄압으로 좌절되었고, 단 하나의 민립 대학도 성사되지 못했습니다.

K　1945년 광복과 함께 민립 대학 설립 운동이 다시 추진되기 시작했습니다. 최초의 민립대학은 1946년 9월 호남인 7만 2천여 명이 참여한 광주야간대학원(光州夜間大學園, 현 조선대학교)이었습니다. 독립유공자와 관련이 있는 대학으로는 국민대·경남대(신익희), 단국대(장형), 대구대(이영식), 덕성여대(차미리사), 부천대(한항길), 성균관대(김창숙), 유한대(유일한) 등이 있습니다.[96]

주시경 선생 묘소(국가유공자 제2묘역)

Y 국가유공자 제1묘역에서 주시경 선생의 묘소를 보았습니다. 주시경, 이은상(국가유공자 제1묘역), 정인보(무후선열제단) 선생 외에는 보이지 않는 것 같습니다.(김광섭·김윤경·나운규·이윤재·정인승·최현배·한징 선생은 대전현충원에 안장돼 있다.)

K 문인들은 집단묘지나 연고지에 안장되어 있는 경우도 더 많습니다. 방정환·신명균·이탁·한용운(망우공원), 송몽규·윤동주(용정), 심훈(당진), 이상화(달성), 이병기(익산), 이육사(안동), 김영랑(용인) 등입니다. 다행스러운 것은 문인 출신 독립유공자들을 기리기 위한 기념관이나 공원이 세워지고 생가와 묘소가 단장되어 소중한 문화자원이 되고 있다는 점입니다.

12

새 나라의 초석이 되다
독립에서 호국으로

독립유공자묘역과 임시정부요인묘역 근처에 국가유공자 제2묘역(14위), 국가유공자 제3묘역(11위), 장군 제2묘역(6위), 장군 제3묘역(61위)이 자리 잡고 있다. 동편으로 조금 더 가면 국가유공자 제1묘역(40위)과 장군 제1묘역(288위)에 이른다. 여기서는 광복에 이어 새 국가의 건설과 자유 수호에 초석이 된 분들을 만날 수 있다.

장군묘역(1, 2, 3)에는 총 355위가 안장되어 있다. 대부분 6·25전쟁 또는 베트남 전쟁에 참전한 분이다.(두 전쟁 모두 참전한 분도 있다.) 장군 제1묘역의 중앙에 해당하는 언덕 위에는 6·25 전사자 12위, 베트남 전사자 3위를 포함하여 43위가 들어서 있다. 작은 묘역이지만 상징적인 인물들이 안장되어 있다. 6·25전쟁 때 전사한 고시복, 전성호 장군, 공군 창설 주역의 한 분인 최용덕 장군은 독립운동가 출신이다. 6·25전쟁 발발 작전 미국 함정 인수를 통하여 해군의 기초를 놓은 박옥규 장군, 공군 창설에 참여하고 시흥 상공에서 전사한 이근석, 함흥 상공에서 전사한 박범집, 한강 저지선에서 전사한 정만기, 중앙방송국에서 전사한 김현수, 낙동강 전선에서 전사한 이상근 장군 등이다.[97]

장군 제1묘역 중앙 언덕(43위 중 15위가 전사자이다.)

국군의 창설

1945년 8월, 일본이 항복할 것이라는 소식이 접한 임시정부는 미 전략정보국(OSS) 책임자 윌리엄 도노반(William J. Donovan)과 협의하여 국내 정진을 위한 독수리 계획(Project Eagle)을 수립하였다. 국내정진대(國內挺進隊)는 광복군 제2지대장 이범석, 노능서, 장준하, 김준엽 등 4명과 OSS 측 윌리스 버드(Willis Bird) 대령, 클라이드 사전트(Clyde B. Sargent) 대위, 통역관 정운수 대위(한국계 미국인) 등 18명으로 편성되었다. 1945년 8월 18일 새벽 서안(西安)을 이륙한 미 육군 수송기(C-47)는 그날 오후 여의도 비행장에 착륙하였다. 기관단총과 수류탄으로 무장한 광복군 대원들이 활주로에 내려서자 일본군이 수송기를 둘러싸고 쌌다. 활주로 끝에는 전투기, 탱크, 박격포, 기관총 등이 배치되어 있었다. 충돌을 우려한 미군 측의 만류로 대기하다가 다음 날 새벽 부득이 회항할 수밖에 없었다.

C-47 미 육군 수송기(서울 여의도공원)

임시정부는 10만 명의 병력을 모집하여 '국군'의 이름으로 귀국할 계획을 세우고 오광선을 국내지대장으로 파견했다. 서울 동대문 근처에 광복군지구사령부를, 대전에 광복군 경비훈련소를 각각 설치하여 광복군의 귀국에 대비하였다. 당시 중국에는 광복군에 편입된 일본군 출신 한적(韓籍) 장병 등 3만 5천여 명이 귀국을 기다리고 있었다. 임시정부는 광복군이 국군의 자격으로 귀국하여 창군에 참여할 수 있도록 군정 당국에 요청하였지만 거부되었다. 일본군 출신 장교들 또한 광복군을 주축으로 한 창군계획서를 김구 주석에게 제출하였다. 하지만 군정 당국의 '사설 군사단체 해산령'에 의하여 광복군은 개별적으로 입국할 수밖에 없었다.[98]

군정 당국은 국방사령부(1945.11)와 조선국방경비대(1946.1)를 창설하고, 간부요원 양성 기관으로 군사영어학교(1945.12)를 개설하였다. 광복군, 일본군, 만주군 출신 각각 20명씩 총 60명을 선발할 계획이었지만 200명이 입교하여 최종적으로 110명이 임관하였다. 일본군 출신(87)과 만주군 출신(21)이 대다수였고, 광복군·중국군 출신은 2명에 불과했다. 광복군의 존재를 인정하지 않은 군정 당국에 대한 반감이 있었고, 일본군·만주군 출신과 같이 교육받는 데 대한 거부감으로 지원이 저조했다고 한다.[99] 1946년 5월 군사영어학교가 폐지되고 조선경비사관학교(육군사관학교의 전신)가 창설되었다. 같은 해 6월 국방사령부는 국내경비부로, 조선국방경비대는 조선경비대로 각각 개칭되었고, 국내경비부는 통위부(統衛府)로 개편되었다.

군정 당국은 한국광복군 자격의 집단 귀국을 허용하지 않았지만 창군에 참여시키기 위한 노력을 기울였다. 닐 버나드(Lyle W. Bernard) 대령을 상해로 보내 지청천 장군을 초대 통위부장에 초빙하려 했지만 받아들여지지 않았다. 1946년 9월 군정 당국은 미국인 통위부장을 임시정부 군무총장을 지낸 유동열로 교체하고, 조선경비대 사령

관에 광복군 편련처장(編練處長)을 지낸 송호성을 임명하였다.[100]

유동열 장군은 1903년 일본 육군사관학교를 졸업하고 일본군에 복무하다가 대한제국 군대에 입대하여 육군참령(參領)에 올랐으나 군대 해산 후 비밀결사 신민회 조직에 참여하고 일제에 의하여 조작된 소위 '105인 사건'으로 옥고를 치렀다. 출옥 후 만주와 러시아에서 전로한족회, 중광단, 무오독립선언 등에 참가하였다. 그리고 임시정부에서 군무총장·국무위원·한국독립당 중앙집행위원을 역임하였고, 광복군 창설의 산파역으로 활약하였다. 광복 후 군정청 통위부장에 초빙되어 신생 국군의 모태가 된 국방경비대의 창설에 큰 역할을 담당하였다. 1948년 8월 31일 이범석 초대 국방장관에게 '통위부 사무'를 이양함으로써 격동기의 임무를 완수하였다. 6·25전쟁 때 납북되어 북으로 가던 중 74세 고령에 신병이 겹쳐 고향 희천 근처에서 사망한 것으로 알려진다.[101]

통위부장과 조선경비대 사령관에 광복군 출신을 초빙한 것은 여론을 고려한 측면이 있지만 30여 개에 달하는 군사단체가 활동하고 있었던 혼란스러운 상황과 무관하지 않았다. 임시정부 인사가 중요한 직책을 담당하게 되자 광복군 출신의 입교가 늘어났다. 창군요원을 출신별로 보면 광복군·중국군 28명, 일본군 244명, 만주군 44명 등이다. 비록 적은 인원이었지만 의병, 독립군, 광복군으로 이어지는 민족사 정통의 맥을 국군에 물려주었다는 점에서 중요한 의미가 있다.[102]

국방경비대는 1946년 11월, 5천 5백 명 수준에 이르렀고, 해방병(海防兵)학교와 육군항공사관학교의 개설로 해·공군 간부가 양성되기 시작하였다.

국방부 장관에 이범석 장군이 임명되자 광복군 출신의 국군 참여는 더 늘어났다.[103] 1948년 9월 1일부로 조선경비대와 조선해안경비대는 육군과 해군에 잠정 편입되었고, 9월 5일 자로 '육군'과 '해군'으로 개칭되었다. 육군에 포함되어 있던 공군이 1949년 10월 1일 자로 독립함으로써 국군은 육·해·공 3군 체제를 갖출 수 있었다.

국군이 된 독립유공자

광복군·중국군 출신을 비롯한 독립유공자 50여 분이 창군의 주역으로 활동하였거나 국군의 간성(干城)이 되어 6·25전쟁에 참전하여 자유 수호에 헌신하였다. 그중 고위 지휘관으로 활약한 분은 고시복, 권준, 김관오, 김국주, 김동수, 김신, 김영관, 김영일, 김용관, 김홍일, 민영구, 박기성, 박영섭, 박영준, 박시창, 서재현, 송면수, 안춘생, 오광선, 유동열, 유해준, 이범석, 이준식, 장호강, 장흥, 전성호, 정희섭, 채원개, 최용덕, 한철, 황용갑 장군 등이다.

🖱 국군 창설에 참여한 독립유공자의 묘소

〔서울현충원〕

권준·박기성·박시창·박영준·안춘생·오광선·유동열(위패)·유해준·이준식·채원개(독립유공자묘역)

김홍일·이범석(국가유공자제2묘역)

고시복·김용관·민영구·장흥·전성호·정희섭·최용덕·한철·황용갑(장군제1묘역)

〔대전현충원〕

김관오·김국주·김동수·김신·김영일·박영섭·서재현·송면수·장호강(독립유공자묘역)

육군소장 애국지사 권준 묘소

육군중장 애국지사 이준식 묘소

독립유공자묘역에는 '육군소장 애국지사 권준', '육군중장 애국지사 이준식'이라고 새겨진 비석이 서 있다. 권준 선생은 신흥무관학교를 졸업하고 의열단을 조직한 분입니다. 황포군관학교를 수료하고 중국군에서 복무하다가 임시정부에 참여하여 내무차장을 맡았다. 광복

후 중국 내 교포선무단장으로 활동하다가 귀국하여 1949년 육군 대령으로 임관하여 초대 수도경비사령관, 제50보병사단장을 지냈다.

이준식 선생은 만주의 독립군 단체 정의부·국민부·조선혁명당 군사위원장 등으로 역임하고, 중국군에서 복무하다가 임시정부에 참여하여 광복군 제1지대장, 총사령부 고급참모를 맡았다. 1949년 육군 대령으로임관하여 제3보병사단장, 육군 작전참모부장, 제5관구사령관을 역임하였다.

독립유공자묘역에는 두 분 외에 광복군 출신 박기성(육군준장)·박영준(육군소장)·안춘생(육군중장), 중국군 출신 박시창(육군소장), 중국군·광복군 출신 유해준(육군소장)·채원개(육군준장), 독립군 출신 오광선(육군준장) 등의 묘소가 더 있다.

국가유공자 제2묘역에는 김홍일 장군, 이범석 국무총리의 묘소가 있다. 김홍일 장군은 1926년 중국국민혁명군에 입대하여 고위 지휘관으로 북벌과 중일전쟁에 참전하였다. 상해병공창군기처주임으로 있으면서 이봉창 의거와 윤봉길 의거에 폭탄을 제공하였다. 1940년 광복군이 창설되자 임시정부에 참여하여 총사령부 참모장을 맡았다. 광복 후 국군 최초로 육군준장으로 임관하여 시흥지구전투사령관을 맡아 한강방어선 전투를 지휘하였고, 제1군단장에 올라 반격의 계기를 마련하였다. 중국군 소장과 국군 중장을 더해 '오성 장군'으로 불린다. 이범석 장군은 북로군정서(총사령관 김좌진) 연성대장으로 청산리 전투에 참가하였고, 광복군 제2지대장을 맡았다. 1948년 8월 대한민국 초대 국무총리 겸 국방부 장관에 임명되었다.[104]

김홍일 장군 묘소

이범석 국무총리 묘소

장군 제1묘역에는 아홉 분의 독립유공자가 안장되어 있다. 고시복·전성호·김용관·민영구·장흥·정희섭·최용덕·한철·황종갑 장군 등이다. 고시복 장군은 한인애국단·중국군·광복군에서 활동한 분으로 국군 제9사단 30연대장으로 활약하고 1953년 5월 전사했다.[105] 전성호 장군은 만주와 연해주 등지에서 활동한 분으로 제1사

전성호 장군(장군 제1묘역 언덕)

고시복 장군(장군 제1묘역 언덕)

단 12연대장으로 개성전투에서 부상을 입었지만 1950년 9월 영덕 지구전투에 참가하여 전사했다. 6 ·25전쟁 때 전사한 분들과 함께 장군 제1묘역 가장 높은 곳에 잠들어 있다.

　김용관 장군(해군 소장)은 광복군 출신으로 6 ·25전쟁에 참전하고 주월한국군사령부 작전 부사령관을 역임하였다. 민영구 장군(해군 소장)은 광복군 출신으로 해군본부 작전참모부장, 해군사관학교 교장 등을 지냈다. 장흥 장군(육군 소장)은 광복군에서 활약하고 초대 헌병사령관과 국방부 병무국장을 역임하였다. 정희섭 장군(육군 준장)은 광복군 출신으로 제3육군병원장(광주), 제2대 의무기지사령관(국군의무사령관), 노동청장(현 고용노동부), 보건사회부(현 보건복지부) 장관을 역임하였다. 최용덕 장군(공군 중장)은 중국군과 광복군 출신으로 초대 국방부 차관, 공군참모총장, 체신부 장관 등을 역임하였다. 한철 장군(육군 준장)은 오산중학교 재학 중 3 ·1운동에 참가하여 옥고를 겪은 후 상해로 망명하여 남만주에서 활약하다가 국군에 투신하여 6 ·25전쟁에 참전하였다. 황종갑 장군(육군 소장)은 비밀결사를 조직하여 활동하다가 국군에 투신하여 6 ·25전쟁에 참전하고 제2군 부사령관을 지냈다.

　독립유공자 가운데는 장병묘역에 안장되어 있거나 위패로 봉안된 분도 있다. 윤대여(독립유공자 윤여복) 소령은 낙양군관학교를 졸업하고 민족혁명당 공작원으로 활동하였다. 광복 후 왜관경찰서장으로 재직하다가 육군 소위로 임관하여 1950년 6월 26일 의정부에서 전사하였다. 광복군 출신 이의명(독립유공자 이명) 중령은 1950년 6월 27일 서울에서 전사하였다.(청산리전투에 참가한 북로군정서 참모장 이장녕 선생의 차남이다.) 하루 건너 전사한 두 분은 서울현충원 장병 제33묘역에 안장되어 있다. 1950년 7월 29일 경북 예천에서 전사한 광복군 출신 김영남 소령의 묘소도 같은 묘역에 있다. 제54묘역에도 광복군 출신 이건국 대령의 묘소가 있다. 1947년 9월 육군사관학교(4기)를 수료하고 육군 소위로 임관하여 1951년 1월 7일 가평지구에서 전사했다.

조개옥(조윤식) 중령은 1945년 잠시 군정청 산하 경기경찰부장에 있다가 육군에 입대하여 1950년 7월 15일 대전에서 전사하였다. 1949년 12월 지리산 공비 토벌 작전에서 전사한 선우기 대위, 1950년 6월 25일 당일에 전사한 박영진 대위도 있다. 세 분은 모두 서울현충원에 위패로 봉안되어 있다.

이순신 장군의 12대손 이붕해 선생은 광복군 참모장으로 활약하다가 육군 장교로 입대하여 1950년 6월 28일 경기 옹진지구에서 전사했다.[106] 광복군 유격대장 출신 장철부 중령(김병원)은 육군소위로 임관하여 독립기갑연대 기병대장(소령)으로 있던 중 6·25전쟁이 발발하자 한강 도하 작전과 공주 유구리 전투에서 활약하였다. 1950년 8월 4일 청송지구전투에서 부상을 입고 대대 지휘소가 점령되기 직전 포로가 되는 불명예를 피하려 권총으로 자결했다고 한다.

일제 강점기 말 징병과 징용에 항거하다가 옥고를 치른 경북 청도의 최순한 선생은 육군 이병으로 입대하여 1950년 12월 7일 남원에서 전사했다. 이들 세 분은 모두 대전현충원에 안장되어 있다. 이붕해(위패), 장철부(독립유공자묘역), 최순한(장병묘역) 등이다.

이분들 외에도 더 많은 분이 있을 것으로 추정된다. 예를 들어 조선의용대, 임시의정원, 광복군 총사령부에서 활동한 이구연(이해명) 지사는 육군소위로 임관하여 1950년 8월 대전지구에서 전사한 것으로 알려지고 있으나 병적(兵籍) 확인이 어렵다.

사색(四色)의 군복

군복을 수차례 바꿔 입은 독립유공자도 있다. 채원개 장군은 대한제국 군대·조선보병대·신흥무관학교 교관·독립군·중국군·광복군 등으로 활동하였고, 국군에 투신하여 1949년 제2사단장(준장)을 끝으로 전역하였다. 서양화단에 큰 족적을 남긴 최덕휴 화백은 동경제국미술학교에서 공부하던 중 학병에 동원되었지만 탈출하여 중국군 제9전구 간부훈련소를 거쳐 장교(중위)로 임관하고 광복군에 합류하였다. 광복 후 미술교사로 재직하던 중 6·25전쟁이 발발하자 자원입대하여 1956년 소령으로 전역하였다. 독립유공자 가운데는 미국 육군사관학교를 졸업한 분도 있다. 임시정부, 광복군 등에서 활약한 이복원 선생이다.

바다 사나이

장군 제2묘역에는 '해군의 아버지'라 불리는 손원일 제독의 부부 합장묘가 있다. 손제독은 임시의정원 의장을 지낸 손정도 목사의 장남이다. 손원일 제독은 상해 중앙대학 항해과를 졸업하고, 중국 해군의 국비 유학생으로 선발되어 3년간 독일에서 수학하였다. 중국에서 해운업에 종사하다가 광복 후 귀국하자마자 진해고등해원양성소 출신 정긍모, 김영철, 한갑수 등과 함께 해사대(海事隊)를 조직하였다.

1945년 11월 11일 군정 당국과 협의하여 해방병단(海防兵團)을 창설하고, 초대 단장에 취임하였다.[107] 대한민국 해군의 창설일이 된 날이다. 해방병단은 1946년 6월 해안경비대로 개칭되고, 해안경비대 총사령관 겸 해병학교(해군사관학교 전신) 교장이 되었다. 1948년 8월, 정부수립과 함께 해안경비대가 해군에 편입됨에 따라 최초의 해군 제독, 초대 해군참모총장에 임명되었다.

손정도·박신일 지사 합장묘

손원일 제독 부부 합장묘

228

6 · 25전쟁 직전 해군은 약 7천 명(해병대 1,200여 명 포함)의 병력에 함정 36척(경비 33, 지원 3)을 보유하고 있었다. 미국으로부터 구잠함 (PC) 4척을 구입하였지만 전쟁 발발 전에 배치된 것은 PC-701(백두산) 1척뿐이었다.[108]

1949년 10월 1일 손원일 제독을 단장으로, 박옥규 중령을 함장으로 하는 인수단(17명)이 미국으로 출발하였다. 인수 대상은 제2차 세계대전 때 미 해군이 사용하다가 퇴역하여 해양대학교 실습선으로 사용되고 있었다. 우여곡절 끝에 무기와 탄약을 제외하고 1만 8천 달러에 인수하여 2개월에 걸친 정비 작업을 거친 후 백두산함으로 명명되었다.

실습선의 이름은 '엔슨 하이트헤드(Ensign Whitehead)', 제2차 세계대전 때 전사한 이 학교 출신 엔슨 소위의 전공을 기리기 위한 것이었다. 묘하게도 같은 이름이 명명된 셈이다. 백두산함은 하와이 진주만에서 3인치 포와 무기를 장착한 후 1950년 3월 20일 출항하여 4월 10일 진해항에 도착하였다. 백두산함은 훈련을 마치고 진해항에 복귀한 한 것은 6 · 25전쟁 발발 전일인 6월 24일 11시 30분이었다.

그날 밤 500명의 병력을 태운 1천 톤급 북한 무장 수송선 한 척이 부산을 향하여 은밀히 침투하고 있었다. 백두산함(함장 최용남 중령) 은 다섯 시간에 걸친 추격전 끝에 격침시킬 수 있었다. 일본에 주둔하던 미군의 병력과 무기가 들어올 수 있었던 것도 백두산함이 부산 앞바다를 지켜낸 덕분이었다. 첫 해상전투를 승리로 이끈 백두산함은 군산지구 방어, 서해안 봉쇄, 여수 철수, 덕적도·연평도 탈환, 인천상륙작전 등에서 활약하였다. 백두산함의 돛대는 2010년 문화재로 지정되어 해군사관학교 박물관에 보관되어 있다.[109]

3인치 함포(전쟁기념관 전시물) 백두산함(전쟁기념관 벽면 그림)

6·25전쟁이 발발했을 때 손원일 제독과 박옥규 중령은 하와이 호놀룰루에 있었다. 손제독은 백두산함을 인수한 후에도 미국에 남아 함정 추가 구입을 위해 움직이고 있었고, 박옥규 중령은 백두산함을 최용남 중령에게 인계한 후 인수단을 이끌고 미국에 와 있었다. 척당 1만 2천 달러에 추가로 구입한 PC-701(금강산), PC-703(삼각산), PC-704(지리산) 등 3척의 함정에 무기를 장착하여 진해항에 입항한 것은 1950년 7월 하순이었다.[110]

네 척의 함정 도입에 소요된 자금은 6만 달러, 정부자금 4만 5천 달러에 해군 장병과 가족 모금액 1만 5천 달러가 보태졌다고 한다.[111] 함정 건조를 위한 자체 노력도 있었다. 1946년 2월 말, 조함창(1948년 해군조함창)이 설치되어 일제의 진해공창에서 일하던 한국인

기술자, 기계, 자재 등을 이용한 '총무공정'에 이어 국내 건조 함정이 점차 늘어나고 있었다.

> 우리는 아노라 삼면의 바다
> 나라의 흥망도 이곳에 있고
> 천고의 충의도 이곳에 났다
> 황파노도 잡아차고 나갑시다
> 생명선 이 바다로 지키자
> 싸우자 이 바다에서

손원일 제독의 가사에 부인 홍은혜 여사가 곡을 붙인 해방행행진곡(海防行進曲) 1절이다. 홍여사는 이화여전(현 이화여자대학교) 음악과 출신이었다. 백두산함 구매를 위하여 해군장병의 부인들과 함께 삯바느질을 하고 모금 운동을 벌여 힘을 보탰다고 한다. 세브란스 의전을 나온 동생(손원태) 또한 몇몇 의사들과 함께 면접과 신체검사 등으로 해병학교 학생 선발에 힘을 보탰다고 한다.[112]

독립유공자 가운데는 해군에 투신한 분도 있었다. 민영구 제독은 상해 만국항해학교를 졸업하고 상해풍수선회사 선장으로 중일전쟁 때 군대와 군수품을 수송하면서 임시정부의 비밀임무를 수행하였다. 1943년 광복군 조직에 참여하고 총사령부에서 활동하다가 광복 후 해군에 투신하여 작전참모부장과 해군사관학교 교장을 역임하였다. 부친(민제호)과 부인(이국영) 또한 독립유공자다.

서재현 제독은 임시정부 등에서 활동한 서병호 지사의 아들이다. 상해 동제대학교 공과를 졸업하고, 상해한인청년당과 민족혁명당 등의 독립운동단체에서 활동하였다. 광복 후 인천조선기계제작소에 근무하다가 해군에 입대하여 1952년 7월 진해공창장을 맡아 디젤엔진을 개발하는데 진력하였다. 1957년 동 프로젝트가 상공부로 이관되자 전역하고 조선기계제작소의 공장장을 맡아 임무를 마무리했다.

해안경비대의 창설에는 윌리엄 해밀턴 쇼(William H. Show)의 도움이 있었다. 제2차 세계대전 때 노르망디 상륙작전에 참가하고, 해방병학교의 교관을 맡았다.[113] 쇼 가족의 봉사 이야기는 '20 열린 국립묘지를 향하여'에서 이어진다.

빨간 마후라

2021년 4월 9일 한국항공우주산업(KAI) 사천 공장에서 한국형 전투기(KF-21 ·보라매)의 시제기가 출고됨으로써 우리나라는 최첨단 전투기 독자 개발 국가의 반열에 올랐다. 하늘에 도전한 한인들의 역사는 생각보다 오래되었다.

일제 강점기 비행기에 가장 큰 관심을 가지고 있었던 민족 지도자는 도산 안창호였다. "비행기를 사용하여 국내 민심을 격발하고 장래 국내의 대폭발을 일으키기 위함이라.(도산일기 1920년 2월 17일)" 도산일기에는 비행기 구입에 애쓴 흔적이 여러 곳에 나타난다.[114] 소망을 이루지 못한 도산은 한인 자제들을 광동비행학교, 운남비행학교, 보정비행학교, 남원비행학교에 보내 교육을 받게 하였다.

1920년 7월 임시정부 군무총장 노백린의 주도로 미국 캘리포니아 북부에 위치한 월로우스(Willows)에 한인비행학교(Korean, Aviation Corp)가 설립되었다. 캘리포니아로 이주하여 대농장을 소유한 김종림(김종린)이 자금을 지원하고, 비행학교의 고문을 맡았다고 한다. 교관은 레드우드비행학교를 졸업한 한장호, 이용선, 이초, 장병훈, 이용근 등이었다. 교생들은 "도쿄로 날아가 쑥대밭을 만들자"며 강한 의욕으로 훈련에 임하였다. 그러나 서부지역에 몰아닥친 풍수해로 인하여 재정난을 감당하지 못하고 1년 만에 문을 닫았는데 그때까지 40여 명이 배출되었다고 한다.

1921년 안창남은 한인 최초로 한반도 상공을 비행함으로써 일제 치하에 신음하던 동포들에게 꿈과 희망을 주었다. 그 후 중국에 망명하여 중국군에서 활약하다가 1930년 4월 비행기 추락 사고로 31세에 목숨을 잃었다. 중국, 러시아, 일본 등지에서 비행학교를 졸업하고 중국에서 활동한 사람이 꽤 많이 있었다.[115] 그 가운데 권기옥, 김공집, 김영재, 김원영, 김은제, 서왈보, 이윤철, 장성철, 전상국, 차정신, 최용덕 등은 독립유공자이다.

최초의 여류 비행사 권기옥은 운남육군항공학교를 졸업하고 동부항공사령부에서 활약하였고, 중일전쟁 때 육군참모학교 교관으로 있으면서 임시정부를 지원하였다.('09 독립유공자를 찾아서(2)' 참조) 김공집은 1919년 4월 한성임시정부의 13도 간부 임원으로 활동하다가 중국에 망명한 후 일제 기관 파괴, 폭탄 제조와 기술자 양성, 흥사단 원동지부 등에서 활동하였다. 광동비행학교와 모스크바 비행학교를 수료하고 소련 상공에서 훈련 중 추락사하였다.

김영재는 1935년에 중국비행학교에서 훈련을 받고 중국 공군에 입대하여 기계사의 직책으로 항일전에 참가하였다. 독립유공자이자 창군 원로인 김홍일 장군의 조카로 조선의용대 제3지대장과 광복군에서 활동하였다. 김원영은 임시의정원 황해도 의원으로 활동한 김보연 선생의 아들로 한국광복진선청년공작대에서 활동하다가 중국 공군군관학교를 나와 항일전에 출격했다가 전사하였다. 김은제는 남경 군관학교와 중앙항공학교를 졸업하고 중국항공대에 복무하면서 한국혁명당, 의열단 등에서 활동하다가 1936년 10월 비행 사고로 사망하였다. 임시정부 법무총장 등을 역임하고 초대 국회의장을 지낸 신익희 선생의 사위였다. 서왈보는 만주의 독립군으로 활약하다가 남원 비행학교 졸업하고 의열단에 가입하고 군벌 풍옥상(馮玉祥) 휘하의 항공대에서 활약하다가 1928년 비행 사고로 추락하여 목숨을 잃었다.

이윤철은 한국광복진선청년공작대에서 활동하다가 중국 항공대 통신학교를 졸업하고 통신장교로 복무하다가 광복 후 1950년 6월 1일 공군 소위로 입관하여 6·25전쟁에 참전하였다. 장성철은 1926년 황포군관학교와 레닌그라드 항공학교를 수료하고 항주항공학교에서 교관으로 활동하면서 한국혁명당에 참가하고 광복군 총사령부와 협조하여 항공기로 전단을 살포하는 등 대일 선전활동에 참가하였다.

전상국은 1931년 일본 비행학교를 졸업하고 중국에 망명하여 중국 공군에서 활동하다 1938년 8월 중일전쟁 때 비행대대장으로 양자강 전투에서 전사하였다. 차정신은 1919년 3월 평남 강서군 독립만세운동에 참가하여 헌병을 사살한 혐의로 궐석재판에서 사형이 선고되었다. 상해로 탈출하여 임시정부에서 활동하면서 1926년 광동대사두비행학교(廣東大沙頭飛行學校)를 졸업하고 조종사가 되었다.

김공집, 김원영, 김은제, 서왈보, 전상국 등 다섯 분은 광복된 조국에서 공군의 주춧돌이 될 분들이었지만 애석하게도 목숨을 잃었다. 1951년 최용덕 장군은 "중국에서 활약한 우리 조인들"이라는 글을 통하여 한인 비행사들의 활약상을 소개한 적이 있다. 그들은 시대를 앞서간 1세대 조인(鳥人)들이었다.

공군(당시 육군항공대)의 창설에는 중국군 출신 최용덕 장군의 역할이 컸다.[116] 중국 육군군관학교, 공군군관학교, 육군대학을 졸업하고 수상비행대 대장, 공군지휘부 참모장, 남창기지사령관, 공군기지학교 교장을 지낸 중국군 고위 지휘관 출신이다. 1940년 9월 임시정부에 군무부 항공건설위원회 주임, 광복군 총사령부 총무처장 등을 맡았다. 광복 후 육군항공대 창설에 하고 초대 국방차관에 임명되어 국군조직법의 제정을 주도하고 1949년 10월 1일 육군에서 공군을

최용덕 장군 묘소

분리시켜 육·해·공 3군 체제를 확립했다. 그리고 1952년 제2대 공군참모총장을 맡아 휴전 때까지 항공작전을 총지휘했다. 그가 작사한 공군가 1절이다.

하늘을 달리는 우리 꿈을 보아라
하늘을 지키는 우리 힘을 믿으라
죽어도 또 죽어도 겨레와 나라
가슴 속 끓는 피를 저 하늘에 뿌린다.

공군은 6·25전쟁이 발발하자 10명의 조종사를 일본의 미 5공군에 파견하여 F-51 무스탕 전투기 10대를 인수하여 7월 2일 대구기지에 착륙했다. 인수단장을 맡았던 이근석 대령은 월 4일 시흥 상공에서 급강하 공격 중 대공포에 피격되자 자폭 공격으로 장렬하게 산화하였다.

김영환 준장은 공군 조종사의 상징이 된 '빨간 마후라'의 주인공이다. 1951년 9월 강릉전진기지 사령관으로 임명되어 우리 공군 최초로 단독 출격 작전에 성공하였다. 1953년 공군 제10전투비행단 단장에 보임되었지만 1954년 3월 5일 F-51기를 타고 사천에서 강릉기지로 가던 중 기상 악화로 묵호 상공에서 실종되고 말았다. 그에게는 2010년 금관문화훈장(1등급)이 추서되었다. 1951년 8월 해인사에 잠입한 무장공비를 소탕하기 위한 폭격 요청을 받았음에도 불구하고 문화재를 지켜낸 공적이 인정되었던 것이다.

공군은 '애국기 헌납운동'을 통하여 1950년 5월 비로소 훈련기 10대를 확보할 수 있었다. 남침 당시 항공기 211대를 보유한 북한군에 비하여 연습기와 연락기(L-4)를 포함하여 22대에 불과하였고, 병력 또한 1,900명에 못 미치는 수준이었다.[117] 1950년 7월 2일 미 공군으로부터 인수한 F-51 무스탕 전투기 10대로 적의 기지, 교통로, 보급로를 목표로 출격한 이래 공군 창설 1주년이 되는 1951년 1월 첫 단독 출격에 성공하였다. 1952년 1월 15일 유엔군이 성공하지 못한 평양 근교 승호리 철교를 폭파함으로써 수송로를 폐쇄하고 독자적인 작전 능력을 인정받았다.

우리 공군의 역량을 과시한 승호리 철교 폭파 작전의 책임자는 김신 대령이었다. 김구 주석의 차남으로 광복군에서 활동하고 공군에 입대하여 1950년 6월 26일, 주일 미군으로부터 F-51을 인수하자마

자 묵호, 삼척 지구와 영등포, 노량진 지구 등에 출격하였다. 그리고
제1전투비행단을 맡아 미 공군이 수차 실패한 평양의 송호리 철교
폭파작전을 지휘하였다. 1952년 1월, 2개 편대 여섯 대의 전폭기는
초저공 침투 공격으로 철교 중앙의 경간(俓間) 2개를 폭파시킴으로
써 작전을 성공적으로 마무리하였다.

승호리 철교 폭파 작전 참가자는 훗날 공군의 수뇌부에 오르는 옥
만호, 윤응렬, 유치곤, 박재호, 정주량, 장성태 대위 등 6명이었다. 윤
응렬 대위는 일본 소년항공학교 출신으로 북한 공군 장교로 있다가
1948년 월남하여 국군에 입대한 특이한 이력의 소유자로 훗날 공군
작전사령관을 지냈다.

공군은 휴전 때까지 F-51 전투기 133대를 갖춘 전력으로 급성장
할 수 있었다. 놀랍게도 6 ·25전쟁 중 우리 손으로 비행기를 개발하
는 프로젝트가 시작되었다. 1953년 공군기술학교에서 우리나라 최
초의 경비행기 부활호가 제작되었다. 2004년 복원되어 용산 전쟁기
념관에 전시되어 있다.

미 공군의 딘 헤스(Dean E. Hess) 소령(1969년 대령 예편)은 '공군의
아버지'라 불린다. 그가 몰던 F-51 무스탕(Mustang) 전투기에 새겨져
있던 '信念의 鳥人'은 공군 군가의 제목이 되었다.[118] 기독교 목사였던
그는 2차 대전 때 전투기 조종사로 활약하고 일본 주둔군으로 복무

부활호 복원기(전쟁기념관 야외 전시장)

하던 중 6·25전쟁이 발발하자 F-51 무스탕 조종사 양성을 위한 한국 공군 증강 프로젝트(Bout One Project)의 책임을 맡았고, 1년간 무려 250회를 출격하여 임무를 수행하였다.

1950년 12월, 중공군의 개입으로 유엔군이 후퇴하게 되자 미 제5공군 군목 러셀 블레이즈델(Russell L. Blaisdell) 중령(1964년 대령 전역)의 노력으로 964명의 고아와 80명의 직원을 C-54 수송기 16대에 태워 서울에서 제주도로 이송하였다. 헤스는 제주도에 고아원을 설립하는 데 앞장섰고, 전후 20여 년간 전쟁고아들을 보살피는 데 힘썼다. 이른바 유모차 수송 작전(Kiddy Car Airlift)으로 블레이즈델에게는 '한국의 쉰들러', 헤스에게는 '전쟁고아의 아버지'라는 이름이 붙었다. 명령 불복종 죄로 군법회의에 회부된 블레이즈델은 최후 진술에서 이렇게 말했다.

누군가 반드시 그렇게 해야만 했습니다. 내게 주어진 일이 죽음에 내몰린 아이들을 죽게 놔두는 일이라면 군복을 벗겠습니다.[119]

경찰관이 된 독립투사들

경찰청은 우리나라 경찰의 역사를 임시정부에서 찾고 있다. 1919년 4월, 대한민국임시정부장정(章程) 제14조의 규정에 의하여 경무국이 설치되었고, 1923년 임정 산하 치안조직으로 의경대(義警隊)가 창설되었다. 의경대는 교민들의 보호와 일제의 밀정을 색출하는 조직이었다. 1941년 요인에 대한 경호와 청사의 경비를 위하여 경위대가 설치되었다. 경무국, 의경대, 경위대 등에서 활동한 분은 김구(1919년 경무국장, 1932년 의경대장) 나석주(경무대장), 나창헌(경무대장), 김석(의경대), 김철(의경대), 안경근(의경대), 유상근(의경대), 장덕진(의경대), 송복덕(경위대), 전월성(경위대) 등 111분이다.[120]

광복 후 경찰에 투신한 독립유공자는 49명(2020년 기준)으로 나타나고 있다. 1949년 8월 제정, 공포된 「국가공무원법」은 "독립운동에 공헌이 있는 자로서 덕망이 있는 자를 공무원에 임명할 때에는 특별전형에 의하여 행할 수 있다"라는 규정을 두었다. 하지만 독립유공자 포상이 이뤄지지 않았던 시기여서 극히 제한적이었다. 경찰관에 임용된 독립유공자 49명 가운데 광복군 출신이 23명으로 약 절반을 차지한다. 아래에서는 경찰에 투신한 독립유공자 가운데 특별한 스

토리가 있는 몇 분만 간단히 소개한다.[121]

송병철(순경), 송병하(경사) 형제는 임시정부 경위대에서 활동한 부친(송봉덕)과 함께 3부자 독립유공자이다. 두 형제는 광복군에서 활약하고, 경찰에 입직하여 각각 철도경찰대와 지리산전투경찰사령부 등에서 근무했다.

김용(경무관)은 광복군 2지대에서 활동하다가 OSS훈련을 수료하고 국내정진군에 편성되어 국내진입을 기다리던 중 광복을 맞았다. 1951년 동료 이일범(경무관)과 신영묵(경감)과 함께 경찰에 투신하여 치안국(현 경찰청) 본부에서 근무했다. 이일범 경무관은 광복군 지하 공작원으로 활약한 부인(정영)과 함께 부부 독립유공자다.

변영근(경감)은 1950년 7월 봉화 춘양전투에서, 백준기(경위)는 무주 전투에서 전사하였다. 홍구표(경위)는 육군사관학교를 졸업하고, 육군소령으로 6·25전쟁에 참전했다. 한국은행의 금괴를 실은 수송 열차를 호송하는 책임을 완수하였고, 전후 대령으로 전역하였다. '국군이 된 독립유공자'에서 소개된 조개옥(조윤식) 중령, 윤대여(윤여복) 소령과 함께 '독립운동-경찰관-군인'으로 이어진 드문 사례이다. 광복군 정보장교 출신 장동식(치안총감)은 서울시경국장을 거쳐 내무부 치안국장에 올랐다.

전을생(경감)과 전기생은 형제 독립유공자이다. 전을생은 중국 중앙군에 있던 형 전기생의 권유로 일본군 헌병대의 통역을 맡아 암암리에 군사기밀을 넘겨줌으로써 막대한 타격을 주었다. 1943년 10월

경 형은 일본군 토벌대에 생포되었고, 동생은 탈출에 성공하여 국내로 들어와 비밀결사를 조직하여 투쟁을 이어가다가 체포되어 옥고를 겪던 중 1945년 8월 광복과 함께 석방되었다. 그러나 형 전기생은 광복 직전 중국에서 옥사했다고 한다.

노기용(총경)은 조병옥 군정청 경무국장과 함께 경찰관 가운데 가장 높은 건국훈장 독립장을 받은 분이다. 1920년 비밀결사에 가입하여 군자금을 수집하는 등으로 활동하다가 체포되어 7년간 옥고를 겪었다. 김해강(경감)은 평북 강계 3·1운동 때 6개월의 옥고를 겪었고, 만주로 망명하여 김좌진 장군과 함께 신민부를 조직하였다. 이병헌(총경)은 3·1운동 때 독립선언문의 인쇄·운반·배포 등의 실무 책임을 맡았고, 태화관의 현장 기록과 탑골공원 측과 연락을 담당하였다고 한다.

독립유공자 출신 여성 경찰관도 있었다. 황현숙(황금순), 안맥결, 전창신 등 세 분이다. 황현숙(경무관)은 1919년 3월 천안 입장에서 만세시위로 1년간의 옥고를 치렀고, 1930년 2월 광주학생운동에 동조한 동맹휴학을 배후 지도한 혐의로 체포되는 고초를 겪었다. 광복후 경찰관에 입직하여 치안국 여자경찰과장을 맡았다.

안창호 선생의 질녀인 안맥결(총경)은 흥사단과 수양동우회에서 활동하였고, 서울여자경찰서장을 지냈다. 3·1운동에 참가하고 수양동우회에서 활동한 김봉성 선생과 함께 부부 독립유공자다. 전창신(경감)은 함흥 영생여학교 교사로 만세시위를 준비하다가 체포되어 징역 8개월의 옥고를 겪은 분으로 광복 후 경찰에 투신하여 인천여자경찰서장을 지냈다. 부군 김기섭 목사 또한 1919년 함흥 3·1운동과 1944년 기독교 비밀결사와 관련하여 두 번의 옥고를 겪은 독립유공자이다.

서울여자경찰서 터(대한민국역사박물관과·주한미국대사관 사이)

독립유공자 출신 경찰관 가운데 송병철·송병하 형제, 전을생, 김해강, 이병헌, 김용, 이일범, 신영묵, 홍구표, 장동식, 안맥결(부부 합장) 등 열한 분은 대전현충원에 안장되어 있다.

Y   국군 창설 과정에서 일본군이나 만주군 출신이 압도적으로
       많았다는 지적이 있습니다. 광복군 출신의 참여가 제한적이
었다는 점에서 아쉬움이 있습니다.

K   광복군이나 중국군에서 활동한 분들의 참여가 상대적으로
       적었던 것은 사실입니다. 이는 군정당국이 임시정부 자격으
로의 입국을 허용하지 않고 '사설 군사단체 해산령'을 내렸기 때문입
니다. 뒤늦게 광복군 출신을 중심으로 경비대를 창설하려 했지만 군
정 당국이 자신들의 존재를 인정하지 않는 데 대한 불만으로 소극적
이었다고 합니다. 통위부장과 국방경비대 사령관에 임시정부 인사를
영입했지만 큰 성과를 거두지 못했습니다.

1948년 8월 정부 수립 후 이범석 장군이 국방장관에 임명된 후 광
복군 출신의 본격적인 참여가 이뤄졌습니다. 그만큼 출발이 늦었
던 것이지요. 그러나 학계에서는 의병과 독립군의 맥을 이은 광복군
의 참여는 국군의 정통성에 큰 의미가 있다고 평가하고 있습니다.[122]
1948년 7월부터 1952년 11월까지 광복군 출신 4명이 육군사관학교
교장을 맡았을 정도로 초기 국군에 미친 영향이 적지 않았습니다.

Y   경찰청에 의하면 독립운동가 출신 50여 명이 경찰에 투신한
       것으로 나타나고 있습니다. 전체 인원에 비하면 소수였지만

주민들을 보호하고 나라를 지켜내는데 헌신할 수 있었던 것은 다행스러운 일이 아닐 수 없습니다.

K 상해 임시정부 초대 경무국장을 지내고 의경대를 창설한 김구 선생은 1947년 10월《민주경찰》특호 간행을 축하하는 휘호 "축 민주경찰 특호 간행 국민의 조종이 되소셔"를 선물하여 격려하기도 했습니다. 1949년 8월에 제정된 「국가공무원법」에 독립유공자를 특채할 수 있다는 규정을 둔 것은 실효성 유무를 떠나 상징적 의미가 있었습니다. 새 나라의 경찰상을 정립하기 위해 그런 분들이 필요했을 것입니다. 경찰청에 의하면 1947년 정부 수립 이전에 간부 후보생 제도가 도입되어 5년 만에 1천여 명의 새로운 간부가 배출되었다고 합니다.[123]

Y 일제 강점기에는 독립운동가로, 그리고 광복된 조국에서는 국군이나 경찰관으로 나라의 기틀을 세우는 데 힘을 보태고, 6·25전쟁에 참전하여 목숨을 바친 분들도 적지 않은 것을 알고 있습니다.

K 독립운동에 이어 국군과 경찰에 투신하여 6·25전쟁에 참전한 분들이 알려진 분들만 해도 100여 분이 넘습니다. 그중에 고시복, 김영남, 박영진, 변영근(경찰관), 선우기, 이건국(이종국), 이봉해, 이의명(이명), 윤여복(윤대여), 이구연(이해명), 장철부(김병원), 전성

호, 조윤식(조개호), 최순한, 최철 등은 전사한 분입니다.[124] 더 많은 분이 있을 것으로 보이지만 확인이 어렵습니다.

Y 독립유공자 본인뿐만 아니라 후손들 가운데도 대를 이어 국가를 위해 헌신한 경우가 적지 않을 것입니다. 언론 보도나 가족들의 증언을 통해 단편적으로 알려지고 있는 실정입니다.

K 예를 들면 이강년 의병장의 장손 이봉규 순경, 만주의 서로군정서에서 독립군으로 활약한 이관석 선생의 아들 이성가 장군[125], 이남규 선생의 증손자 이장원 중위와 증손녀 이현원 중위(간호장교), 지청천 장군의 차남 지정계 소위, 김찬도 지사의 아들 김은국 중위[126], 미주 독립유공자 김순권 지사의 아들 김영옥 대령(미 육군) 등이 있습니다. 그러나 이것은 극히 일부의 사례일 뿐입니다.

제**2**부

기억을 불러내는 길

13

한강을 바라보다
누가 첫 방울이기를 바라겠는가

장군 제1묘역에서 가장 높은 언덕에 오르면 현충탑과 잔디광장과 한강, 멀리 남산이 한눈에 들어온다. 포토맥강을 가운데 두고 워싱턴 D.C.와 마주하고 있는 미국 알링턴 국립묘지의 입지와 비슷한 데가 있어 보인다. 강 건너 저편을 바라보며 언덕 위에 누운 이들은 지금 무슨 생각에 잠겨 있을까?

Y와 K의 대화

Y 동작동 국립묘지에 온 시민들을 보면 슬픔이나 숙연한 느낌을 찾아보기 어렵습니다. 산책하는 사람들이 대부분이기 때문이기도 하지만 간혹 보이는 유가족들조차 소풍을 나온 것과 같은 모습입니다. 길게는 70년이 지나지 않았습니까? 유자녀들도 이제 노인세대가 되었습니다.

K　"우리는 이렇게 늙어버렸지만 그들은 늙지 않을 것입니다. 나이가 지치게 하지도, 세월이 정죄(定罪)하지도 않을 것입니다. 해가 넘어가고 또 아침이 올 때마다 우리는 그들을 기억할 것입니다." 1914년 영국의 시인 로렌스 비니언이 발표한 '전사자를 위하여(For the fallen)'의 한 부분입니다. 영국과 영연방 국가에서 '회상의 송시(Ode of Remembrance)'라 하여 추모행사 때 빠짐없이 낭송되고 있습니다. 묘역을 돌아보면 전사자의 대부분이 20대 전후였습니다. 영원한 청년으로 남은 분들입니다.

Y　현충일을 전후하여 우리가 가장 많이 접하는 가곡은 두말할 것 없이 비목일 것입니다. 이름 모를 계곡에 홀로 선 비목(碑木)이 한을 달래고 있다고 생각하면 처연한 느낌을 지울 수 없습니다. 비목의 노랫말에는 진한 외로움과 슬픔이 묻어납니다.

초연이 쓸고 간 깊은 계곡 깊은 계곡 양지 녘에

비바람 긴 세월로 이름 모를, 이름 모를 비목이여

먼 고향 초동 친구 두고 온 하늘가

그리워 마디마디 이끼 되어 맺혔네

궁노루 산울림 달빛 타고 달빛 타고 흐르는 밤

홀로 선 적막감에 울어 지친 울어 지친 비목이여

그 옛날 천진스런 추억은 애달파

서러움 알알이 돌이 되어 쌓였네

K 가사의 한 소절처럼 슬픔은 '돌'이 되었고, 그리움은 '이끼'가 되었습니다. 언젠가 그런 흔적마저도 사라지겠지요.

Y 노르웨이의 시인 군나르 로알크밤(Gunnar Roalkvam)의 시 '마지막 한 방울'이 떠오릅니다.

옛날 옛적에

물 두 방울이 있었다네

하나는 첫 방울이고

다른 것은 마지막 방울

첫 방울이 가장 용감했네

나는 마지막 방울이 되도록 꿈을 꿀 수 있었네

만사를 뛰어넘어서 우리가 우리의 자유를 되찾은 그 방울이라네

그렇다면

누가

첫 방울이기를 바라겠는가?[127]

K 이곳에 묻힌 분들은 첫 방울이었습니다. 두 번째, 세 번째 이어
진 방울로 하여 오늘의 우리가 있겠지요. 첫 방울이 된 그분들
이 바라는 것이 무엇일까요? "우리를 위해 많은 것을 희생한 그들이 우
리에게 요구하는 것은 단 하나 기억해달라는 것입니다." 버락 오바마
(Barack Obama) 전 미국 대통령의 현충일 연설 가운데 한 부분입니다.

Y 루퍼트 브룩(Rupert Brooke)의 '병사(The Soldier)'라는 시가 있
습니다. "만약 내가 죽는다면 이것 하나만은 생각해 주오. 이
국땅 들판 한구석에 영원히 영국인 것이 있다는 것을"이라는 부분이
가슴에 남습니다. 1차 대전 때 해군 장교로 입대하여 지중해 원정군
으로 나갔다가 병사하여 그리스의 한 섬에 묻혔습니다. 브룩은 자랑
스러운 영국인으로 기억되고 싶어 했습니다.

K 제1차 세계대전 때 캐나다군의 존 맥크레(John McCrae) 중령
의 종군시 '플랑드르 들판에서(In Flanders Fields)'의 마지막 부
분은 좀 더 강한 메시지를 던집니다. "만약 당신들이 죽은 우리와의
신의를 깬다면 우리는 잠들지 못할 것입니다." 존 맥크레는 자신의 신
념이 지켜지기를 염원했습니다.

Y 우리에게도 그와 같은 전쟁시(war poem)가 있습니다. 공중인
시인[128]의 '진혼의 노래'가 떠오릅니다. 자유 민주 조국에 대한
자긍심을 격정적으로 표현한 시입니다.

그대 민국(民國)의 것이

영원히 사랑의 그 이름을 수호함이니

어머니인 우리의 산하는 자손들이

역사에 기록할 님들의 혈맥, 겨레의 언어!

죽음으로 휘어올린 자유의 깃발은

우람한 종(鐘) 속에 새벽을 펄럭이는도다.

K 그에 비해 6·25전쟁 때 종군기자로 활약한 조지훈 시인은 '다 부원'이라는 시를 통해 희생의 의미를 담담하게 표현합니다. 시인은 '현충일의 노래'를 지은 분이기도 합니다.

조그만 마을 하나를

자유의 국토 안에 살리기 위해서는

한해살이 푸나무도 온전히

목숨을 다 마치지 못했거니

사람들아 묻지를 말아라

이 황폐한 풍경이

무엇 때문의 희생인가를…

시비 '다부원에서'(다부동전적기념관)

기적의 바다

가라앉은 사람들, 구조된 사람들

장군 제1묘역을 지나 조금 더 가면 동편모역이 보인다. 서편 묘역
(제1묘역~제26묘역)과 동편묘역(제55묘역~제27묘역) 사이에 정문 방
향으로 내려가는 길이 있다. 그 길을 따라 조금 더 내려가면 오른쪽
끝자락에 제54묘역이 있다.

서울현충원 동편 묘역

제54묘역에는 장군과 소위의 묘비가 나란히 서 있다. 그런데 소위의 비석에는 이름이 없다. 1950년 8월 25일 황규만 장군(당시 소위)은 안강지구 전투에 지원을 나온 김 소위의 이름도 알지 못한 채 전투에 투입되었다. 그로부터 이틀 후인 8월 27일 김 소위는 전사하였다. 6·25전쟁이 끝나고 제1군사령부 비서실장에 보임된 황규만 대령은 가매장되었던 김 소위의 유해를 어렵게 찾아낼 수 있었지만 인적사항이 확인되지 않아 국립묘지에 안장할 수 없었다. 수차의 청원을 내는 등으로 애쓴 끝에 1964년 5월, '육군소위 김○○의 묘'로 안장할 수 있었다. 1976년 예편한 황규만 장군은 신원 확인을 위한 노력을 이어갔다.

마침내 1990년 유가족과 연락이 닿아 이름을 확인할 수 있었다. 그의 이름은 김수영이었다. 현충원 측에서는 전쟁의 아픔과 전우애를 기리기 위해 유가족의 동의를 얻어 비석을 그대로 두고 묘석에만 이름을 새겼다. 황규만 장군은 2020년 6월, 자신의 희망대로 김 소위 곁에 묻혔다.

호국전우의 묘(제54묘역)

호국형제의 묘(제50묘역)

제54묘역에서 조금 더 내려가면 제50묘역이 나온다. 그곳에는 강영만·강영안 형제의 묘가 있다. 1949년 입대한 동생(강영안)에 이어 1951년 형(강영만)이 자원입대하였다. 동생 강영안 이등상사는 옹진반도 전투, 인천상륙작전, 태백산지구 토벌작전에 참가한 후 1952년 10월 저격능선 전투에서 전사하여 국립묘지에 묻혔다. 형 강영만 하사는 횡성 부근 전투와 호남지구 토벌작전에 참가한 후 1951년 8월 제2차 노전평 전투에서 전사했다. 2014년 강원도 인제 1052고지에서 그의 유해가 발굴됨으로써 동생과 나란히 묻히게 되었다.

지리산함 57용사

제50묘역을 나와 가던 길을 따라 내려가면 충성거북상을 만난다. 무궁화 잎 모양의 자연석에 충성 충(忠) 자가 큰 글씨로 새겨져 있다. 충성거북상 근처 제19묘역, 제21묘역, 제23묘역, 제26묘역에는 특별한 스토리가 있다.

제19, 21묘역에는 PC-704(지리산함) 함장 이태영 함장을 비롯한 57용사가 잠들어 있다. 1951년 12월 26일 원산 해역에서 야간 경비 작전 중 적의 기뢰에 접촉되어 승조원 전원이 전사하였다. PC-704는 전쟁 발발 직전 미국에서 구입한 최초의 전투함 네 척 중 하나로 1950년 8월 덕적도와 영흥도를 탈환하여 인천상륙작전의 관문을 열었고, 1951년 황해도 월사리에 집결한 피난민과 유격대원들을 안전하게 대피시키는 등으로 활약했다.

지리산함은 원산해역에서 작전 중이던 삼각산함(PC-703)과 임무 교대 명령을 받고 12월 24일 부산을 출발하여 다음날 원산해역의 해상경비작전에 투입되었다. 북한군이 야간을 이용하여 기뢰와 지뢰를 해안으로 수송하고 있다는 정보를 받고 높은 파고에도 불구하고 야간경비작전에 임하다가 기뢰에 접촉되어 승조원 57명 전원이 전사했다. 그중 32명은 제19묘역(27위)과 제19묘역(5위)에 안장되었지만, 나머지 25명은 실종 처리되었다.

인천상륙작전의 숨은 영웅들

제19묘역에 임병래 해군 중위, 제21묘역에 홍시욱 이등병조의 묘소가 있다. 인천상륙작전 성공의 숨은 공로자들이다. 당시 인천 일대는 북한군에 장악되어 있었다. 1950년 8월 24일 새벽 1시 30분 어선 한 척이 영흥도 십리포 해안에 상륙하였다. 함명수 소령[129] 휘하의 해군 정보국 첩보부대원 17명이었다. 전원 미혼 청년들로 조직된 첩보부대는 부산에서 어선(백구호)을 타고 서해안으로 은밀히 이동하였던 것이다.

엑스-레이(X-RAY) 작전에 따라 3개 팀(김순기, 장성택, 임병래)이 편성되어 영흥도를 거점으로 인천에 잠입하여 해안포대의 위치, 병력 배치 상황, 병력의 규모, 해안 방어 태세 등에 관한 정보를 수집, 보고하는 임무를 수행하였다. 함명수 제독의 증언에 의하면 영흥도는

서울인민위원회 위원장을 맡고 있던 이승엽의 고향으로 극히 위험한 곳이었다.[130]

9월 13일, 데이(D-day) 이틀 전 영흥도 첩보기지에 철수 명령이 하달되었다. 잔무 처리를 위하여 6명이 남아 있었다. 그때 북한군 1개 대대가 기습 상륙하였다. 임병래 해군중위(당시 소위)와 홍시욱 이등병조(당시 삼등병조)가 위험을 무릅쓴 공격으로 퇴로를 열어줌으로써 4명의 대원이 숨겨두었던 보트에 올라 탈출에 성공할 수 있었다. 두 사람은 상륙작전의 노출을 우려하여 만세를 외친 후 자결하였다고 한다. 인천상륙작전을 불과 24시간 앞둔 시점이었다.[131] 1953년 7월 미국 정부로부터 은성훈장이, 1954년 1월 우리 정부로부터 을지무공훈장이 추서되었다. 2016년에 개봉된 《인천상륙작전》은 엑스-레이 작전을 모티브로 한 것이다.

임병래 중위의 묘(제19묘역)

홍시욱 이등병조의 묘(제21묘역)

4대 국가유공자

제19묘역에는 잘 알려져 있지 않지만 6·25전쟁 때 전사한 명문가의 후손이 묻혀 있다. 고(故) 이장원 해병중위의 묘소이다. 증조부 이남규, 조부 이충구, 부친 이승복으로 이어진 3대 독립유공자의 후손이다.(수당 3대는 대전현충원에 나란히 안장되어 있다.) 1951년 4월 해병사관 후보생으로 자원입대하여 그해 11월 원산에서 전사하여 서울현충원 제19묘역에 묻혔다.

이장원 중위의 묘(제19묘역)

충남 예산 대솔에 수당고택과 수당기념관이 자리 잡고 있다. 이산해의 손자 이구와 혼인한 순녕군 이경검의 여식 이효숙이 지은 집이다. 이구는 장원 급제하여 앞날이 양양했지만 요절했다. 예산으로 의거한 이효숙은 집안을 일으켜 대대로 벼슬길에 올랐다. 직계 종손 수당 이남규 선생은 영제 이건창, 매천 황현, 창강 김택영과 더불어 4대 문장가의 한 분으로 단재 신채호의 스승이기도 했다. 홍문관 수찬, 안동부 관찰사, 중추원 의관, 영흥부사를 지냈다.

1906년 홍주(지금의 홍성)에서 거의한 민종식 의병장을 보호하고 재기를 모색하던 중 일본군에 체포되었다. "선비는 죽일 수 있어도 욕보일 수 없다"며 포박을 거부하고 가마에 올랐다. 회유를 거부하다가 장남 이충구, 하인 김응길과 함께 온양 평촌리 냇가에서 피살, 순국했다. 열세 살에 불과했던 장손(이승복)은 집안을 수습하고 독립운동을 이어가다가 서대문형무소에서 광복을 맞았다. 증손자 이장원 중위는 6·25때 전사하였고, 증손녀 이현원 중위는 간호장교로 참전하였다.(이상설 선생의 외손녀이기도 하다.)

수당 3대(좌로부터 이남규, 이충구, 이승복)와 김응길 선생의 묘

장진호 전투

　제23묘역에는 장진호 전투(Battle of Chosin Reservoir)에서 전사한 미군 카투사 박덕원 일병의 묘소가 있다. 전체 전사자를 확인하기는 어렵지만 서울과 대전현충원에 안장·안치되어 있거나 위패로 봉안된 분은 34위(군인 31, 경찰관 3) 정도가 되는 것 같다. 서울에 26위(묘역 안장 1, 충혼당 안치 4, 위패 21), 대전 8위(묘역 안장) 등이다.

박덕원 일병의 묘(제23묘역)

　군인은 미군 카투사가 대부분으로 장진호 일대에서 시신을 거두지 못하고 위패로 봉안되어 있다. 그중에는 북한에서 수습된 미군 유해 중에서 김석주 일병, 김용수 일병, 정환조 일병, 박진호 일병과 같이 북한에서 발굴된 미군 유해 가운데 국군으로 확인되어 국내로 봉환된 경우도 있다. 경찰관은 미 해병 제1사단 제5연대 제3대대에 배속된 40여 명의 화랑부대 대원으로 장진호 서단의 유담리 전투에서 전사한 박은택 경사, 이상길 경사. 전병중 경사 등이다.('05 파란색 제복을 입은 사람들' 참조)

장진호 전투는 1950년 11월 함경남도 장진호까지 북상했던 중부전선의 미 해병 제1사단(3만 명)이 1950년 11월 27일부터 12월 11일까지 중공군 제9병단 예하 12개 사단(12만 명)의 포위를 뚫고 후퇴한 작전을 말한다.('장진'이 '초신'으로 알려진 것은 일본의 지도를 사용했기 때문이다.) 장진호 전투는 초신 퓨 전투(Chosin Few Battle)라고도 불린다. 살아 돌아온 병사들이 극히 적었다는 뜻이다.[132] 유엔군 1만 7,843명(전사 1,029, 실종 4,894, 부상 4,582, 비전투 사상자 7,338명), 중공군 5만 2,098명(전사 7,304, 부상 1만 4,062, 비전투 사상자 3만 732명)의 사상자가 발생하였다.[133]

장진호 전투의 주역은 미 제10군단(군단장 Edward M. Almond 소장) 예하의 해병 제1사단(사단장 Oliver P. Smith)이 있었다. 해병 제1사단은 인천상륙작전에 참가한 후 원산에 상륙하였다. 스미스 소장은 알몬드 장군의 독촉에도 불구하고 진격 속도를 최대한 늦춤으로써 피해를 최소화할 수 있었다. 스미스 소장은 "후방의 적을 격멸하고 함흥까지 진출하는 새로운 방향의 공격이다"라는 작전 개념을 주입시키며 일찍이 겪어보지 못한 혹한의 악조건 속에서도 수배에 달하는 파상 공격을 격퇴하고 흥남으로 이동할 수 있었다. 해병 제1사단의 사투에 힘입어 동부전선의 미 제10군단과 국군 제1사단이 무사히 후방으로 이동할 수 있었다.

하와이 호놀룰루에 태평양 국립묘지(National Memorial Cemetery of the Pacific)가 있다. 분화구에 위치하였다고 펀치볼 국립묘지(Punchbowl Cemetery)로 더 잘 알려진 곳이다. 미국은 1954년 '영광의 작전(Operation Glory)'을 통해 북한군과 중공군 유해(13,528위)와 미군 유해(4,167위)를 교환한 바 있다. 6천여 명에 이르는 전사자와 실종자의 유해 대부분이 장진호 일대에 남아 있다. 2018년 6월 싱가포르 북미정상회담 4개항 합의사항에 포함된 것도 그와 관련이 있다.

메러디스 빅토리호

비극적인 장진호 전투는 흥남철수로 마무리되었다. 1950년 12월 24일 마지막 수송선이 출항한 바로 다음 날 흥남은 중공군에 점령되었다. 흥남철수는 세계 전사에서 '위대한 구조(Great Rescue)'의 하나로 이름을 올렸다. 그곳에는 현봉학 박사가 있었다. 함흥고등보통학교와 세브란스의학전문학교를 졸업하고 미국 버지니아 주립 의과대학에 유학했다. 1950년 3월부터 세브란스 병원에 근무하던 중 6·25전쟁이 발발하자 해병대 문관과 미 제10군단 군단장 에드워드 알몬드 장군의 고문을 맡았다. 1950년 12월 23일 흥남부두에 있었다. 깊은 신뢰를 바탕으로 알몬드 장군을 끈질기게 설득한 끝에 피난민 9만 8천 명을 구출할 수 있었다.

흥남철수 작전의 책임자는 제10군단 부참모장 에드워드 포니

(Edward H. Forney) 해병대령이었다. 국군의 실무 책임자는 제1군단 예민참모 박시창 대령, 임시정부 제2대 대통령을 역임한 박은식 선생의 아들로 중국군과 광복군에서 활약하다가 국군에 입대하여 연대장으로 복무하고 있었다.(사단장·군단장을 역임하고 1959년 소장으로 예편했다.)

이건 전쟁입니다. 전쟁에서는 군대가 우선입니다. 흥남에 있는 그 항구 시설은 정말 작습니다. 군인들을 철수시킬 수 있을지도 의문입니다. 불가능한 것을 요청하지 마세요.[134]

제10군단 CA 장교이자 함흥팀장 제임스 모어(James A. Moore) 중령은 현봉학 박사의 청을 일언지하에 거절하였다. 실제로 민간인의 소개는 공산주의자의 침투로 미군의 생명이 위험할 수 있는 도박과 같은 일이었다. 하지만 끈질긴 간청과 교섭으로 알몬드 장군의 마음을 움직일 수 있었고, 마침내 12월 19일 소개가 시작되었다.

흥남철수 작전에는 한국 해군 함정(BM 501)을 포함하여 총 13척의 선박이 참가하였다. 마지막 수송선 메러디스 빅토리호(SS Meredith Victory)의 구조는 극적이었다. 제트기 연료를 적재하고 있어서 기뢰와 소련 잠수함에 노출될 수 있었다. 전장 139미터, 선폭 19미터에 적재용량 10,658톤, 규정상 승선인원은 선원 35명, 사관 12명 등 47명이었고, 최대 12명을 더 태울 수 있는 공간이 있었다. 승선한 군 지휘관 누구도 피난민을 태우라고 명령할 수 없는 상황이었지만 레

너드 라루(Leonard LaRue) 선장은 최대로 태웠다.[135]

승선이 개시된 12월 22일 밤 9시 30분부터 다음 날 오전 11시 10분까지 1만 4천여 명 피난민을 태운 메러디스 빅토리호는 12월 24일 크리스마스이브에 무사히 부산항에 도착하였다. 하지만 항구에 피난민이 가득 찼다는 이유로 입항이 불허되었다. 미군 보급창에서 음식과 물, 담요와 군복을 얻어 채비를 갖추고 12월 25일 아침 7시 30분 거제도 장승포항을 향하여 출항하였다. 12월 26일 오전 9시 15분에 시작된 하선은 오후 2시 45분에 마무리되었다. 기본적인 생리적 욕구도 제대로 해결하기 힘든 상황이었지만 조용히 자리를 지켰으며 한 사람의 목숨도 잃지 않고 다섯 명의 새로운 생명이 태어났다. 또 한 번의 기적이었다. 참모장교(Staff Officer) 제임스 로버트 러니(James Robert Lunney)는 이렇게 말한다.

한국인들이 어떻게 국가주의자처럼 움직이지 않고 조용히 서 있을 수 있었는지 설명이 되지 않습니다. 우리는 절망적인 상황에서 피난민들이 보여준 행동에 큰 감명을 받았습니다.[136]

메러디스 빅토리호에게는 미 의회에 의하여 '용감한 배(Gallant Ship)'의 명예가 주어졌다. 또한 미 교통부에 의하여 '인류 역사상 가장 위대한 구조'로 선언되었고, 미국상선사관학교(U.S. Merchant Marine Academy) 박물관의 명예의 전당(National Maritime Hall of Fame)에 '위대한 배'로 선정되었다.[137] 라루 선장에게는 1955년 을지무공훈장이, 메러디스 빅토리호에게는 1960년 미 상선 최고 영예인 근무공로훈장(Meritorious Service Medal)이 수여되었다.

메러디스 빅토리호

선상의 피난민들

현봉학 박사의 동생은 해군의 함장으로 참전하고 있었다. 현시학 제독(당시 중령)은 1950년 7월 서해안 봉쇄작전에 참가하여 옹진 방면으로 남하하는 수송선단을 격퇴하고, 해병대의 통영 상륙작전을 성공적으로 이끌었다. 그리고 1951년 1월에 황해도 월사리에 집결한 피난민 5천여 명을 구출하여 백령도로 이동시키는 등으로 활약하였다. 그와 같이 형은 동해에서, 동생은 서해에서 피난민 구출에 헌신하였다. 6·25전쟁이 끝난 후 현봉학 박사는 펜실베이니아대학교 교수로, 현시학 제독은 제1전단 사령관, 함대사령관, 해군사관학교 교장을 지냈다.(장군 제1묘역에 안장되어 있다.)《한국의 쉰들러, 현봉학과 흥남대탈출》을 쓴 재미 저술가 피터 현이 아래 동생이다.

흥남철수는 미 제10군단 사령관을 알몬드 장군의 지휘 아래 해병 장교 포니 대령의 조직적 실행이 가져온 결과였다. 알몬드 장군은 제

1, 2차 세계대전에 이어 한국전쟁에 참전하여 북동부 전선에서 임무를 수행했다. 전쟁 수행과 관련한 책임론이 없지 않지만 흥남철수의 성공으로 1951년 2월 중장에 올랐다. 포니 대령은 제2차 세계대전에 이어 한국전쟁에 참전하여 포항전투, 인천상륙작전, 수도탈환, 장진호 전투 등에서 활약하였다. 1957년 다시 한국에 파견되어 2년간 해병대 고문으로 있으면서 포항 제1해병사단의 창설에 도움을 주었고, 준장에 진급했다.

Y와 K의 대화 ──────────────

Y 장진호 전투는 스탈린그라드 전투, 모스크바 전투와 함께 세계 3대 동계전투의 하나로 불립니다. 비전투 사상자가 전체의 40~60퍼센트를 차지할 정도로 혹독한 추위와의 전쟁이었습니다. 최악의 상황에서도 미 해병 제1사단은 올리버 스미스 장군의 지휘 아래 중공군의 압도적 공세를 뚫고 흥남으로 이동하는 데 성공했습니다.

K 중공군 제9병단은 심대한 타격을 입고 3개월간 재편성을 위해 후방으로 후퇴할 수밖에 없었습니다. 미 해병 제1사단이 패퇴하였다면 전쟁의 국면은 완전히 달라졌을 것이라는 지적이 많습니다. 동, 서부 전선에서 중공군의 대공세가 동시에 전개될 수도 있는 상황이었습니다.

Y 2014년 《국제시장》을 통해 흥남철수의 긴박한 상황을 감동 속에 지켜볼 수 있었습니다. 2차 대전 초기 독일군의 공세를 저지하지 못하고 프랑스 북부 해안으로 밀려난 연합군 34만 명이 1940년 5월 26일에서 6월 4일까지 영국으로 탈출에 성공한 덩케르크 철수(Dunkirk evacuation)에 비견되는 기적의 대탈출이었습니다. 피난민에 초점을 맞춘 장면이다 보니 대탈출의 주인공 레너드 라루 선장의 역할이 부각되지 않은 아쉬움이 있었습니다. 라루 선장은 인산인해를 이룬 피난민들을 화물선에 태우기로 결심합니다. 그리고 3일간 500해리를 항해한 끝에 피난민 1만 4천여 명 전원을 구출할 수 있었습니다. 위대한 구조에 대한 선물이었을까요? '김치 파이브'라고 불린 다섯 아이가 태어나기도 했습니다.

K 1954년 레너드 라루 선장은 뉴저지주 뉴튼의 성 바오로 수도원(St. Paul Abbey)에 들어가 2001년 87세에 사망할 때까지 마리너스 수사(Brother Marinus)로 봉직했습니다. 신학 교육 과정을 거치는 대신에 접시를 닦고 기상 종을 치는 등 수도에 전념했다고 합니다. 수사가 되고 몇 년 후 이렇게 말했다고 합니다. "나는 어떻게 이런 작은 배가 그 많은 사람을 안고 영혼에 해를 끼치지 않고 끝없는 위험을 극복할 수 있었는지를 생각해 봅니다. 그리고 내가 생각하기에, 그 크리스마스 시즌에 한국 해안의 황량하고 쓰라린 바닷물 속에서 하나님의 손이 내 배의 조타기를 잡고 있었다는 분명하고 확실한 메시지가 왔다는 것입니다."[138]

그날의 기적이 수사의 길로 이끌게 된 것이 아닐까 싶습니다. 신비로운 이야기는 그것이 끝이 아니었습니다. 성 바오로 수도원이 어려움에 처해 있을 때 성 베네딕도회 왜관 수도원이 수사들을 파견하여 도움을 주었습니다. 그리고 왜관 수도원이 인수하여 2002년 1월부터 정식 분원이 되었습니다.[139] 그가 세상을 떠난 것은 인수가 결정되고 이틀 후였다고 합니다. 왜관 수도원은 1949년 함경남도 덕원 수도원이 파괴된 후 이동하여 세워진 것으로 뉴튼 수도원과 교류가 있었다고 합니다. 지금은 마리너스 수도사를 성인으로 추대하기 위한 시성(諡聖) 절차가 진행되고 있다고 합니다.

Y 메러디스 빅토리호는 공식, 비공식적으로 많은 화제를 낳은 배였습니다. 2001년 '뉴욕 타임스'에 의하여 '가장 위대한 구조'로 선정된 적이 있고, 2004년 기네스 기록에도 등재된 것으로 알고 있습니다.

K 1993년에 퇴역하여 약 36만 달러에 고철로 중국에 매각되었다고 합니다. 우리 측에서 인수하여 거제도에 옮겨 놓았다면 생생한 교육현장으로, 또 관광자원으로 활용할 여지가 충분했을 터인데 아쉽습니다. 흥남철수 작전에는 메러디스 빅토리호 외에 11척이 더 있었습니다. 그중 7천여 명을 구출한 레인 빅토리호(SS Lane Victory)가 있습니다. 메러디스 빅토리호와 쌍둥이 배였지요. 1989년 미국2차대전상선참전용사회(American Merchant Marine Veterans)에 넘겨져 박물관선(Museum Ship)으로 사용되고 있습니다.

15

재일학도의용군
책을 던지고 바다를 건너다

현충탑과 위패봉안관 뒤편 '재일학도의용군 전몰용사 위령비'가 서 있고 그 뒤편에 제16묘역이 있다. 그곳에는 재일학도의용군 전사자 51위가 안장되어 있다. 제16묘역 근처에 있는 제14묘역과 제17묘역을 함께 둘러볼 수 있다. 아래는 위령비에 쓰인 추모의 글이다. 뒷면에는 전사자와 실종자 135명의 이름이 빼곡히 새겨져 있다.

내 나라 구하려고 피를 뿌리신 젊은이들
역사의 책장 위에 꽃수를 놓으셨네
조국의 포근한 흙 속에 웃으며 잠드옵소서

재일학도의용군의 참전 경위는 이렇다. 6·25전쟁이 발발하고 40일 경과한 8월 초순, 참전 논의가 본격화되었다. 18세 한 동포 소녀가 참전의 불씨를 댕긴 것이다. 한반도에 전쟁이 터졌다는 소식이 일본으로

재일학도의용군 묘소(제16묘역)

타전된 직후, 국제연합군 최고사령부(GHQ)의 아서 맥아더 사령관에게 "제 조국은 제 손으로 지키고 싶다"라며 참전을 허가해 달라고 호소하는 편지를 보냈다. 그 같은 사실이 신문과 방송을 통해 전해지자 동포사회는 발칵 뒤집혔다. "시집도 안 간 처녀가 여자라는 장벽을 무릅쓰면서까지 참전 의사를 보이는데 남자들이 아무 행동도 하지 않고 있는 건 용기를 상실한 것"이라는 질책이 쏟아졌던 것이다.[140]

1950년 8월 8일 재일대한민국거류민단(민단)은 도쿄 중앙본부에 '자원병지도본부'를 설치하고 전국의 지부에 관련 지침을 내려보내는 한편, 주일대표부(공사 김용주)와 긴밀히 협의를 하면서 더글러스 맥아더(Douglas MacArthur) 사령관에게 참전을 허가해 줄 것을 호소하였다. 최고사령부 앞에서 연좌농성과 피켓시위에 혈서까지 쓰면서 수차 탄원서를 냈지만 거부되었다.[141] 재일동포들의 결연한 참전 의지에도 불구하고 참전을 허락하지 않은 것은 공산주의자들의 침투가 우려되었기 때문이었다고도 한다.

9월 초 맥아더 사령관은 재일동포의 참전을 수용하고, 영어 통역이 가능한 1천 명을 모병을 요청하였다. 인천상륙작전에 투입할 통역병과 지리를 잘 아는 사람들이 필요했던 것이다.

재일동포 청년들은 1950년 9월 7일 도쿄 메이지대학 근처의 스루가다이(駿河台) 호텔에서 출정식을 마치고 사이타마현 아사가(朝霞) 미 제1기병사단 사령부 캠프 드레이크(Camp Drake)에 입소하였다. 9월 13일 요코하마 항에서 제1진 69명이 수송선 피닉스호(LST-Phoenix)에 탑승하여 행선지도 모른 채 출발하였다. 미군의 군복을 입었지만 군번, 계급장, 부대마크도 없이 단지 'S.V. FROM JAPAN'이라고 적힌 견장을 달고 있었을 뿐이었다. 이틀 뒤 새벽, 인천 앞바다에 도착하여 미 해병대와 함께 상륙작전에 투입되었다.

아사가 기지에서 3차에 걸쳐 출정한 재일학도의용군은 491명이었다. 이어 규슈 오이타현 벳부(別付) 미8군 제3사단 캠프 모리(Camp Mori)에서 훈련받은 151명이 사세보(佐世保)항에서 미군과 함께 LST를 타고 부산을 경유하여 원산상륙작전과 장진호 전투에 참전했다. 이렇게 하여 1천여 명의 자원자 중에서 여성과 불합격자를 제외한 642명이 참전하였다. 18세에서 45세까지, 대부분 일본에서 대학이나 고등학교에 다니던 엘리트 청년이었다. "고국이 없어질 판인데 일본 땅에서 나라 없는 국민으로 살아가는 서러움과 고통을 다시는 겪고 싶지 않다"라는 것이 참전의 이유였다.

재일학도의용군은 미군 제7사단 17연대와 31연대, 제3사단 7연대, 15연대, 제8군 6보급부대, 45부대, 60부대, 제92화기중대, 국군 육군전투부대 등에 배속되었다. 이들 부대는 38선을 넘어 북진한 부대로 평양 탈환, 신의주, 백두산까지 진격했다.

재일학도의용군 642명 중 135명이 전사(52) 또는 실종(83)되었고, 부상자도 많았다.

생존자 507명 가운데 265명은 일본으로 돌아갈 수 있었지만 나머지 242명은 1952년 4월 샌프란시스코 평화조약으로 주권을 회복한 일본이 '임의 출국자'로 규정하여 재입국을 거부함에 따라 국내에 남겨졌다. 학업을 중단해야 했고 이산가족이 되어야 했으며, 어려운 생활을 꾸려가야 했다. 1968년 「국가유공자 등 특별원호법」의 개정으로 비로소 작은 혜택이 주어졌다. 그러나 일본 거주자의 경우에는 그보다 늦은 1985년부터 소액의 연금이 지급되기 시작했다.

공군 조종사들

제16묘역 뒤편의 제17묘역은 총 684위가 안장되어 있는 공군묘역이다. 거기에는 재일학도의용군에 참가하여 공군 조종사로 활약하다가 전사한 박두원 대위를 비롯하여 6·25전쟁 때 전사한 조종사 18명이 잠들어 있다. 박두원 대위는 일본 사가중학교와 비행학교를 졸업하고 의용군에 자원하여 유엔군에 배속되어 지상전투에 임하다가 1952년 3월 공군 소위로 임관했다. 제1전투비행단 제10전투비행전대에 배속되어 F-15무스탕 전폭기의 조종간을 잡았다. 5개월 간 89회의 출격으로 원산, 고성, 간성, 신안주 등지에서 전공을 세우며 최우수 조종사로 이름이 높았다. 그러나 1952년 8월 2일 89번째 출격하던 날 악천후로 고도를 유지하지 못하고 속초 상공을 지나던 중 대공 포화를 맞아 장렬히 전사하였다. 100회의 출격 목표를 눈앞에 두고 산화하자, 동료 조종사들이 다음날부터 영정을 들고 교대로 출격하여 100회의 출격 기록을 세워주었다고 한다.

공군 조종사 묘소(제17묘역)

이곳에는 6·25전쟁을 전후하여 전사하였거나 순직한 조종사 110명이 잠들어 있다. 가슴을 울리는 묘비명이 유독이 많은 묘역이기도 하다. 6·25전쟁 때 전사한 대표적 조종사는 다음과 같다.

나창준 소령(1952.4 서부전선), 신철수 소령(1951.12 하리동), 이상수 소령(1950.10 평양), 이세영 소령(1951.4 곡산), 최종봉 소령(1951.4 중부전선), 고광수 대위(1953.7 강릉), 권중희 대위(1952.3 강릉), 김현일 대위(1953.6 고성), 임택순 대위(1953.3 고성), 장동출 대위(1950.9 진해), 장창갑 대위(1953.4 강릉), 조명석 대위(1950.6 서울), 천봉식 대위(1950.9 서울), 이일영 중위(1952.1 하리동), 최종성 중위(1952.2 안동), 백성흠 소위(1950.6 서울), 이경복 소위(1950.6 서울), 전구서 소위(1950.10 화천)

제2차 세계대전 때 많은 대학생이 하늘을 난다는 호기심 때문에 조종사로 자원입대하였다. 책임감 못지않게 낭만과 열정으로 가득하였고 두려움이 없었다. 6·25전쟁 때 공군 조종사 또한 그들과 다르지 않았다. 하늘을 나는 기쁨과 용기와 조국애로 충만해 있었고, 대공포에 맞은 후에도 조종간을 잡고 적진이나 보급품 집적소 등을 향하여 돌진하였다. 다음은 F-51 무스탕 전투기를 몰고 승호리 철교 폭파 작전에 참가하는 등 공군 최초 100회 출격을 기록하고 참모총장을 역임한 김두만 장군의 증언이다.

비행기가 좋아서 비행기를 탔기 때문에 비행기를 탈 때가 제일 행복해요. 공포를 느낀다거나 죽음에 대한 두려움을 느낀다는 것은 별로 없었어요.[142]

Y 1973년 4차 중동전(6일 전쟁) 때 이스라엘 유학생들이 자진 귀국하여 참전한 것을 두고 유대민족에 대한 칭찬이 자자했지요. 하지만 재일학도의용군은 그보다 17년 앞서 뛰어난 용기와 애국심을 보여주었습니다.

K 재일학도의용군은 이스라엘 유학생들과 처지가 달랐습니다. 부모형제와 생활의 터전이 일본에 있었지요. 그것은 순순한 조국애였습니다. 1985년 재일거류민단을 방문하여 그분들을 만난 적이 있습니다. 국내에 거주하시는 분들에게만 적용되던 보훈연금이 그해부터 국외에 거주하시는 분들에게도 지급되기 시작했던 터라 고맙다는 인사를 받았지만 여간 부끄러운 일이 아니었습니다. 30여 년 조국의 관심밖에 있었습니다.

Y 재일동포들의 모국에 대한 공헌은 그것이 전부가 아니었습니다. 경제개발에도 재일동포들의 역할이 컸지요. 1960년대 서독에 광부와 간호사를 파견하고 그들의 임금을 담보로 돈을 빌려왔지 않았습니까? 1965년까지 모국 투자액이 2천만 달러를 넘었습니다. 그때는 연간 총수출액이 1억 달러에도 못 미치는 때였지요. 1970년대 말까지 총 외국인 투자의 절반을 차지했다고 합니다. 제주도 감귤농업과 최초의 수출산업단지 구로공단(현 구로디지털단지)이 재일동포

의 주도로 이뤄졌다는 사실을 기억하는 사람은 별로 없을 것입니다. 1997년 외환위기 때는 780억 엔을 송금하고, 300억 엔의 국채를 매입함으로써 우리 경제에 숨통을 터주었지요. 최초의 순수 민간은행인 신한은행 또한 100퍼센트 재일동포의 출자로 세워진 것입니다.[143]

K 재일동포는 모국에 큰일이 있을 때마다 큰 힘이 되어 주었습니다. 1988년 서울 올림픽 때 100억 엔(541억 원)의 성금을 기부해 성공의 밑거름이 되었습니다. 체조, 수영, 테니스, 조정 경기장과 올림픽 회관 등이 재일동포의 성금으로 세워진 것이지요. 1948년 런던 하계 올림픽은 재일동포들이 마련한 유니폼과 성금으로 출전할수 있었습니다. 유니폼의 태극기도 재일동포 여성들이 직접 바느질한것이라고 합니다. 1970년 오사카 세계박람회에 참가한 것도 50만 달러를 모아 한국관을 건립해 준 재일동포 덕분이었습니다.

Y 두 가지는 꼭 기억해야 할 것 같습니다. 우리 정부는 일본에공관을 세울 여력도 없었습니다. 첫째는 도쿄의 주일 한국대사관을 비롯하여 9개 공관이 재일동포의 힘으로 세워졌다는 사실입니다. 둘째는 우리나라 화장실 개혁의 선도자였다는 사실입니다. 1988년 서울 올림픽을 맞아 재일거류민단 산하의 재일대한부인회는 7년간 '오츠리(잔돈) 모으기' 운동을 벌여 16억 4천만 엔을 모금하여 전국 명승지 14개소에 냉난방 시설까지 갖춘 수세식 화장실을 만들어 주었지요. 우리나라 화장실 문화가 달라진 것은 그때부터였습니다.[144]

K 우리 형편이 나아졌다고 그분들의 공헌을 잊어서는 안 될 것입니다. 디아스포라에서 재일학도의용군으로, 그리고 경제적 지원으로 모국의 회생을 위해 큰 공헌을 했습니다. 그런 사실을 기억이라도 해야 하지 않을까요? 점점 더 희미해지는 느낌입니다.

Y 6·25전쟁 때 재미동포의 활약상은 잘 알려지지 않은 것 같습니다. 김영옥 대령 외에 다른 이름이 떠오르지 않습니다. 초등학교 교과서에도 수록되어 있고, 《아름다운 사람 김영옥》이라는 책도 나온 것으로 압니다.

K 2016년 6월, 전쟁기념관에서 열린 '김영옥 대령 사진전'을 돌아본 적이 있습니다. 김영옥 대령은 재미동포로는 드물게 2차 대전에 육군소위로 참전하여 로마와 남프랑스 해방에 큰 공을 세우고 프랑스 최고 훈장 레지옹 도뇌르, 이탈리아 최고 무공훈장, 미국 은성무공훈장을 받았습니다. 부친(김순권) 또한 미주에서 활동한 독립유공자입니다. 간호사였던 부인(아이다 서)은 남편이 이탈리아 전선에서 부상당했다는 전보를 받고 육군 간호장교로 입대하여 그를 따라 종군했습니다. 2차 대전이 끝난 후 대위로 전역하였지만 6·25전쟁이 발발하자 재입대하여 1951년 10월 소령으로 진급했습니다. 아시아계 미국인으로서 백인을 지휘한 첫 보병 대대장이었다고 합니다. 김영옥 대령 외에도 6·25전쟁에 참전한 재미동포가 상당수 있는 것으로 짐작됩니다.

16

학도의용군
차가운 냉수를 한없이 들이켜고 싶습니다

　재일학도의용군 묘역을 나와 정문 방향으로 향하면 왼편에 세 개의 작은 아치 모양의 학도의용군 무명용사탑이 보인다. 1950년 8월 포항여중 전투에서 전사하여 부근에 가매장되어 있던 이름을 알 수 없는 학도병 48명의 유골을 수습하여 모신 곳이다. 뒷면에 "여기에 겨레의 영광인 한국의 무명용사가 잠드시다"라 새겨져 있다.

　학도의용군은 1950년 6월 29일 수원에서 결성된 비상학도대로부터 시작되었다. 전황의 악화로 대구에 집결한 학도병은 7월 19일 대한학도의용대로 개편되었다. 학도의용군은 1951년 2월 28일 '학교 복귀령'이 내려질 때까지 2만 7,700명이 전투에 참가하였고, 후방 선무활동에 참가한 인원을 포함하면 27만여 명에 달한다.[145]

　어제 내복을 빨아 입었습니다. 물내나는 청결한 내복을 입으면서 저는 왜 수

학도의용군 무명용사탑

의를 생각해 냈는지 모릅니다. 어쩌면 제가 오늘 죽을지도 모릅니다. 하지만 저는 살아가겠습니다. 꼭 살아서 가겠습니다. 어머니! 상추쌈이 먹고 싶습니다. 찬 옹달샘에서 이가 시리도록 차가운 냉수를 한없이 들이켜고 싶습니다.

1950년 8월 10일, 서울 동성중학교 3학년 이우근 학도병이 쓴 편지글의 한 부분이다. 학도병은 다음날 포항여중 전투에서 전사하여 '부치지 못한 편지'가 되었다. 편지글은 포항시 용흥동 학도의용군 전승기념관 뒤편 충혼탑 근처의 기념비에 새겨졌고, 2010년 영화《포화 속으로》의 내레이션으로 널리 알려졌다. 전승기념관에는 포항여중, 안강, 형산강, 천마산 전투 등에서 전사한 학도병 1,394명의 위패가 봉안되어 있다.

8월 11일, 학도의용군 71명은 전차를 앞세운 북한군을 저지하기 위하여 포항여자중학교(현 포항여자고등학교)에서 11시간 동안 치열한 전투를 벌였다. 네 차례 근접전에서 전사 48명, 행방불명 4명, 포로 13명, 부상 6명 등의 희생을 냈지만 북한군의 공세를 저지함으로써 700여 척의 선박으로 시민들이 안전하게 철수할 수 있었다.

학도의용군의 활약은 안강, 천마산, 형산강, 장사리 등으로 이어졌다. 9월 15일 인천상륙작전과 양동작전으로 개시된 영덕 장사동상륙작전은 육군본부 직할 제1유격대대(대대장 이명흠 대위의 이름을 따서 일명 '명부대'라 불린다.)에 의하여 수행되었다. 학도병들이 참가한 6일간의 전투에서 772명 중 129명이 전사하고 110명이 부상을 입었다.

잘 알려지지 않았지만 학도병 최초의 전투는 1950년 7월 25일 하동 화개전투였다. 여수, 순천, 광양, 보성, 고흥, 강진 등 17개 중학교 183명의 학생은 순천에 주둔하던 국군 15연대에 자원입대하였다. 학도병들은 진주로 향하던 북한군 6사단 1천여 명과 섬진강을 사이에 두고 12시간의 사투 끝에 70여 명이 전사하였거나 실종되었다. 어린 학생들의 그 같은 희생은 국군이 낙동강 방어선을 구축하는 시간을 벌어주었다.

1950년 8월 진해중학교 전교생의 약 3분의 1에 해당하는 207명이 자원입대하여 단기간의 교육을 받은 후 현역병으로 편입되어 그중 13명이 전사했다. 제주농업중학교(현 제주고) 학생 145명은 제주도학도돌격대를 조직하여 해병대에 입대하였다. 그 가운데 양동익 해병이 있었다. 1950년 8월, 15세에 해병 제4기로 자원입대하여 인천상륙작전과 수도탈환작전을 비롯하여 고성·간성, 영덕·영월, 가리산, 도솔산, 924고지에서 활약하였다. 을지, 화랑, 충무무공훈장과 미국 동성무공훈장까지 네 개의 훈장으로 아버지의 기도에 답했다.

이 나아감에 대한의 일으켜 세움이 있으니 나에게 기쁜 개선의 노래를 듣게 해다오(大韓興隆在此行 使吳勸聞凱旋聲)[146]

여학생도 예외가 아니었다. 각 군에서 간호, 치사, 세탁, 보조, 후방 선무활동을 주로 했지만 전투에 참가하기도 했다. 강릉사범학교 여자학도의용군 31명은 제1사단에 입대하였고, 강릉여중학교(현 강릉여자고등학교) 20여 명은 제3사단을 따라서 함흥까지 북상하였다. 1950년 9월, 여군의 모태가 된 여자의용군교육대(대장 김현숙 소령)가 창설되었다. 해군과 공군에도 여자학도의용군도 있었다. 해병대가 인천상륙작전에 투입하기 위하여 모집한 3천여 명의 대원 중 대다수가 학생이었고, 그중 126명이 여학생이었다.[147] 공군에 자원입대한 42명의 여성항공병도 있었다.

Y와 K의 대화 ──────────────

Y 우리 역사에는 의병의 전통이 있습니다. 6·25전쟁이 발발하자 학도의용군 2만 7천여 명(5만여 명이라는 자료도 있음)이 교복을 입은 채로 자진 참전하여 7천여 명이 전사했습니다.

K 당시 40여 학교 재학생들이 학도의용군으로 출정하였습니다. 그중에서도 서울중(457명, 현 서울고), 춘천고보(297명, 현 춘천고), 춘천농중(285명, 현 소양고), 진해중(207명, 현 진해고), 제주농중(145명, 현 제주고) 등에서는 재학생의 30~40퍼센트가 참전했다고 합니다. 독립정신이 호국으로 이어진 것으로 해석하고 싶습니다. 실제로 1938년 춘천고보 학생들은 비밀조직 상록회 사건으로 137명이 연행되어 10명이 실형을 받았습니다.

Y 학도병에서 장군에 오른 분도 있습니다. 정태영 장군(육군준장)은 6·25전쟁 직후 학도병으로 출정하여 1952년 육군소위 현지 임관했지요. 전후 군대에 남아 월남전에 참전하였고, 제7사단 포병사령관을 역임하였습니다. 학도병 출신이 장군이 된 유일한 케이스가 아닌가 합니다.(장군 제1묘역에 묘소가 있다.)

K 육군 이등병이 장군에 오른 경우는 있습니다. 최갑석 장군(육군소장)은 1947년 이등병으로 입대하여 1950년 육군소위로 현지 임관했지요. 베트남 전쟁에 참전하였고, 제8사단장, 제2군 부사령관을 역임하고 예편하였습니다. 육군에 그의 이름이 붙은 대대가 있을 정도로 국군사의 한 페이지를 장식하고 있습니다.

Y 《포화 속으로》, 《장사리: 잊혀진 영웅들》과 같은 영화를 통해 학도의용군의 활약에 대한 인식이 부쩍 높아진 것 같습니다.

K 먼저 제 경험을 하나 말씀드리지요. 1979년 지방행정 수습 (修習)을 위해 잠시 영덕 군청에 근무한 적이 있습니다. 군수로부터 장사 해변을 개발하는 방안을 연구해 보라는 과제를 받았습니다. 1968년 울진-삼척 무장공비 침투사건 이후 해안선에 철조망이 쳐져 있었습니다. 짧은 수습 기간이라 해수욕장을 개장하는 정도로 1차 과제를 마무리하고 서울로 발령을 받아 올라왔습니다. 20년이 흐른 후 국장에 재직하고 있을 때 장사상륙작전에 참가했던 6·25참전용사 단체의 지원 요청을 받고 그곳이 장사상륙작전의 현장이었다는 사실을 알았습니다. 그렇지만 더 이상 깊이 들어가지도 못한 채 기념행사를 할 수 있도록 도움을 드린 뒤 곧 잊고 말았습니다. 그러다가 '장사리'라는 영화를 본 후 국방부 군사편찬연구소의 「한국전쟁의 유격전사」를 찾아보았지요. 영화의 소재가 된 장사상륙작전은 인천상륙작전의 양동작전이었습니다. 841명의 병력을 실은 문산호는 악천후와 적의 집중 공격을 뚫고 임무를 마무리하고 장사 앞바다에 수장되고 말았지요. 많은 학도병의 희생 덕분에 양동작전이 성공할 수 있었습니다.

Y 서울대학교 문화관 대강당 벽면에는 재학생으로서 6·25전쟁에 참전하여 전사한 29명의 이름이 쓰인 검은색 명판(plaque)이 부착되어 있습니다. 세계대전 때 유럽이나 미국 명문대학교의 참전자에 비하면 현저하게 적은 숫자입니다.

K 피난지 부산에서도 강의를 중단하지 않았을 정도로 고급 인력을 보존한다는 목적이 있었던 것 같습니다. 서울대학교 재학생 전사자는 29명을 포함하여 지금까지 총 46명이 확인된 것으로 알고 있습니다. 실제로 100여 명이 전사한 것으로 추정되지만 기록 확인이 어렵다고 합니다. 수년 전 교내에 '한국전쟁의 길'을 만들겠다는 발표가 있었지만 아직까지 이렇다 할 진전이 없는 것 같습니다.

Y 영국의 명문대학 학생들은 세계대전 때 자원입대하여 희생을 아끼지 않은 것으로 유명합니다. 1차 대전 때 옥스퍼드대학교 2,716명, 캠브리지대학교 2,470명이 전사했습니다. 재학생의 18퍼센트에 해당하는 숫자였습니다. 이튼 칼리지의 경우에는 1차 대전 1,157명, 2차 대전 748명 등 총 1,905명이 전사했습니다.[148] 미국의 하버드, 예일, 프린스턴, 매사추세츠 공과대학교 이른바 동부의 명문대학도 다르지 않았습니다. 2차 대전이 끝난 후 일본의 귀족과 제국대학의 전사자 비율이 영국 귀족과 명문대학에 비해 현저히 낮았다는 사실을 확인한 일본의 역사가들은 처음부터 이길 수 없는 전쟁이었다는 결론에 이르렀다고 합니다.

K 통계적으로는 그렇습니다. 그러나 용기나 애국심이 부족해서 그랬던 것은 아니었습니다. 징병제도의 차이였습니다. 전쟁 전 일본에는 대학교 45개와 전문대학 178개를 포함하여 총 259개 고등교육 기관이 있었습니다. 학생의 수에 있어서도 인구 대비

0.3퍼센트로 영국의 0.15퍼센트, 프랑스의 0.18퍼센트에 비해 두 배로 많았습니다.[149] 그만큼 인적 자원이 많았던 것이지요. 대학생에게는 입대 연기 사유가 폭넓게 인정되었고, 의학이나 공학 등의 분야에서는 징집에서 제외되었습니다.

⚲ 에머슨의 '자원병'

> 미국 버지니아 루레이 동굴(Luray Cavern) 가장 깊은 곳에 명비(名碑)가 세워져 있다. 랄프 왈도 에머슨(Ralph Waldo Emerson)의 시 '자원병(Voluntaries)'의 한 소절과 이곳 페이지 카운티(Page County) 출신의 제1, 2차 세계대전, 한국전쟁, 베트남전쟁 전사자 73명의 이름이 새겨져 있다.
>
>
>
> "영광은 흙먼지 가까이에 있고,
> 신이 인간과 가까이에 계시다.
> 의무의 낮은 속삭임에도,
> 그대는 틀림없이,
> 젊음이 응당 그러하듯이,
> 할 수 있다고 대답하여야 한다."

17

호국탐방길을 따라가다(1)

죽음까지도 함께한 형제들

이곳에는 동, 서 두 코스의 '호국탐방길'이 있다. 서쪽은 ①베트남 안케전투의 영웅 임동춘 대위(3묘역), ②1949년 5월 북한군에 불법 점령된 개성 송악산 고지를 공격하여 진지를 폭파하고 산화한 육탄 10용사(6묘역), ③서울 수복 후 중앙청에 태극기를 게양한 양병수 상사와 윌리엄 딘(William F. Dean) 소장 구출 작전에서 순직한 김재현 철도기관사(7묘역), ④재일학도의용군(16묘역), ⑤1·21사태 순직자(24묘역), ⑥베트남 짜빈동 전투 전사자(26묘역) 등이다. 동쪽은 ①형산강 전투의 영웅 연재근 상사(27묘역), ②호국부자의 묘(29묘역), ③호국형제의 묘(30묘역), ④강재구·이인호 소령(51묘역), ⑥이원등 상사(53묘역) 등이다.

학도의용군 무명용사탑에 참배하고 돌아 나와 정국교(靖國橋)를 지나면 좌측에 유격부대전적위령비가 보인다. 오른쪽 제30묘역의 '호국형제의 묘'에는 형 이만우 하사와 동생 이천우 이등중사가 나란

히 잠들어 있다. 형은 낙동강 전투가 한창이던 1950년 8월에, 동생
은 한 달 뒤에 자원입대하였다. 각각 1사단과 7사단에 소속되어 서
울 수복, 평양 탈환 등에서 활약하다가 형은 1951년 5월 고양지구
전투에서, 동생은 9월 양구 백석산 전투에서 전사했다. 2010년 시신
을 거두지 못했던 동생의 유해가 발굴됨으로써 형제는 나란히 묻히
게 되었다.

탐방 중인 학생들(학도의용군 무명용사탑)

　제29묘역에는 공군 비행 훈련 중 순직한 '호국부자의 묘'가 있다.
아버지 박명렬 공군 소령은 1984년 3월 청원 상공에서 비행기 추락
사고로 31세의 순직하였다. 아들 박인철 대위는 2004년 공군사관
학교를 졸업하고 소위로 임관하여 2007년 7월 야간 요격 임무 수행
중 태안반도 서북쪽 해상에 추락하여 27세에 순직했다. 아버지의 길
을 따라갔던 아들은 바닷속에 묻혔다. 박인철 대위의 묘에는 유품만
이 묻혀 있을 뿐이다.

호국형제의 묘(제30묘역)

호국부자의 묘(제29묘역)

　이곳에는 한강 방어선을 지키기 위하여 분전하다가 전사한 600명의 장교가 묻혀 있다. 1950년 6월 28일 7월 3일까지 노량진에서 전사한 분의 묘소가 눈에 띈다. 배운용 중령, 김상칠 대위, 김시영 대위, 이연실 대위, 이하련 대위, 이병림 중위, 손삼갑 소위 등이다. 충무, 화랑, 태극 등 세 가지 무공훈장을 받은 사실이 새겨진 비석도 보인다. 제9사단 제29연대 2대대장으로 전선에 섰던 김경진 소령은 1952년 10월 11일 백마고지 전투에서 돌격 중 박격포탄을 맞고 전사했다.

김경진 소령의 묘(제29묘역)

제2부　기억을 불러내는 길

제33묘역의 772기 가운데 독립유공자 세 분이 포함되어 있다.(더 있을 수 있다.) 6 · 25전쟁 발발 직후인 1950년 6월 26일 의정부에서 전사한 윤대여 소령, 6월 27일 서울에서 전사한 이의명 중령, 7월 30일 양천에서 전사한 김영남 소령이다.('12 새 나라의 초석이 되다' 참조)

윤대여 소령의 묘(제33묘역)   이의명 중령의 묘(제33묘역)

가슴 아픈 사연을 간직한 이득주 중령 · 김재옥 교사 부부 합장묘도 있다. 1950년 7월 7일, 충주 신리 동락 전투는 김재옥 교사의 뛰어난 용기로 국군이 승리한 최초의 전투였다.

그해 6월 20일 동락초등학교에 부임한 김재옥 교사는 국군의 행방을 묻는 북한군에 "국군이 이미 철수했다"고 안심시킨 뒤 몰래 학교를 빠져나왔다. 4킬로미터가 넘는 산길을 달려 국군 제6사단 7연대 2대대(대대장 김종수 소령)에게 병력의 규모와 동태를 자세히 알려주었다. 휴식을 취하고 있던 북한군을 기습 공격함으로써 큰 타격을 안겨주었고, 제7연대 장병에게는 전원 1계급 특진의 명예가 주어졌다. 노획한 무기 중에는 소련제 무기가 포함되어 있었다. 소련의 개입 사실을 확인하는 증거가 됨으로써 유엔군 참전의 명분을 제공하였다고 한다.

1950년 10월, 김재옥 교사는 2대대 병기장교 이득주 소위와 결혼하고 남편을 따라서 인제에서 살았다. 1963년 10월, 고재봉의 도끼 만행 사건으로 일가족 다섯 명이 목숨을 잃는 참화가 발생했다. 자신이 P중령 때문에 수감되었다고 여긴 상병 고재봉은 출소 직후에 관사에 들어가 잠자고 있던 일가족 5명을 무참히 살해하였다. 관사에는 P중령의 후임 대대장 이득주 중령과 그 가족들이 거주하고 있었는데 P중령 가족으로 오인하여 발생한 사건이었다. 친척집에 가 있었던 큰아들만 참변을 피할 수 있었다고 한다. 묘석에는 뒤늦게 받은 보국훈장증과 아들과 손자녀의 이름이 새겨져 있다.

제33묘역에는 또 하나 전쟁의 아픔을 보여주는 비석이 서 있다. '육군소위 안 씨의 묘'라 쓰인 이름 없는 묘지다. 비석 뒷면은 비워 있다. 군번은 물론이고 언제 어디서 사망하였는지 알 수 없다. 6 ·25전쟁 전사자 중에는 그와 같이 비석 뒷면이 비워 있는 경우가 적지 않다. '육군중위 오중위의 묘'도 보인다. 비석 뒷면에는 '1950년 9월 7일 하양지구에서'라고 새겨져 있다. 서울현충원, 전쟁기념관, 군사편찬연구소 인명 정보에서도 군번은 물론이고 전사 여부도 확인되지 않는다. 현지 임관자로 짐작될 뿐이다.

'육군 중위 임승훈 · 육군 중령 조창복'이라 새겨진 비석도 보인다.

임승훈 중위는 육군사관학교 제7기 출신으로 1948년 11월 소위로 입관하여 수도사단 소속으로 38선 경비작전 중 1949년 6월, 24세의 나이에 전사했다. 2008년 부인 조창복 중령이 사망하여 함께 묻혔다. 제33묘역은 이런저런 사연이 많은 곳이다.

제33묘역(왼쪽에 이득주·김재옥 합장묘가 보인다.)

마지막 제27묘역에는 1950년 9월 형산강 전투에서 전사한 연제근 상사의 묘가 있다. 12명의 대원을 이끌고 캄캄한 밤에 형산강을 도하하여 적의 진지에 수류탄을 투척하여 격파함으로써 방어선을 지켜낼 수 있었지만 연 상사를 포함한 모든 대원이 전사했다.

Y 국립묘지는 전체가 교육장이지만 그중에서도 '호국탐방로'
는 이곳을 찾는 시민들, 특히 학생들에게 감사와 사랑을 배
우는 좋은 소재를 제공합니다. 개인의 기억과 집단의 기억에는 괴리
가 있지만 공감적 감정을 불러일으키는 것이야말로 호국 탐방의 1차
목적이 아닐까 합니다. 그런 의미에서 인물이나 사건과 관련된 스토
리에 덧붙여 유가족들의 애환을 담아내는 노력이 필요할 것 같습니
다. 예를 들어 제3묘역, 제17묘역 등에는 애절한 비명(碑銘, epitaph)이
새겨진 묘석이 많습니다. 할 말이 너무 많은 탓일까요? 빈 공간으로
남겨둔 묘석도 여기저기 눈에 들어옵니다. 그런 비명을 들여다보고
있노라면 가슴이 뭉클해집니다.

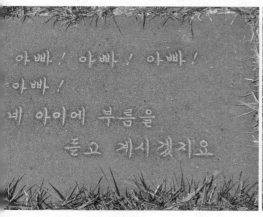

묘비명(제17묘역)

비어 있는 묘비(제17묘역)

K 김재옥 교사는 국군에게 첫 승리를 안겨주고 유엔을 움직이게 한 공로에도 불구하고 정부의 관심이 부족했던 것 같습니다. 그나마 1960년 김종수 대령이 김재옥 교사의 애국정신을 알리기 위하여 《전쟁과 여교사》라는 책을 쓰고, 1966년 영화가 나옴으로써 널리 알려지게 되었습니다. 그 후 동락초등학교에 기념관과 기념비가 세워지고, 보국훈장이 수여되었습니다. 국립묘지에 잠든 분들이 모두 소중한 분들이지만 호국인물과 같은 감동적인 스토리가 있는 분들은 포함하여 호국탐방로를 보완했으면 합니다. 독립유공자 김영남 소령, 윤대여 소령, 이의명 중령, 이득주·김재옥, 임승훈·조창복의 묘 또한 좋은 소재입니다.

Y '애국지사'라는 표식조차 없이 장병묘역에 묻혀 있는 독립유공자에 대해서는 문제의식이 있어야 할 것으로 봅니다.

K 위에서 나온 세분의 경우에도 각종 정보를 확인하여 찾아낸 것입니다. 비석에 새겨진 정보는 계급, 이름, 전사일자와 장소가 전부입니다. 그나마 완전하지 못한 경우도 있습니다. 장병묘역에 안장된 독립유공자를 전수 확인하여 비석에 새기거나 안내판을 설치하는 등의 보완이 필요해 보입니다.

Y 위패봉안관에 들어가면 유원석·유장석 형제의 위패가 걸려 있습니다. 유원석 일병은 1950년 10월에, 유장석 상병은

1953년 7월 휴전 직전에 전사하였습니다. 3형제가 전쟁에 나가 16세 소년병 막내 유형석만 살아 돌아올 수 있었습니다. 1951년 1월 영월지구전투에서 전사한 심일 소령의 집안에서는 3형제가 전사 또는 순직하였습니다. 둘째 심민은 경찰관으로 치안국에 근무하다가 순직하였고, 셋째 심익은 서울중학교(현 서울고등학교)에 다니던 중 학도병으로 참전하여 낙동강 방어전에서 전사했습니다.[150] 제주 출신 허창호·허창식 형제도 있습니다. 허창호 하사는 1951년 순창지구에서, 허창식 하사는 '설악산부근 전투'에서 전사했습니다.

K　제26묘역에 잠든 베트남 전사자 중에는 1967년 8월 꽝나이 지구 전투에서 전사한 이승건 해병중사의 묘가 있습니다. 이 중사는 이민건 하사, 이태건 하사, 이영건 일병 등 세 형이 6·25 때 전사하였음에도 불구하고 베트남전쟁에 참전하여 돌아오지 못했습니

이승건 해병중사의 묘(제26묘역)

다. 전사(戰史)에서 보기 드문 4형제 전사자입니다. 그러나 맏형인 이민건 하사만 선산에 안장되어 있을 뿐 두 형의 유해는 수습하지 못한 채 위패로만 남았습니다.

Y 다섯 형제가 참전한 경우도 있었습니다. 첫째(홍동희)와 셋째(홍종희)는 6·25전쟁에, 넷째(홍계희)와 다섯째(홍명희)는 베트남 전쟁에 참전하였습니다. 둘째(홍남희)는 6·25전쟁에 이어 베트남 전쟁에도 참전했습니다. 다행히 5형제 모두 부상 없이 제대하였다고 합니다.[151]

K 우리는 외국의 사례에 익숙한 편입니다. 영화 등의 매체를 통하여 자주 접할 수 있기 때문이지요. 우리에게도 그 같은 사례가 적지 않을 텐데 적극적으로 발굴하고 제대로 알리려는 노력이 부족하지 않나 싶습니다. 6·25전쟁 때 두 명 이상 전사자를 낸 경우도 거의 2천 가구에 이르는 걸로 알고 있습니다. 하지만 그런 사실이 잘 알려져 있지 않을 뿐만 아니라 기록물이나 전시 공간에서도 찾아보기 어렵습니다.

Y 미국에서는 사진을 포함하여 온라인을 통하여 인적 정보를 자세히 확인할 수 있습니다. 노르망디 상륙작전을 소재로 한 스티븐 스필버그 감독의 《라이언 일병 구하기》처럼 영화, 음악, 문학 등 대중문화의 소재가 되기도 합니다. 그런 분들의 자료를 정리하여

온라인으로 볼 수 있도록 하고, 전시 공간에 반영하는 노력이 필요할 것입니다.

K 2012년 5월, 17세 소년병 김용수 일병의 유해가 돌아왔을 때 그의 형이 했다는 말이 떠오릅니다. 전선에서 만난 동생에게 집으로 돌아가라고 하자 "형은 집을 지켜라. 나는 나라를 지키겠다"라고 했다는 겁니다. 동료들을 두고 떠나기를 거부하는 라이언 일병의 모습이 연상되는 장면입니다. 김용수 일병은 1950년 11월 말 장진호 전투에서 실종되었는데 미군 유해 발굴 과정에서 수습되어 62년 만에 조국의 품으로 돌아와 대전현충원에 안장되었습니다.

Y 국내에 2,200여 개소의 독립·호국 관련 기념물이 있는 것으로 알고 있습니다. 기억의 장소가 살아 숨 쉬게 하는 탐방과 체험프로그램입니다. '호국대장정'이나 '해외독립운동유적지답사'와 같은 역사 탐방 프로그램이 있지만 아직까지 그 규모나 관심도에서 부족함이 있는 것 같습니다. 기억을 전승하고 나라사랑의 마음을 배우는 장소로 활용할 수 있는 다양한 프로그램의 개발이 필요합니다.

K 프랑스에는 매년 7월에 열리는 '투르 드 프랑스(le Tour de France)'라는 사이클 대회가 있습니다. 피로써 지켜진 3,500킬로미터의 국경선을 확인하는 일종의 국토대장정입니다. 1903년 스포츠 신문 '로토(L'Auto)'지에 의하여 창설된 프랑스에는 해

마다 조금씩 다르지만 대개 3주간, 3,500킬로미터를 달립니다. 해발 2,000미터가 넘는 산악구간이 포함되어 있어 '지옥 레이스'라고도 불리기도 하지요. 대개 서쪽 지방에서 출발하여 남쪽의 최고봉에 해당하는 해발 1,912미터 높이의 몽빵두(Mont Ventoux)를 반환점으로 북상하여 파리의 샹젤리제 거리 개선문을 통과합니다. 하루에 한 구간, 통과할 때마다 군악대의 연주와 주민의 환호를 받지요. 단순한 사이클 경기가 아니라 피로서 지켜진 국경선을 확인함으로써 과거를 가치 있는 것으로 만드는 국민적 축제입니다.[152] 그 외에도 프랑스에는 기억의 여권(Passeport pour la Memoire)이나 기억의 여행(Tourismed de Memoire)과 같은 프로그램이 있습니다.

Y 미국에는 국가 역사 트레일(National Historic Trail)이 있습니다. 19개 코스에 5만 3천 킬로미터가 넘습니다. 120여 년의 역사를 가진 보스턴 마라톤(Boston Marathon) 대회도 있습니다. 1947년 제 51회 대회에서 서윤복 선수가 우승하여 광복된 조국에게 큰 선물을 안겨주었고, 1950년 4월 제54회 대회에서는 함기용, 송길용, 최윤칠 선수가 나란히 1, 2, 3위를 차지하였지요. 2001년 105회 대회에서는 이봉주 선수가 우승하여 선배들의 명예를 이었습니다. 매년 4월 셋째 주 월요일 '애국자의 날(Patriots' Day)'에 개최되는 보스턴 마라톤 대회는 독립전쟁 중인 1775년 4월 19일 콩코드-렉싱턴 전투의 승리를 기념하여 1897년 창설된 것입니다. 매사추세츠, 메인, 위스콘신, 코네티컷, 노스다코타 등 5개 주가 그날을 '애국자의 날'로 기리고 있습니다.

K 러시아 상트페테르부르크에서는 매년 1월 말 '눈길 마라톤'이 열립니다. 공식적으로는 '생명의 길 국제 겨울마라톤'입니다. 제2차 세계대전 때 독일군의 900일간 포위 공격에서 벗어난 날을 기념하기 위한 것입니다. 생명의 길(doroga zhizni, Road of Life)은 얼어붙은 라도가 호수 위로 식량과 보급품을 실어 나르고 시민들을 탈출시킨 생명줄과 같은 것이었지요. 얼음의 두께가 충분치 않아서 트럭이 호수 밑으로 추락하는 사고도 있었습니다. 호수 건너 숲속에는 자작나무 900주에 빨간 리본과 종을 매달아 전사자들을 추모하고 있습니다. 우리나라도 보훈을 문화, 예술, 체육 등의 다양한 분야에서 생활 속에서 뿌리내리게 하는 노력이 필요합니다.

이어지는 호국형제 이야기

2023년 6월 6일 김봉학 일병의 유해가 동생 김성학 일병이 잠든 제52묘역에 나란히 안장되었다. 이만우·이천우(제30묘역), 강영만·강영안(제50묘역)에 이은 세 번째 '호국형제의 묘'이다. 김성학 일병은 1950년 12월 춘천 부근 전투에서, 김봉학 일병은 1951년 9월 '피의 능선 전투'에서 전사했다.

2011년 양구에서 수습된 김봉학 일병의 유해는 2023년 2월에야 신원이 확인되어 동생 곁에 잠들 수 있게 되었다.

18

호국탐방길을
따라가다(2)

의병의 맥을 잇다

정국교를 건너면 흰색으로 빛나는 유격부대전적위령비를 만난다. 6·25전쟁 때 유격전을 벌이다가 산화한 유격부대원들의 희생을 기리기 위해 세워진 것으로 43개 유격부대의 이름이 빼곡히 새겨져 있다. 한국반공유격대의 백령기지 산하 24개 부대, 강화기지 산하 8개 부대, 속초기지 산하 5개 부대, 덕소 공수기지 산하 4개 부대와 호림 유격부대, 영도유격부대 등이다.[153] 둘레길 동쪽 끝자락 국방부 유해발굴감식단(MAKRI) 입구에 있어서 그냥 지나치기 쉬웠는데 2022년 지금의 자리로 옮겨 다시 세워졌다.

유격부대는 크게 3개 형태로 존재했다. 첫째는 전쟁 초 경기, 강원지역에서 학생, 청장년, 애국단체원 등에 의하여 자발적으로 조직된 민병대 성격의 단체다. 둘째는 북한지역에서 반공활동을 하다가 무장투쟁으로 전환된 단체로서 북한지역에 남아 유격전을 벌이거나

유격부대전적위령비   태극단 태극기(전쟁기념관)

남쪽으로 탈출하여 서해안 지역에서 유격전을 전개한 단체다. 셋째는 후방 교란 등의 목적으로 국군이 편성, 운용하였거나 미군이 지원, 활용한 유격부대다. 위령비에 새겨진 43개 유격대 중에는 미군과 중앙정보국(CIA) 산하의 42개 부대와 호림유격대가 포함되어 있다.

강원도와 경기도의 반공청년단체들은 자발적으로 유격전을 전개하였다. 강원지역에는 대한청년단 북산면 지부, 화무결사대, 반공투쟁공작산악대, 진동리 한청결사대, 인제 수산리결사대, 홍천 결사대, 내촌 구국단, 속초 반공청년단 등이 있었다. 1950년 8월 춘천 남면 가정리에서 조직된 '반공투쟁공작산악대(대장 이승균)' 80여 명의 대원 중 30여 명이 고흥 유씨 집성촌 사람들이었다. 식량 조달의 책임을 맡은 유봉상 대원은 의병장 유인석 선생의 후손이었다.[154]

경기지역에는 태극단, 인산의혈대, 초옥동결사대, 반공산악결사대, 감악산지구결사대, 대한구국단, 대한의열단, 서부결사대, 대한정

의단, 강화유격대 등이 있었다. 그중 1950년 6월에서 9월까지 3개월간 경기도 포천, 양주, 고양, 파주, 강화, 김포 일대에서 학생·공무원·근로자 등으로 조직된 200명 규모의 태극단은 북한군의 장비 수송을 저지하기 위하여 경의선 철로와 탄약고를 파괴하는 등으로 활약하였다.

황해도, 평안도, 함경도에서 활동하던 반공청년단원들은 중공군의 개입으로 위기에 처하게 되었다. 그중 황해도와 평안도 반공단체원 대다수는 주민들과 함께 남쪽으로 피난길에 올라야 했다. 그에 따라 은율, 송화, 장연, 풍천으로 많은 피난민이 모여들었다. 송화 월사리에 집결한 피난민을 구조한 것은 현시학 함장이 지휘한 PC-704(지리산함)이었다.[155]

남쪽으로 탈출한 반공청년들은 백령도, 대청도, 소청도, 강화도 등지에서 미군과 연계하여 활동하였다. 탈출하지 못한 일부 반공단체 청년들은 황해도 구월산 등지에서 유격대로 활약하였다. 남쪽으로 탈출이 어려웠던 함경도 청년들은 국군 낙오자들과 함께 개마고원 유격대, 주을반공유격대, 고원청년유격대 등을 조직하였다.

1950년 8월, 육군본부 직할로 유격대사령부, 을지병단, 결사유격대, 제9172부대 등이, 일선 부대 단위로 유격중대가 편성되었다. 육군 독립 제1유격대대(일명 '명부대')는 인천상륙작전과 양동작전으로 전개된 영덕 장사동상륙작전에 투입되었다. 결사유격대는 강원도 연곡, 속사, 용대 등에서 활약하였다. 그중 하나가 채명신 중령이 이끈 '백골병단'이었다.('04 첫 장병묘역에 들어서다' 참조) 육군은 6 ·25전쟁이 발발하기 전 북한의 게릴라 침투(10회, 2,400명)에 대응하여 '호림부대'라는 특수부대로 편성하여 대북 군사 활동을 전개한 적이 있었다.

미군은 서해안으로 탈출한 반공청년들을 주축으로 레오파드 기지(백령도), 울팩 기지(강화도), 커크랜드 기지(주문진)를 세웠다. 1951년 7월 제8240부대로 통합하여 동키부대(24), 울팩부대(8), 동해안 유격부대(4), 제1공수유격부대(3) 등으로 체계화하였다. 병력의 규모는 최대 2만 명을 상회하였고, 자생 유격대나 국군 유격부대와 달리 중화기로 무장하고 있었다. 제8240부대는 서해안에서는 백령도와 강화도를 기점으로 옹진반도와 대화도까지, 동해안에서는 속초와 주문진을 거점으로 활동하였다. 미 중앙정보국 또한 첩보부대 주한연락처(Korea Liaison Office)를 창설하고 영도유격대를 운용하였다.

유격대는 적에게 큰 타격을 주었을 뿐만 아니라 군수물자 집적소, 철도, 교량 등을 파기하고 피난민과 추락한 비행사 등을 구출하는 등으로 활약했다. 북한군과 중공군의 전력을 분산시키는 데 큰 도움이 되었고, 서해안 연안 도서를 방어함으로써 백령도 등 5도를 고수하는 데 큰 역할을 담당하였다는 평가를 받는다.[156]

Y 6·25전쟁 때 활약한 유격대의 공헌이 잘 알려지지 않은 것 같습니다. 일부 생존한 유격대원이나 전우회 등을 통하여 비화로 전해지고 있을 정도입니다.

K 자료의 한계 등으로 오랜 기간 사각지대에 있었던 것이 사실입니다. 자생적인 유격대는 말할 것도 없고 국군에서 운용한 유격부대조차 군번을 받지 못한 대원들이 적지 않았다고 합니다. 미군에서 운용한 제8240부대는 예하 40여 개 부대에 총 2만 명의 대원들이 있었지만 부대근무자(피고용인) 신분이었다고 합니다. 미군에도, 국군에도 속하지 않은 채 '군번도 없이 계급도 없이' 활동하였습니다. 미군과의 관계에서 보면 '자발적으로 통제를 받기를 자원한 동맹군의 비정규 요원'이었습니다.[157] 미군의 지원을 얻기 위하여 자원하여 통제를 받았다고 하지만 독자적으로 활동한 민간 군사단체였다는 점에서 민병대나 의병에 가깝다고 할 수 있을 것입니다.

Y 유격부대전적위령비에도 표기된 대로 유격부대의 수도 많지만 명칭 또한 복잡합니다. 각 부대는 한국명과 영어명 등 두 가지 이름이 있습니다. 출신 지역에 따라서 신천, 구월, 천마, 송림, 수월 등 41개 단체가 있었는데 미군에 의하여 제8240부대로 통합되면서 코드명이 부여되었던 것이지요. 유격대는 청년방위대, 방위군 간

부, 본대에서 낙오된 국군이 결합된 복합적 형태를 취하고 있었기 때문에 국군과 유엔군 사이에서 어려움도 있었던 것 같습니다.

K '구월산유격대'라고 불리는 은율구월부대(동키 제2부대)가 그런 경우입니다. 1950년 7월 육군 정보국 첩보장교 김종벽 대위는 고향 청년들의 요청으로 연풍부대(150명)를 조직합니다. 여러 곳에서 대원들이 합류하여 대규모 조직으로 발전하자 1951년 3월 백령도의 미군 레오파드 기지 사령부와 접촉하여 '동키 2부대(부대장 김종벽)'라는 호출부호를 받습니다. 7개 연대(2천여 명)의 규모로 편성된 구월부대는 본부를 석도로 옮겨 유격전을 수행합니다. 그러나 사령부와 작전상 이견이 있었던 모양입니다. 김종벽 대위가 해임되어 원대 복귀한 후 부대장 선출 등을 둘러싸고 충돌하였고, 결국 해체되어 1951년 8월 '동키 20부대'로 개편되었습니다.

구월부대에는 이정숙이라는 여성 유격대원이 있었습니다. 안악에서 40여 명을 이끌고 합류하여 김종벽 부대장 바로 밑의 직책인 보좌관을 맡았지요. 두 분은 부부가 되어 무공훈장을 받고 사후 대전현충원에 묻혔습니다. 구월부대에는 이정숙 보좌관 외에도 44명의 여성 대원이 더 있었고, 전체적으로는 확인된 인원만 200명에 가깝습니다.[158]

Y 국방부는 2021년 10월부터 시행된 「6·25전쟁 전후 적 지역에서 활동한 비정규군 공로자 보상에 관한 법률」에 따라 형제 사례 12건, 부부 사례 24건, 부자·모자 사례 2건을 확인했다고 합

니다. 대표적인 사례는 팔미도 탈환작전을 성공적으로 수행한 이철·최상렬(부부), 첩보원과 유격작전에 참가한 박정숙·윤종상(모자), 황해도 일대에서 첩보수집과 유격활동을 수행한 이영일·영이·영우·영걸·영익(5형제) 등입니다.[159]

K 이른바 '군번 없는 병사'들은 유격대원뿐만 아니라 학도의용군, 애국단원, 유격대원, 노무대, 징용, 호국대원, 방위군, 공작원, 첩보원, 문관, 간호사, 의용경찰, 의용소방대원, 철도원, 선원 등 다양합니다. 군번이 부여된 경우도 있지만 대부분 민간인 신분이었습니다. 서울과 대전현충원에 안장된 인원만 1만 5천여 명(유격 5,403, 노무 1,048, 애국청년 625)에 달합니다. 대부분의 전사자가 국립묘지의 위패로 남았습니다.

19

기록이 모여
기억이 되다
독립과 호국의 발자취

후문 방향으로 나가다 보면 넓은 광장이 있다. 동편의 현충관을 중심으로 호국전시관과 유품전시관이 좌우에 배치되어 있다. 현충관은 안장의식이나 중요 국가행사 장소로 사용된다. 유품전시관에는 독립유공자와 호국용사의 유품 1,300여 점이 보존, 전시되고 있다.

호국전시관은 추모실(1층)과 전시실(2층)로 구성되어 있다. 1층에 들어서면 정면에 '조국수호의 불꽃' 조형물이 보인다. 왼쪽 영상실 벽면에는 서울현충원에 안장 또는 위패가 봉안된 호국영웅 70인(독립 53, 호국 17)의 동판 초상이 부착되어 있다. 2층 전시공간은 규모는 크지 않지만 근현대사의 흐름을 요점적으로 정리해 놓고 있다.

철도기관사, 여자의용대, 노무대 등 잘 알려지지 않은 분들의 활약상을 담은 전시물도 있다. 철도 기관사의 분투는 지상군으로서 가장 먼저 전선에 투입된 미 육군 제8군 24사단과 관련이 있다. 사단장 윌리엄 딘(William F. Dean) 소장은 전투 경험이 많은 스미스 중령의 대대를 주축으로 540명 규모의 특수 부대('스미스 부대'라 불린다.)를 편성하여 가능한 한 부산에서 먼 곳에 저지선을 구축하라는 명령을 내렸다.

1950년 7월 5일, 스미스 부대는 오산 죽미령에서 북한군 전차 부대를 맞아 6시간의 사투 끝에 60명의 전사자를 내고 영동으로 후퇴했다. 7월 19일 국군 제24사단의 주력 또한 대전전투에서 패퇴하고 뿔뿔이 흩어졌다. 설상가상으로 사령관 딘 소장마저 실종되고 말았다.

딘 소장은 군정청의 군정장관(1945~1948)을 맡은 적이 있어 한반도 지형에 밝다는 이유로 미군의 선봉대를 맡았다고 한다. 미군은 30여 명의 특공대를 편성하여 구출작전에 나섰지만 포위망을 뚫고 북상하기란 극히 어려운 일이었다. .

대전철도국 소속 김재현, 현재영, 황남호 기관사는 대전이 점령되던 시점에 충북 영동역에서 군수물자 후송 작전에 참여하고 있었다. 세 사람은 딘 소장 구출작전에 참가하여 충북 옥천 이원역에서 증기기관차를 몰고 대전으로 향했다.

쏟아지는 총탄을 뚫고 대전역에 도착하였지만 딘 소장을 발견하지 못하고 적진에서 탈출해야만 했다. 대전역을 벗어나 남쪽으로 향하던 기관차는 대전 남쪽의 판암동 산기슭에서 기다리고 있던 북한군의 공격을 받았다. 김재현 기관사가 전신에 여덟 발의 총상을 입고 쓰러지자 현재영 부기관사가 운전대를 잡았지만 그 역시 왼팔에 총상을 입었다. 마지막에는 황남호 부기관사가 운전대를 잡고 기적 적으로 탈출에 성공하였다. 탈출 과정에서 김재현 기관사를 포함하여 특공대원 27명이 전사했다.

딘 소장은 한 달간 산속을 헤맨 끝에 포로가 되었다가 1953년 9월 포로교환으로 귀환할 수 있었다. 세 기관사에게는 미 국방장관 특별민간공로훈장이 수여되었다. 김재현 기관사는 철도인 최초로 서울현충원 제7묘역(장교묘역)에, 현재영 부기관사는 대전현충원 장병 묘역에 안장되었다.

호국철도박물관(대전현충원)

호국전시관 2층 전시물

호국전시관은 여성들의 활약도 보여준다. 여자배속장교, 여자의용 군, 여자해병, 여자항공병, 육·해군 간호장교, 여자학도의용군, 여성 유격대원, 민간 간호사 등을 포함하여 총 2,400여 명이 6·25전쟁에 참전했다.[160]

가장 먼저 임관한 것은 육·해군 간호장교였다. 1948년 8월 육군 간호장교 31명을 시작으로 이듬해 4월, 해군 간호장교 20명이 임관되었다.[161] 6·25전쟁 기간 중 추가 선발되어 664명이 종군하였다.

1949년 2월 육군여자항공교육대(나중에 공군여자항공교육대로 개편되었다.)가 창설되어 서울 시내 여자중학교 학생 15명이 선발되었다. 해병대에 입대한 여성들도 있었다. 1950년 8월 제주도에 주둔하고 있던 해병대가 인천상륙작전에 참가하기 위해 모병에 나서자 3천여 명이 자원입대하였는데 그중 126명이 여학생이었다. 200여 명이 참가한 여자학도의용군도 있었다. 그중 강릉사범학교와 강릉여중학교 여학생 50여 명은 국군 1군단을 따라서 북진 대열에 참가하기도 했다.

1950년 9월 부산의 육군 제2훈련소에 여자의용군교육대가 창설되어 1천 명이 훈련을 받고 1951년 1월 전방에 배치되었다.[162] 세칭 낭자군(娘子軍)으로 불리며 여군의 모체가 되었다.

노무대는 미군의 인력 요청에 따라 35세에서 45세 남성중에서 선발되었지만 실제 십 대 소년에서 노인까지 20만 명 이상이 참가하였다. 산악을 오르내리며 지게로 식량과 탄약을 운반하여 유엔군의 전투를 지원했다. 정식 명칭은 한국근무단(KSC)이었지만 알파벳 'A'자와 닮았다 하여 '지게 부대(A Frame Army)'라는 닉네임이 붙었다.

또 하나 눈길이 가는 곳은 백마고지 전투 장면이다. 1952년 10월에서 11월 사이 철원의 백마고지는 12차례의 쟁탈전에 7번이나 주인이 바뀌는 치열한 전투가 벌어졌던 곳으로 중공군 1만여 명, 국군

3,500여 명의 사상자를 냈다. 마지막에는 소대장 강승우 소위, 오규봉 일병, 안영권 상병이 적진에 뛰어들어 9부 능선의 기관총 진지를 폭파하고 장렬히 전사함으로써 정상을 탈환할 수 있었다. '백마고지 3용사' 중 오규봉 일병은 서울현충원 제13묘역에 안장되어 있고, 강승우 소위와 안영권 상병은 대전현충원에 위패로 봉안되어 있다.

Y와 K의 대화

Y 호국전시관에는 우리가 잘 알지 못했던 철도기관사, 육군여자의용군, 간호장교, 노무대 등의 활약상을 확인할 수 있습니다. 그중에 군인 신분이 아니면서 산길을 오르내리며 위험에 노출되었던 노무대의 역할입니다. 그분들에 대한 보훈은 어떤지요?

K 노무대의 헌신에 감동을 받은 유엔군 총사령관 마크 클라크(Mark W. Clark) 대장은 "전쟁의 절반은 노무자들이 치렀다"라는 말을 남겼습니다.[163] 노무, 근로동원, 징용 전사자 가운데 사체를 거두지 못한 경우가 대부분입니다. 서울현충원 제25번 묘역에 그 일부가 묻혀 있거나 위패로 남았습니다.

Y 이곳 호국전시관에서 그간에 잘 알려지지 않았던 여성과 노무대의 활약상을 확인할 수 있었습니다. 한 가지 더 관심을 기울일 부분이 있는 것 같습니다. 군의관을 비롯한 의료인의 역할에

관한 것입니다. 영국 시인 로렌스 비니언(Laurence Binyon)은 '치유자들(The Healers)'이라는 시에서 "용사 중의 용사"라고 노래했습니다. 총탄이 빗발치고 막사가 무너지는 극도의 혼란 속에서도 부상병 치료를 포기하지 않는 사람이라는 뜻이지요.

K 서양의학을 공부한 최초의 군의관은 1899년 7월 도쿄케이의원(東京慈惠醫院)을 졸업한 김익남이었습니다. 대한제국 의학교(교장 지석영)의 교관을 맡아 제1회 졸업생 19명을 배출하였고, 1904년 대한제국군대 군의장(軍醫長)으로 복무하였습니다. 그 후 유병필, 김교준(대종교 2대 교주 김교헌의 동생), 홍석후(홍난파의 형) 등 대한제국 의학교 졸업생들은 육군부위로 임명되어 1907년 7월 군대해산 때까지 복무하였습니다.[164]

의료인의 공헌은 군대해산 때 부상병 치료를 시작으로 독립과 호국으로 이어졌습니다. 6·25전쟁 때 부족한 인력으로 약 40만 명의 입원 환자를 감당하였을 뿐만 아니라 전상용사의 신체적, 정신적 고통을 함께 나누어야 했습니다.

1948년 5월 창설된 제1육군병원은 군 의료기관의 모태입니다. 뒤이어 1949년 8월 육군군의학교가 창설되어 의료 인력을 양성하게 되었습니다. 6·25전쟁 직전 군 의료시설은 육군병원 5개소, 육군요양원 1개소에 장교 250명, 위생병 1,401명이었습니다. 1953년 휴전 당시 육군병원 16개소, 이동외과병원 11개소로 늘어났습니다. 군 의료시설 외에 징발된 의과대학교 부속병원과 민간 종합병원을

포함하면 수천 명이 되겠지만 인적 정보가 잘 정리되어 있지 않은 것 같습니다.[165]

Y 국방부 전사편찬연구소의 《6·25전쟁 참전 여군사》는 간호장교 664명의 명단을 정리해 놓고 있습니다.[166] 그중에는 6·25전쟁 때 특별한 스토리를 남긴 간호장교들도 많이 있습니다. 광복군에 이어 민간 간호사로서 참전하여 현지 임관한 오금손 대위, 6·25전쟁에 이어 베트남 전쟁에 참전하고 화랑무공훈장을 수훈한 김필달 대령 등입니다.

K 우리나라 여군사의 중요한 자료가 된 회고록을 남긴 분들도 있습니다. 오금손 대위의 《피로 불든 파로호》, 조귀례 중령의 《전장의 하얀 천사들》, 이종선 소령의 《나의 도전은 끝나지 않았다》 등입니다. 부부 의료인도 있었습니다. 군의관으로 활약한 박영하 중령과 간호장교 전증희 대위입니다. 두 분은 전장에서 만나 부부가 되었지요. 1956년 전역한 박영하 선생은 을지재단을 설립하여 의료 발전에 큰 족적을 남겼습니다.

Y 6·25전쟁 때 기자, 아나운서, 작가, 화가 등으로 전선을 누빈 분들이 있었지만 잘 알려지지 않고 있는 것 같습니다. 지금도 세계 곳곳에서 전장을 누비는 특파원의 모습을 볼 수 있지요.

K 경기도 파주시 통일공원에 가면 '한국전 순직 종군기자 추념
비'가 서 있습니다. 그곳에는 6·25전쟁 당시 전황을 취재, 보
도하다가 목숨을 잃은 국내외 종군기자(war correspondent) 18명의 이
름이 새겨져 있습니다. 한국(1), 미국(10), 영국(4), 프랑스(2), 필리핀(1)
등입니다. 유일한 한국인 한규호 기자(서울신문)는 전쟁 초기 상황을
취재하여 기사를 송고함으로써 생생한 증인이 되었습니다. 임진강 방
면 80킬로미터 전선에 북한군 2개 사단, 2개 여단이 투입됐으며, 국
군 복장과 견장으로 위장하고 있다는 내용이었습니다. 한 기자는 국
군을 따라서 서울에 돌아왔지만 북한군에 피살되었다고 합니다.[167]
국방부가 종군기자를 전선에 보낸 것은 1949년 9월 20명(1기)이 처
음이었다고 합니다.[168] 대한언론인회에 의하면 첫 기사를 내보낸 한
규호, 국군의 평양 입성을 전한 이혜복, 국경지대인 초산까지 올라간
이필면 기자를 비롯하여 총 43명의 종군기자가 있었습니다. 2015년
6월 대한언론인회와 국방부는 종군기자(43명)과 참전언론인(35명)의
이름을 기록한 '6·25 참전 언론인 명패'를 제작하였습니다. 그 외 국방
부 정훈국 소속 문총구국대(文總救國隊)의 일원으로 공중인, 구상, 박
두진, 박목월, 박양균, 오병수, 유치환, 조지훈 등 30여 명이 활약한
것으로 알려지고 있습니다.

Y 이곳에서는 종군기자나 문화예술인들의 묘소를 찾아보기 어
려운 것 같습니다. 아마 전쟁 중에 순직하였거나 부상을 입은
분들이 많지 않았기 때문이 아닐까 싶습니다.

K 정확하게 확인하기는 어렵지만 6·25전쟁 때 목숨을 잃은 분
은 한규호 기자와 1950년 9월 초산에서 순직한 김경숙 아
나운서 등 두 분인 것 같습니다. 이곳 서울현충원에는 6·25전쟁 종군
기자 김경숙(위패), 김희종·문제안·이명동·이지웅·이혜복·임학수·장명
덕·전동천·지갑종·윤종현(이상 충혼당) 등 열한 분[169]과 베트남 전쟁에
서 순직한 백광남 기자(제51묘역)의 묘가 있습니다. 그리고 대전현충
원에는 김우용·방낙영·윤영근·최경덕·최기덕·최원각 등 여섯 분이 안
장되어 있습니다. 생명의 위험을 무릅쓰고 전선을 누빈 종군기자와
문인들의 희생과 공훈을 선양하기 위한 노력이 필요해 보입니다.

Y 인천상륙작전에서부터 종전 시까지 6·25전쟁의 실상을 전
세계에 알리며 자유세계 시민들에게 경각심을 준 외국 종군
기자들이 있었습니다. 마거릿 히긴스(Marguerite Higgins) 기자와 데이
비드 던컨(David D. Duncan) 기자의 활약이 컸습니다.

히긴스는 뉴욕 헤럴드 트리뷴지 특파원으로 맥아더 사령관과 동행하
여 인천상륙작전을 취재한 맹렬한 여성이었습니다. 1950년 9월 18일
자 '불타는 해안(Red Beach)'이라는 기사로 세계에 놀라움을 안겨주었
습니다. 1951년 「한국전쟁(War in Korea)」의 인기에 힘입어 퓰리처상
(Pulitzer Prize for Foreign Correspondence)을 수상한 최초의 여성이 되
었습니다.

던컨은 라이프지 사진기자로 장진호 전투와 흥남철수를 기록한 귀중
한 사진을 남겼습니다. 1951년 사진첩 「이것이 전쟁이다(This is War)」

를 통해 6·25전쟁의 참상을 가장 사실적으로 보여주었다는 평가를
받습니다.

K 매년 11월 11일 11시를 기해 부산의 재한유엔기념공원에 묻힌
유엔군 전사자를 향해 묵념하는 '턴 투워드 부산(Turn toward
Busan)'이라는 현충의식이 있습니다. 2007년 캐나다 종군기자 빈스
커트니(Vince Courtenay)의 제안으로 시작된 것입니다. 종군기자 중에
는 윈스턴 처칠의 아들 랜돌프 처칠(Randolph Churchill)과 필리핀의 베
니그노 아키노 2세(Benigno Aquino Jr., 코라손 아키노 전 대통령의 부군)
도 있었습니다.

Y 2021년 11월 24일 국방부는 백마고지 유해 발굴 작업을 통
하여 총 37점 (잠정 22구)의 유해와 8,262점의 유품을 발굴하
였다고 발표했습니다. 그중 395고지 정상에서 쏟아지는 포탄을 피해
개인호에 몸을 은폐한 채 적을 향해 총을 겨누는 자세 그대로 발굴된
유해가 있었는데 철모와 머리뼈에서 총알 관통 흔적이 발견돼 진한
아픔과 감동을 자아냈습니다.

K 국방부는 추가적인 자료 조사와 유전자 감식을 통하여 그가
조응성 하사라는 사실을 밝혀냈습니다. 조 하사는 1952년
5월 아내와 두 딸을 남긴 채 제주도 제1훈련소로 입대하여 제9사단
제30연대에 배치되었다고 합니다. 그리고 격전 중 목숨을 잃고 70여

년 차가운 땅 속에 묻혀 있다가 마침내 가족의 품에 돌아왔습니다. 다음은 2021년 11월 10일 백마고지 유해 발굴 현장에서 참전용사 한분이 낭독한 편지글의 일부입니다.

한 밤에 이게 무슨 소리 꽹과리 치고 나팔 불고 불나비 때처럼 기어오르는 적의 무리 우리는 싸웠다. 용감하게 싸웠다. 밤낮 10여 일간의 혈전 우리가 이겼다. 승리했다. 391고지 정상에 태극기 휘날리고 만세소리는 하늘 높이 울려 퍼진다. 푸르던 능선은 피아(彼我) 퍼붓는 포탄이 작렬하여 나출(裸出), 허연 속살이 나와 백마(白馬)가 되었다.[170]

20

열린 국립묘지를 향하여

'지킴'에서 '채움'까지

국립묘지의 안장대상과 방법은 「국립묘지의 설치 및 운영에 관한 법률」에 의하여 국립묘지의 종류별로 규정되어 있다. 3·15, 4·19, 5·18묘지, 선암선열묘지(독립유공자), 국립호국원(군인)과 달리 국립현충원의 안장대상은 국가원수, 독립유공자, 군인, 경찰, 소방관, 국가사회공헌자, 의사상자 등이 포함된다.

국가사회공헌자(제5조 제1항 파호)는 "국가나 사회에 현저하게 공헌한 사람(외국인 포함) 중 사망한 사람으로서 대통령령으로 정하는 요건을 갖춘 사람"을 말한다. 구체적으로는 국민, 수교, 산업, 새마을, 문화, 체육, 과학기술 등의 훈장을 받은 사람과 그와 같은 훈장을 받을 수 있는 활동 또는 업적에 준하는 활동을 하거나 업적을 이루어 국가 또는 사회에 현저하게 공헌한 사람을 말한다.

의사상자(義死傷者)는 「의사상자 등 예우 및 지원에 관한 법률」에 의하여 직무 외의 행위로 위해(危害)에 처한 다른 사람의 생명·신체 또는 재산을 구하다가 사망하거나 부상을 입은 사람을 말한다. 의사상자가 국립묘지 안장대상에 포함된 것은 2003년 12월 7일 남극 세종기지 조난 사고가 계기가 되었다. 동료들을 구조하려다가 목숨을 잃은 전재규 연구원의 국립묘지 안장 문제가 제기되었다. 그에 따라 2005년 7월 「국립묘지의 설치 및 운영에 관한 법률」이 제정되어 국립묘지 안장 대상이 의사상자와 국가사회공헌자 등으로 확대되었다.

세계 각국은 예외 없이 국립묘지를 두고 있다. 군인묘지 외에 위인들을 위한 별도의 장소가 마련된 나라도 있다. 영국의 웨스트민스터 사원과 프랑스의 판테온 등이 그런 경우이다. 그곳에는 장군, 정치가, 학자, 시인 등 여러 인물의 유해가 안치되어 있다.

뉴턴은 생전에 영광을 누렸고, 사후에도 마땅한 존경을 받았다. 국가의 주요 인사들이 그의 운구행렬에 참가하여 관 위에 덮는 천을 서로 들려고 했다. 웨스트민스터 사원에서 사람들이 참배하는 것은 왕의 무덤이 아니라 국가의 영광에 이바지한 위인들에게 감사하기 위해 국가가 세운 기념물들이다. 아테네에서 소포클레스와 플라톤의 동상을 보듯 영국인들은 웨스트민스터에서 자국 위인들의 동상을 본다. 그들 중에는 이 영광스러운 기념물에서 큰 감명을 받아 훌륭한 위인이 된 사람도 있을 것이다.[171]

1727년 3월 아이작 뉴턴(Is-aac Newton)이 숨을 거두었을 때 프랑스에서 추방된 볼테르(Voltaire)는 런던에 체류하고 있었다. 위의 글은 볼테르가 파리로 돌아와 웨스트민스터 사원에 뉴턴을 부러워하며 쓴 편지글의 일부다. 실제 뉴턴의 관은 국왕의 장례의식에 준하여 여섯 명(공작 2, 백작 3, 대법관 1)에 의해 운구되었다.

1790년 프랑스 파리의 판테온이 완공되었다. 미라보의 유해에 이어 볼테르의 유해가 안치되었다. 1794년 미라보의 유해가 퇴출됨으로써 볼테르가 사실상 첫 번째 안치자가 된 셈이다. "이 땅의 어떠한 왕들보다 더 위대했던 한 사람의 시민 볼테르는 국민의 소유입니다." 볼테르 유해의 판테온 안치를 제안한 빌라트 후작의 말이다.[172] 판테온에는 장 자크 루소, 빅토르 위고, 에밀 졸라, 퀴리 부부, 장 물랭, 앙드레 말로 등 80명의 유해가 안치되었다.

학문, 산업, 기술, 문화 분야 등의 분야에서 탁월한 공로가 있는 사람들을 특별히 예우하고, 그 유해를 국가 최고의 상징적 장소에 안치한다는 것은 개인적 명예를 넘어 국가 사회 전반에 큰 영향을 미칠 수 있다. 뉴턴 이후 영국의 자연과학이 크게 발전한 것도 우연이 아닐 것이다.

"장군, 나는 방금 서굿 마셜(Thurgood Marsall) 대법관이 사망했다는 소식을 들었어요." 클린턴이 내게 말했다. 그는 마셜의 가족들이 알링턴 국립묘지에 묻힐 수 있기를 바란다고 말했다. 유명 인사들에게 특별 허가가 가능하다고 참모들이 말했지만, 그는 나의 의견을 듣고 싶어 했다. "괜찮습니다. 아무 문제도 없습니다." 대통령이 사법부의 주요 인사가 알링턴에 묻히기를 원한다는 사실과 성지 운용에 관한 문제를 군대와 상의할 정도로 사려 깊다는 사실에 흐뭇했다.[173]

미국 합참의장과 국무장관을 지낸 콜린 파월(Colin Powell)이 쓴 《콜린 파월 자서전》의 한 대목이다. 미국의 국립묘지 안장 대상은 기본적으로 군인이다. 대통령을 포함한 저명한 정치가와 대법관 등의 특별 안장이 허용되지만 위에서 보는 것처럼 군의 정서가 중요하게 고려되고 있다는 것을 알 수 있다. 현역 복무를 마친 경우에 한하여 특별 안장을 허용하는 방안이 논의될 정도다.

외국인 독립유공자

외국인으로서 독립유공자 포상을 받은 분은 75명(2022년 3월 기준)이다. 그 가운데 중국(34), 미국(21), 캐나다(6), 영국(6), 호주(3), 아일랜드(2), 일본(2), 프랑스(1) 등 서양인이 36명이다. 어네스트 T. 베델(영국, 대통령장), 프랭크 W. 스코필드(캐나다, 독립장), 호머 B. 헐버트(미국, 독립장), 프레드릭 A. 맥킨지(영국, 독립장), 올리버 R. 에비슨(캐나다, 독립장), 조지 L. 쇼(아일랜드, 독립장), 조지 M. 맥큔(미국, 독립장), 조지 A. 피치(미국, 독립장) 등이다. 그중 스코필드, 베델, 헐버트 박사 등 세 분은 사후 우리나라에 묻혀 있다.

프랭크 W. 스코필드(Frank William Schofield)는 영국 태생의 캐나다

스코필드(서울현충원)

의학자이자 선교사로 1916년 세브란스의학전문학교 교수로 입국하여 3·1운동 때 한국인의 독립의지와 일제의 죄악상을 세계에 알렸다. 1920년 일제에 의하여 추방되어 캐나다에서 교수로 활동하다가 1969년 다시 입국하였지만 이듬해 사망하여 외국인 최초로 국립묘지에 묻혔다.

어네스트 T. 베델(Ernest Thomas Bethell)은 1904년 영국의《데일리 크로니클(Daily Chronicle)》특파원으로 러일전쟁 취재차 입국하여《대한매일신보》와《코리아 데일리 뉴스》를 통하여 일본의 제국주의 정책을 비판하고 양기탁, 신채호, 박은식 등을 주간으로 영입하여 일제의 만행을 고발하였다. 베델은 재판에 회부되어 단기 금고형을 받고, 그 후유증으로 1909년 37세에 운명하여 양화진에 묻혔다.

베델(양화진)

　호머 B. 헐버트(Homer Bezaleel Hulbert) 박사에게는 한국 사람보다 더 한국을 사랑한 외국인이라는 칭송이 따른다. 1886년 육영공원 영어교사로 입국한 헐버트 박사는 1889년《사민필지(士民必知·Knowledge Necessary for All)》라는 세계지리서를 간행하여 세계정세에 눈뜨게 했다. 5년 후 육영학교가 문을 닫은 후 잠시 귀국했다가 1893년 감리교 선교사로 들어와 YMCA 초대 회장을 맡기도 했다. 1905년 을사늑약으로 외교권을 빼앗기자 고종의 밀사로 미국 시어도어 루즈벨트(Theodore Roosevelt) 대통령에게 파견되었다. 그러나 이른바 '가쓰라-태프트 밀약'으로 조선의 운명은 결정되어 있었다. 1907년 고종은 네덜란드 헤이그 만국평화회의에 밀사를 파견하였다. 평화회의가 열릴 것이라는 사실을 알린 것도, 헤이그 현지에서 유럽 언론과 인터뷰를 통하여 독립의 정당성을 헌신적으로 알린 것도 헐버트 박사였다.

헐버트(양화진)

1949년 8월, 86세의 고령에 이승만 대통령의 초청으로 독립된 한국을 보기 위해 내한하였다가 사망하였다. 그의 유언에 따라 한 살때 죽은 아들(Sheldon)이 잠든 양화진에 안장되었다. 비석에는 "나는 웨스트민스터 성당보다 한국 땅에 묻히기를 원하노라"라는 묘비명이 새겨져 있다.[174] 헐버트 박사가 노구를 이끌고 내한하게 된 것은 한국인에 대한 사랑뿐만 아니라 평생을 같이한 이박사와의 특별한 관계 때문이었다. 배재학당에서부터 한성감옥 수감(1988~1904), YMCA, 미주 독립운동에 이르기까지 헐버트 박사의 도움이 컸다.

헐버트 박사는 방한 직전인 1949년 7월 2일《스프링필드 유니언(Springfield Union)》지 인터뷰에서 "한국인은 세계에서 가장 빼어난 민족 중 하나다(Koreans are among the world's most remarkable people)"라 힘주어 말했다.[175] 그는 미국에서 태어났지만 한국인으로 죽었다.

윌리엄 E. 그리피스(William E. Griffis)의 '은둔의 나라 한국(Corea, the Hermit Nation)'이라는 표현에 이의를 제기하고, 'Morning Calm' 대신에 'Radiant Morning'이나 'Morning Radiance'을 주장했을 정도로 한국인에 깊은 애정을 가지고 있었다.[176]

헐버트는 입국하자마자 순수 소리글자인 한글의 우수성에 놀랐다. 배재학당의 제자였던 주시경의 한글 연구를 자극한 것도 헐버트였다. 1903년에 스미스소니언협회 연례보고서 학술 페이지에 "한국어가 영어보다 우수하다"는 글을 발표하기도 했다.[177] 한글 맞춤법을 만들고 아리랑에 음계를 붙인 것도 헐버트 박사였다.

아울러 《한국사(The History of Korea)》와 《대한제국멸망사(The Passing of Korea)》 등의 역사서를 펴냈다. 그리고 1907년 일본으로 무단 반출된 경천사지 십층석탑의 환수에도 베델과 함께 노력하였다.(1918년 환수되어 국립중앙박물관에 전시돼 있다.) 건국훈장(독립장) 외에 문화에 기여한 공로로 금관 문화훈장이 추서되었다.

앨버트 W. 테일러(Albert Wilder Taylor) 부부의 묘도 있다. 1896년 금광기사였던 부친(George A. Taylor)을 따라서 동생 윌리엄과 함께 입국하여 운산광산 일을 보고 있었다. 1919년 2월 28일 부인 메리(Mary L. Taylor)가 세브란스 병원에서 아들 브루스(Bruce)를 출산하였다. 그날은 독립선언서가 인쇄된 날이었다. 메리가 남긴 자서전 《호박 목걸이(Chain of Amber)》에 의하면 일제 경찰이 세브란스 병원을 뒤져서 인쇄기를 찾아냈지만 독립선언서는 발견되지 않았다고 한다.

수간호사가 브루스의 요람 밑에 숨겨 놓았던 것이다. 종이 뭉치를 발견한 테일러는 동생 윌리엄으로 하여금 독립선언서와 기사 원고를 일본 도쿄로 반출하게 함으로써 전 세계로 타전할 수 있었다. 당시 테일러는 연합통신(AP) 통신원을 겸하고 있었고, 동생 윌리엄은 그 것을 구두 뒤축에 숨겨 가지고 나갔다고 한다.

1919년 4월 15일 제암리 학살 사건이 세계에 알려진 데에도 테일러의 역할이 있었다. 사건 다음 날 선교사 언더우드(H. H. Underwood), 미국 영사 커티스(Raymond Curtice)와 함께 현장을 방문하였고, 하세가와 요시미치(長谷川好道) 총독을 만나 재발 방지와 사과를 요구했다고 한다.[178]

테일러는 1911년 일본인으로부터 직산금광 채굴권을 사들여 사금 채취 사업을 성공적으로 운영하였지만 당국에 의하여 1922년 폐광되었다.[179] 테일러 부부는 체류하는 내내 일제의 감시를 받다가 1941년 12월 태평양 전쟁의 발발 이후 큰 고통을 감내해야 했다. 미국 영사관의 철수 권고에도 불구하고 계속 머물러 있던 테일러 부부의 집에 일제 경찰이 들이닥쳤다. 테일러는 어디론가 끌려갔고, 메리는 가택 연금으로 끼니조차 해결하기 어려운 처지가 되었다. 그로부터 6개월이 지난 1942년 5월 테일러가 석방된 후 부부에게 추방 명령이 내려졌다.[180] 테일러는 일제가 패망한 후 재입국을 위해 애쓰다가 1948년 6월 심장마비로 숨졌고, 그의 유언에 따라 양화진 선교사 묘역의 부친 곁에 묻혔다.

1923년 테일러는 영국의 무대 배우 출신 메리와 함께 행촌동에 딜쿠샤(Dilkusha)라는 붉은 벽돌집을 짓고 살았다. 18세기 인도에 세워진 영국 바로크식 건축물 딜쿠샤 코티(Dilkusha Kothi)에 영감을 얻어 붙인 이름으로 '기쁜 마음'이라는 뜻이라고 한다. 2006년 외아들 브루스와 딸이 방한함으로써 세상에 드러나게 되었다. 2015년 브루스가 세상을 떠난 후 그의 딸 제니퍼 (Jennifer L. Taylor)는 1,026건의 유품을 서울역사박물관에 기증하였다.

딜쿠샤(서울 종로구 행촌동)

양화진에는 6 · 25전쟁에 참전하여 전사한 윌리엄 해밀턴 쇼 (William H. Show)의 묘가 있다. 1922년 평양에서 선교사의 아들로 태어난 쇼는 해군소위로 노르망디 상륙작전에 참가한 2차 대전 참전용사다. 1947년 한국에 입국하여 진해 해방병학교의 교관을 맡아 해군 간부 양성에 힘을 보탰다. 미국으로 돌아가 하버드대학교에서 박사과정을 밟고 있던 중 6 ·25전쟁이 발발하자 해군에 자원입대하였다. 더글러스 맥아더 사령관의 해군 정보장교를 맡아 인천상륙작전에서 크게 활약했지만 1950년 9월 서울 녹번동 전투에서 전사했다. 선교사로 사역하고 윌리엄 얼 쇼(William E. Show, 서위렴) 부부에 의해 양화진외국인선교사묘원에 묻혔다.(윌리엄 해밀턴 쇼 외에도 6 ·25전쟁 참전용사 36위를 포함하여 미군 가족 73위가 안장되어 있다.)

윌리엄 얼 쇼 부부는 1921년 미국 감리교회 선교사로 우리나라에 들어와 평양을 중심으로 활동하다가 1941년 일제에 의해 강제 추방되었다. 1947년 다시 입국하여 사역하던 중 6 ·25전쟁이 발발하자 60세의 나이에 미군에 자원입대하여 군목으로 봉사하면서 우리 국군의 군목제도 창설에 공헌하였다. 1954년부터 대전신학교(현 목원대학교) 교수로 있다가 1961년 40년간의 사역을 마치고 미국으로 돌

윌리엄 쇼 부자의 묘(양화진)

아갔다. 사후 부부는 외아들 해밀턴 쇼 곁에 묻혔다.[181]

해밀턴 쇼의 아내 주아니타(Juanita R. Show, 서화순) 또한 하버드대학교에서 박사과정을 마치고 입국하여 1956년부터 1968년까지 이화여자대학교 교수로 재직하면서 세브란스병원 자원봉사자로 활동했다. 해밀턴 쇼 부부의 한국사랑은 아들 부부로 이어졌다고 한다.[182]

국가사회공헌자

서울현충원 국가유공자 제1, 2, 3묘역에는 국가사회 발전에 현저한 공헌이 있는 분들이 안장되어 있다. 주시경(국어학자), 이태규(과학자), 김준(새마을운동 중앙회장), 박태준(포항제철 건설), 서영훈(대한적십자사 총재), 서윤복(마라톤 선수), 엄운규(국기원장), 이영희(한복 디자이너), 이태영(변호사), 장두회(재일한국상공회의소 연합회 회장), 전명세(대한항공 기장), 미얀마 아웅산 순국 외교사절(17명) 등이다. 그 외사후 충혼당에 안치된 재불(在佛) 서지학자 박병선 박사도 있다.

이태규 박사 묘소(서울, 제2묘역)

국가유공자 제3묘역(16위)

대전현충원에는 사회공헌자묘역이 조성되어 있다. 그곳에는 김일 (체육인), 박영하(을지재단 설립자), 박춘호(국제해양법재판소 재판관), 손기정(체육인), 윤석중(아동문학가), 이종욱(세계보건기구 사무총장), 조오련(체육인) 등이 안장되어 있다.

유엔군 참전용사

1950년 6월 25일 6 · 25전쟁이 발발하자 유엔은 당일로 안전보장 이사회를 소집하여 찬성 9, 기권 1(유고), 불참 1(소련)로 '결의안 제82호'를 채택하였다. 한반도의 유일한 합법정부라는 사실을 재확인 하며 북한의 적대행위의 즉각적인 중지를 촉구하고 북한군이 38선 이북으로 철수할 것을 촉구하였다. 6월 27일 '결의안 제83호'를 통해 무력공격의 격퇴, 국제평화와 안전의 회복을 위해 한국에 대해 필요한 원조를 할 것을 권고하였다. 그에 따라 미군을 시작으로 회원국의 참전이 시작되었다. 7월 7일에는 '결의안 제84호'를 통해 미국의 지휘하에 통합사령부를 두고 파병 국가의 국기와 함께 유엔기를 사용할 수 있도록 하였다. 유엔군이라는 공식 용어는 존재하지 않지만 사령부를 설치하고 유엔기의 사용을 승인했다는 점에서 유엔통합군의 형식을 갖춘 것이었다.

미국, 영국, 오스트레일리아, 네덜란드, 캐나다, 프랑스, 뉴질랜드, 필리핀, 튀르키예, 타이, 남아프리카공화국, 그리스, 벨기에, 룩셈부르크, 에티오피아, 콜롬비아 등 16개국이 참전했다.[183] 스웨덴, 인도, 덴마크, 노르웨이, 이탈리아, 독일(당시 서독) 등 6개국에서는 의료지원단을 파견했다. 여기에 38개 물자지원국을 포함하면 총 60개국, 당시 독립국가 93개국의 3분의 2에 달한다.

국방부 군사편찬연구소에 의하면 유엔군은 연인원 194만 7,087명이 참전하여 전사(40,670), 부상(104,280), 실종(4,116), 포로(5,815)를 포함하여 총 154,881명이 희생되었다.(재한유엔기념공원관리처의 집계는 195만 7,733명/40,896명이다.) 그중 미군 희생자가 대부분을 차지한다. 전사(36,940), 부상(92,134), 실종(3,737), 포로(4,439) 등이다. 부산의 재한유엔기념공원(UN Memorial Cemetery in Korea)에는 유엔군 유해 총 2,320위(2023년 5월 기준)가 안장되어 있다. 국가별로는 영국(890), 튀르키예(462), 캐나다(381), 오스트레일리아(281), 네덜란드(122), 프랑스(47), 미국(40), 뉴질랜드(32), 남아프리카공화국(11), 노르웨이(1), 연합군 무명용사·기타(15), 한국(38) 등이다.

재한유엔기념공원(부산)

유엔군 전사자 명비(전쟁기념관)

✺ 유엔의 이름

유엔(국제연합)은 1945년 4월 샌프란시스코 회의를 통하여 헌장이 작성되어 6월 25일 50개국의 서명으로 채택되었고, 10월 24일 발효되었다.(1개국이 추가되어 총 51개 회원국으로 출범하였다.) 유엔(United Nations)이라는 이름은 프랭클린 루스벨트 대통령에 의하여 제안되었다. 'United Nations'의 출전은 조지 고든 바이런(George Gordon Byron)의 《차일드 해럴드의 순례(Childe Harold's Pilgrimage)》 중 Canto III "Here, where the sword united nations drew, Our countrymen were warring on that day!"의 한 부분이다.

유엔 헌장은 대서양 헌장(1941.8)과 연합국 선언(1942.1)을 수용한 것이었다. 그에 따라 헌장 서명국 45개국을 회원국으로 유엔이 출범할 수 있었다. 남아프리카공화국, 에티오피아, 콜롬비아, 튀르키예, 필리핀 등의 한국전 참전이 그와 무관하지 않다.

이스라엘은 유대인을 보호해 준 외국인을 '열방의 의인(Righteous Among the Nations)'이라 하여 특별히 예우한다. 51개 국가에서 26,513명을 선정하였다. 우리에게 잘 알려진 오스카 쉰들러(Oskar Schindler), 라울 발렌베리(Raoul Wallenberg), 카를 루츠(Carl Lutz)도 포함돼 있다. 예루살렘의 600만 홀로코스트 희생자 추모시설 야드 바셈(Yad Vashem)의 '열방의 의인 정원' 벽면에 이름이 새겨져 있다. 의인에 선정된 사람에게는 메달과 증서와 명예 시민권을 주며, 이스라엘에 거주를 원하는 경우에는 국적이나 영주권 취득에 있어서 우선권이 주어지고, 연금·주택·의료·요양서비스가 제공된다. 스페인의 경우에도 내전 때 국제여단(Brigadas Internacionales)에 자원한 외국인에게 국적 취득 등에서 우대한다. 그와 같은 배려의 밑바탕에는 도덕적 의무감과 함께 국가의 장래를 위한 포석이 깔려 있다.

2020년 3월, 「유엔참전용사의 명예선양 등에 관한 법률」이 제정됨으로써 제도적 기초가 마련되었다. 그에 따라 유엔군 참전의 날(7월 27일), 유엔참전용사 국제추모의 날(11월 11일)이 정부기념일로 지정되었다. 앞으로 유엔군 참전 기념사업의 발전과 함께 국가전략 차원의 체계적 접근이 기대되고 있다.

6·25전쟁과 화교

동작동 국립묘지에 묻힌 외국인은 스코필드 박사 외에 두 사람이 더 있다. 외국인묘지에 안장된 화교(華僑) 지앙훼이린(姜惠霖)과 웨이시팡(魏緒舫)이 그 주인공이다. 6·25전쟁 당시 국군 수뇌부는 중공군 포로를 심문하여 정보를 수집할 목적으로 화교 청년 50명으로 정탐조를 운용하였다.

평양에 거주하던 화교 지앙훼이린은 1950년 11월 중공군이 개입하자 육군 제1사단 15연대에 자원입대하여 중국인특별수색대 부대장으로 활약하다가 1951년 2월 경기도 과천지구 전투에서 전사하였다. 그에게는 화랑무공훈장이 추서되었다.

신의주에 거주하던 웨이시팡은 국부군(國府軍)의 대위로 복무하던

지양훼이린과 웨이시팡 묘소(외국인묘역)

중 국공내전에서 패퇴한 후 신의주로 돌아와 장산탄광 광부로 있었다. 1950년 10월 육군 제1사단 수색대에 들어가 활약하였고, 화랑무공훈장을 수여받았다. 전후 한의사로 활동하면서 사회봉사를 이어가다가 1989년 6월 숨을 거뒀다. 중공군은 '중국인민지원군'이라는 명칭이 보여주듯 군번도 계급도 군복도 없었고, 국공내전 때 포로가 된 국부군과 만주의 한인들이 다수 포함되어 있었다.

Y와 K의 대화

Y 국립묘지는 기본적으로 국토방위의 임무를 수행하다가 전사하였거나 순직한 장병들의 안장을 위하여 세워진 것입니다. 우리나라의 경우는 군인 외에 독립유공자, 경찰관, 소방관, 의사상자,

국가사회공헌자 등 안장범위가 상당히 넓은 편입니다.

K　신분이나 직역과 무관하게 산업, 과학기술, 문화, 체육 등의 분야에서 현저한 공로가 있는 사람들에게 국립묘지를 개방한 것은 중요한 의미가 있다고 생각합니다. 프랑스의 판테온이나 영국의 웨스트민스터 사원과 같은 역할이지요. 거기에는 정치가뿐만 아니라 과학자, 문학가 등의 유해가 안치되어 있습니다. 다양한 분야에서 이룩한 성취를 국가적으로 인정하고 명예를 부여하는 것은 국가 발전의 동력이 될 수 있을 것입니다.

Y　국립묘지 안장대상이 다양한 분야의 국가공로자로 확대되는 것은 바람직한 방향이라고 봅니다. 하지만 안장의 방법이나 묘지의 면적에는 제한이 필요할 것 같습니다.

K　2005년 7월 「국립묘지의 설치 및 운영에 관한 법률」이 제정되면서 그런 부분에 대한 개선이 있었습니다. 시신 안장은 제5조 제1항 가목(대통령·국회의장·대법원장 또는 헌법재판소장의 직에 있었던 사람과 「국가장법」 제2조에 따라 국가장으로 장례 된 사람), 파목(국가나 사회에 현저하게 공헌한 사람 중 사망한 사람으로서 대통령령으로 정하는 요건을 갖춘 사람)에 국한됩니다. 그에 따라 묘의 면적도 대통령의 직에 있었던 사람(264제곱미터 이내) 외에는 3.3제곱미터입니다.(가목 중 대통령 이외의 사람과 파목 해당자에 대해서는 안장대상심의위원회에서 26.4제곱미

터를 넘지 않는 범위 내에서 따로 정할 수 있다.)

그와 함께 안장기간도 사망 후 60년으로 제한되었습니다.(시행일인 2005년 7월 29일부터 기산) 60년이 지난 후에는 안장대상심사위원회를 거쳐 영구안장 또는 위패봉안 여부를 결정하게 됩니다. 다만, 안장 방법과 묘의 면적은 안장묘역이 소진될 때까지는 종전의 법령을 적용하도록 하고 있습니다.

Y 구한말의 선교사로부터 독립운동과 6·25전쟁, 그리고 전후 복구와 경제개발에 이르기까지 외국인의 도움이 컸습니다. 선교사들은 근대적 교육과 서양 의학의 전파자였습니다. 학교와 병원을 세우고 유학과 이민을 주선해 주었고, 우리글과 문화를 세계 속에 알리기도 했습니다.

K 몇 년 전에 어렵게 영화관을 찾아 소록도에서 봉사한 두 오스트리아 간호사의 삶을 다룬 다큐멘터리 영화《마리안느와 마가렛》, 선교사와 간호사로 봉사한 엘리자베스 셰핑의 스토리《서서평, 천천히 평온하게》, 군우리 전투를 배경으로 한 튀르키예 병사 술레이만과 한국 고아 소녀의 이야기《아일라》를 본 적이 있습니다. 놀라운 것은《아일라》의 성적이었습니다. 개봉관을 찾기도 어려웠지만 관객이 거의 없었습니다.

튀르키예군은 참전국 중 다섯 번째로 많은 약 1만 5천 명이 참전하여 파견하여 세 번째로 많은 3천 2백여 명의 희생자를 냈습니다.

1950년 12월 청천강 남쪽에서 벌어진 군우리 전투에서 중공군의 공세를 필사적으로 저지함으로써 국군과 유엔군이 남쪽으로 이동하는 데 결정적으로 기여하였습니다. 미국 국방부 장관 조지 마셜(George C. Marshall) 장군이 "터키군은 미 8군에게 황금 같은 사흘을 벌어주었다"라며 찬사를 아끼지 않았다고 합니다. 1951년 1월 말, 용인의 금양장리 전투에서 탁월한 용기를 다시 한번 보여주었습니다.

Y 유엔 참전국은 대개 제2차 세계대전과 관련이 있는 미국과 유럽 국가들이었지만 남아프리카 공화국, 에티오피아, 콜롬비아, 태국, 필리핀 등과 같이 유엔 회원국의 의무를 다하기 위해 병력을 파견한 국가도 있었습니다.

K 20여 년 전 에티오피아를 방문하여 한국전 출정식 재현 행사에 참석한 적이 있습니다. 에티오피아는 아프리카에서 유일하게 지상군을 파견한 국가입니다. 1938년 이탈리아의 침공을 받았을 때 지원 요청에도 불구하고 국제 사회의 호응을 얻어내지 못한 뼈아픈 경험이 참전 계기가 되었다고 합니다. 황실 근위대에서 선발하여 칵뉴대대(Kagnew Battalion)라는 이름을 붙여 연인원 3,518명을 파견하였는데 121명의 전사자를 포함하여 총 657명의 사상자를 냈지만 단 한 명의 포로를 남기지 않았다고 합니다.

1968년 우리나라를 방문한 적이 있는 하일레 셀라시에 1세는 출정에 앞서 "이길 때까지 싸워라. 그렇지 않으면 죽을 때까지 싸워라"라고 명령했다고 합니다. 에티오피아어로 칵뉴는 셀라시에 1세의 부왕 무스 메넬렉 1세의 애마 이름에서 온 것으로 결정적 타격을 주거나 격멸하는 의미가 있다고 합니다. 튀르키예도 에티오피아와 다르지 않았습니다. 연인원 14,936명이 참전하여 721명의 전사자를 포함하여 총 3,214명의 사상자를 냈습니다. 제1차 세계대전 때 독일 편에 섰다가 주권이 해체될 위기를 겪은 쓰라린 경험이 그 같은 대규모 파병을 결심하게 했다고 합니다.

Y 유엔군에 대하여 말하면 가장 먼저 떠오르는 것이 '장군의 아들'에 관한 것입니다. 6·25전쟁에는 유엔군 장군과 그 아들이 함께 참전한 경우가 유독 많았습니다. 장군의 아들을 비롯한 고위층 자제 142명이 참전하여 35명이 전사하였거나 부상을 입었습니다. 고위 지휘관으로 전사 또는 순직한 분도 있습니다.

K 월턴 H. 워커 장군은 1950년 12월, 아들 샘 S. 워커 대위의 훈장 수여식에 가던 중 의정부 근처에서 반대편에서 달려오던 트럭과 충돌하여 중상을 입고 사망했습니다. 미 해병 제1항공단장 필드 해리스 장군의 외아들 윌리엄 프레더릭 해리스 중령은 미 해병 제1사단 제7연대 제3대대를 지휘하다가 1950년 12월 전사했습니다. 미 제9군단장 브라이언트 E. 무어 소장은 1951년 2월 남한강 도하작전 중 헬리콥터 사고로 추락하여 조종사와 승무원들을 구하려고 애쓰다가 사망했습니다. 유엔군 사령관 마크 W. 클라크 장군의 아들 윌

리엄 D. 클라크 대위는 1951년 가을 단장의 능선 전투에서 세 차례나 부상을 입고 전역하였지만 그 후유증으로 사망하였습니다. 밴 플리트 장군의 아들 밴 플리트 2세는 B-26 폭격기 조종사로 자원 참전하여 1952년 4월 야간 폭격 임무를 수행하던 중 북한 해주 부근에서 적의 대공포를 맞아 실종되었습니다. 장군은 부하들의 안위를 걱정하여 구출작전을 중지시켰다고 합니다. 드와이트 D. 아이젠하워 대통령의 아들 존 아이젠하워 소령도 있었습니다.

Y 미군 중에는 인기 스포츠 선수들이 포함되어 있었습니다. 야구 선수가 가장 많아서 메이저 리그 '마지막 4할 타자'로 알려진 테드 윌리엄스(Ted Williams)를 비롯한 448명이 참전하여 밥 네이버스(Bob Neighbors) 등 24명이 전사했습니다. 계급을 낮춰 참전한 경우도 있었습니다. 프랑스의 랄프 몽클라르 육군중장은 중령으로 계급을 낮춰 프랑스 대대를 이끌고 참전하였고, 상원의원과 국방장관으로 있던 벨기에의 앙리 모로 드 믈랑은 육군소령의 계급장을 달고 참전했습니다.

K 전장에 탁월한 지휘관들이 있었다면 후방에는 복구와 재건의 손길을 펼친 아름다운 봉사자도 있었습니다. 1953년 전쟁 막바지에 미 제2군수사령관에 부임한 리처드 위트컴(Richard S. Whitcomb) 장군은 그해 11월, 6천 채의 가옥이 불타고 3만여 명의 이재민이 발생한 부산 대화재를 목격하고 군수창고를 열어 긴급 구호에 나섰습니다. 그 일로 하여 의회 청문회에 섰지만 "전쟁은 총칼로만 하

는 것이 아니다. 그 나라 국민을 위하는 것이 진정한 승리"라고 말해 기립박수와 함께 많은 구호금까지 받고 부산으로 돌아왔다고 합니다. 그리고 대한미군원조처(AFAK)와 협력하여 191개 원조 프로젝트를 수행하거나 지원하였습니다.

한국정부를 설득하여 부산대학교 부지 50만 평을 확보하는 데 힘을 보탰을 뿐만 아니라 건축 자재와 공병대를 지원하였습니다. 메리놀병원의 신축·이전에 필요한 위한 공사비 지원을 위해 미군 장병의 봉급에서 1퍼센트씩 각출하였습니다. 한복에 갓을 쓰고 거리를 누비며 기금을 모으는 장면이 사진으로 남아 있지요. 그 외 성 분도 병원, 보육원의 건립에도 힘을 보탰지요. 1982년 7월 서울에서 사망하여 부산의 재한유엔기념공원에 묻혔습니다.[184] 재한유엔기념공원에 안장된 유일한 장군이지요. 2022년 11월에는 국민훈장 무궁화장(1등급)이 추서되었습니다.

Y 강원도 홍천을 지니다 보면 '쥴장루이공원'이라 쓰인 표지판을 볼 수 있습니다. 프랑스군의 장루이 소령은 1951년 5월 환자를 치료하고 귀대하던 중 지뢰를 밟은 국군 5사단 소속 장병 2명을 발견합니다. 미군 지뢰 제거 팀의 도착이 늦어지자 직접 구조에 나섰다가 지뢰를 밟아 사망했습니다.

K 우리나라와 유엔 참전국을 혈맹(血盟)의 관계라고 말합니다. '함께 피를 나눈 사이'라는 뜻이지요. 조금 다른 이야기입니

다만, 실제로 피를 나누었습니다. 대한적십자사에 의하면 6·25전쟁 때 국군 부상자의 수혈용 혈액의 대부분이 미국에서 공수된 것이었고, 큰 수술은 거의 미군 야전병원에서 이뤄졌다고 합니다. 6·25전쟁 때 의료 지원을 해준 나라는 스웨덴, 덴마크, 노르웨이, 인도, 이탈리아, 독일(당시 서독) 등 6개국입니다. 스칸디나비아 3국 중 스웨덴은 부산에서, 덴마크는 부산항과 인천항에서 병원선을 통하여. 노르웨이는 일선에서 봉사하였습니다.

6·25는 헬리콥터 후송과 육군이동외과병원(MASH)을 통한 수술이 처음으로 시작된 전쟁이었습니다. 전쟁이 끝날 때까지 미군 6개, 노르웨이(NORMASH) 1개, 국군 2개 유닛이 운영되었는데, 60병상 1개 유닛 기준 의사 14명, 간호사 12명, 장교 3명, 기타 93명 등 120명이었습니다. 이들은 부상자 치료는 물론이고 의료기술의 전수, 장비 지원 등을 통해 우리나라의 의료 발전에 큰 힘이 되었습니다.

Y 스칸디나비아 3국은 유엔한국지원단(UNKRA)과 공동으로 메디컬 센터(Medical Center, 현 국립중앙의료원)를 세워 운영하다가 1968년 우리 정부에 인계하고 떠났습니다.

K 조지 H. 류(George H. Rue, 류제한) 박사도 있었습니다. 1929년 미국에서 의료선교사로 파견되어 평남 순안병원 제5대 병원장으로 봉사하면서 경성요양병원(현 삼육서울병원)을 세우고 부속 간호사양성소를 개설하였습니다. 6·25전쟁 때 맥아더 사령부에서 수

송선을 배정받아 부산에서 환자들과 교인들을 싣고 제주도 성산포로 이동하여 임시 병원을 열었기도 했습니다. 부인(Mrs. Rue) 또한 서울 상봉동에 '사회사업 성락원'을 설립하여 전쟁고아들을 보살펴 주었습니다. 양화진외국인선교사묘원 비석에 새겨진 글이 이렇습니다.

나는 한국에 구경삼아 나온 사람이 아니었습니다. 한국에 나의 뼈를 묻을 각오로 온 사람이었습니다. 이리가 한국 백성을 해치러 온다면 도망가는 목자로서가 아니라 그 양을 위해 희생할 각오를 하고 온 선교사였습니다.

에필로그

호국문화 탐방을 마무리하며

호국전시관에서 나와 정문 방향으로 조금 더 가면 현충지가 나온다. 남북으로 놓인 아담한 연못 위에는 수련꽃이 저마다 아름다움을 뽐내고 있다. 고운 색깔로 무엇을 말하려는 것일까? 꽃도 역사도 기억하는 이가 있을 때 생명을 얻는다.

가벼운 마음으로 시작한 산책길이 무거움으로 다가왔다. 동서로 펼쳐진 묘역마다 빼곡히 늘어선 비석에 다가가면 갈수록 사연의 늪에서 빠져나올 수가 없었다. 비석의 수만큼이나 많은 눈물겨운 사연이 담겨 있었다. 그곳은 용기 있는 사람들이 만든 거대한 '기억의 터'였다. 부모, 아들과 딸, 형제들이 함께 잠든 경우도 있었다. 일제 강점기 독립운동에 이어 광복 후 국군 또는 경찰관에 투신하여 자유 수호를 위해 목숨을 바친 분들도 있었다. 광복에서 호국으로 대를 이어 헌신한 가문도 있었다. 그러나 세상에 드러난 것은 극소수에 불과하다. 부처 간 협업을 통해 체계적 공훈기록 관리시스템을 구축할 필요가 있다.

아울러 국립묘지의 재구조화도 필요해 보인다. 엄숙함과 경건함을 유지하면서도 접근성을 높이고, 다양한 문화 예술적 접근과 스토리

텔링 기술의 활용을 통해 감동을 자아내는 기억의 공간으로 발전되었으면 한다.

이것으로 이번 호국문화 탐방을 마무리한다. 국립묘지에 담긴 진실의 백분의 일에도 다가가지 못했지만 비석에 다가가 말을 건넨 것만으로도 위안이 된다. 초록색 옷을 입은 사람들, 그들은 이렇게 속삭인다. "나는 그대 곁을 떠나지 않았어. 우리는 언제든지 만날 수 있어." 우리는 빛바랜 비석에 다가가 말을 건네야 한다. 그리고 백만 개의 슬픔과 소망을 찾아야 한다.

국립묘지에는 수많은 국가유공자의 희생으로 점철된 근현대사가 오롯이 담겨 있다. 국가유공자는 원칙과 정의를 지켜 '가라앉은 사람들'이다. 오늘을 사는 사람들은 그분들과 함께 행동하지 못한 사람들이며, '구조된 자들'이다. 도덕적으로 행동한 사람들이 성원과 성원을 단단하게 결속하고 있기에 국가 공동체가 유지될 수 있는 것이다.

국가공동체는 귀속감과 애착심으로 채워진 신뢰의 공간이다. 성원의 결속과 연대는 공동체 유지의 필수 불가결한 요소이다. 함께 겪은 희생의 기억은 성원들의 '공감적 감정'을 통해 연대와 통합으로 향한다. 보훈은 국민통합의 중요한 기제라고 말한다. 국가공동체에 대한 애착심과 결속, 그리고 정체성의 근거가 되기 때문이다. 보훈의식의 내면화는 중요한 과제이다. 그것은 안위를 지켜준 성원들에게 빚을 지고 있다는 부채의식의 다른 표현이다.

우리나라의 보훈은 1985년을 전후로 '원호의 시대(1.0)'와 '보훈의 시대(2.0)'로 구분될 수 있다. '보훈의 시대'는 희생과 공헌에 상응한 보상과 예우로 나아갔다. 2023년 6월 5일, 국무총리 소속의 처(處)에서 행정각부의 하나인 부(部)로 승격되었다. 정부조직법상 편제도 조정되어 전체 18부 가운데 9번째에 위치하게 되었다. 국가보훈부 장관은 국무위원으로서 국정을 폭넓게 논의하는 위치에 자리하게 되었다. 처 창설 62년 만의 대변혁이다. 보훈의 상징성이 제 자리를 잡을 수 있게 되었다. 이제 남은 것은 새로운 정책으로 보여주는 일이다. 보훈의 세 번째 패러다임, '보훈 3.0' 시대의 모습이 궁금하다.

갑자기 구름이 비껴가고 한 줄기 햇살이 수면 위로 쏟아진다. 마치 경연을 하듯 수련꽃들이 아름다운 자태를 드러낸다. 수련의 꽃말은 '청순한 마음'이다. 국립묘지에 잠든 분들과 더없이 잘 어울린다. 국립묘지는 부채의식을 확인하는 장소다. 보답의 의미를 새기며 걸어야 할 곳이다. 보답의 본질은 기억에 있다. 어디선가 "당신이 역사를 바꿀 수는 없을지 모르지만, 역사는 당신을 바꿀 수 있다"라는 경구를 본 적이 있다. 국립묘지는 살아 있는 역사(living history)의 현장인 동시에 과거와 미래, 세대와 세대를 이어주는 곳이다.

부록

독립유공자 직업별 현황

애국계몽운동과 의병전쟁으로 시작된 한국 독립운동에는 전통적 유학계의 인물이나 군인과 관인 외에도 근대적 전문 직업인 교육자, 의료인, 언론인, 법률가 등의 인물들이 대거 참가하였다. 여기서는 독립운동에 투신하기 전 또는 독립운동 당시의 직업 또는 활동 분야를 기준으로 명단을 정리하였다. 전체 명단이 아니라 대표적 사례임을 밝혀둔다.

대한제국군인

대한제국군인 출신 독립유공자로는 김규식(육군참위, 의병, 독립군, 청산리전투), 김봉학(평양진위대, 자결 순국), 김좌진(육군무관학교, 대한군정서, 청산리전투, 신민부, 한족연합회), 김창환(육군부위, 신흥무관학교 교관, 통의부), 김혁(육군정위, 대한군정서, 청산리전투, 신민부), 나중소(사병, 청산리전투), 노백린(육군정령, 육군무관학교장, 육군연성학교장, 임정 군무총장), 민긍호(원주진위대 특무정교, 의병, 전사), 박승환(육군참령, 자결 순국), 박여성(평양진위대, 의병, 전사), 백남규(안동진위대 육군부위, 의병), 신규식(육군부위, 임정 국무총리 겸 외무총장), 안무(진위대 사병), 연기우(강화진위대 부교, 의병, 순국), 우재룡(육군참교, 의병, 대한광복회), 유동열(육군참령, 임정 군무총장), 이갑(육군무관학교 교관, 신민회), 이관직(육군부위, 협동학교, 신민회, 신흥무관학교), 이규풍(육군무관, 연해주 의병, 고려혁명당), 이동휘(육군참령, 강화진위대장, 의병, 임정 국무총리), 이세영(육군정위, 의병, 독립군, 임정 참모차장, 신흥무관학교 교장), 이장녕(육군부위, 신흥무관학교 교관, 북로군정서, 대한독립군단 참모총장, 청산리전투, 신민부, 순국), 이준영(육군참위, 군대해산 봉기, 순국), 이필주(육군부교, 3·1독립선언 민족대표), 지청천(육군무관학교, 일본육사 관비 유학, 신흥무관학교 교관, 독립군, 광복군 총사령), 한봉수(진위대 상등병, 의병, 3·1운동), 황학수(육군참의, 독립군, 광복군, 임정 국무위원) 등이 있다.

교육자

민족 지도자들 가운데 김동삼, 류인식, 문일평, 선우혁, 송진우, 신규식, 신채호, 신팔균, 안재홍, 안희제, 유근, 유자명, 이광, 이상설, 이승훈, 장도빈, 정순만, 정인보, 조만식, 최창식, 현순 등은 학교를 설립하였거나 교수, 교장, 교사 등으로 활동한 적이 있다. 독립운동에 투신한 교육자는 일일이 소개하기 어려울 정도로 많다. 강용운(사천보통), 고석주·김수영·김윤실·박연세·이두열(군산 영명학교), 김광섭(중동중), 김도태(오산·명신·휘문 교사, 경성여상 교장), 김말복(양산 통도중), 김명인(안동 계명), 김영서(대구 계성), 김형민(송도고보), 노환(제주북중), 박재헌(밀양 집성), 손인영(황주농업), 송인영(광주농업), 유우석(공주 영명), 유제경(공주 장기초등), 이규갑(공주 영명), 이상직(진천 문명학교 설립), 정재용(해주 의창학교), 최규동(휘문·중앙·오성 교사, 중동학교 설립), 최복현(중앙고), 최주영(미동공립초등학교), 최중호(경신학교), 한치진(이화여전), 홍순창(양구 매동공립소학교), 홍재문(부산공립보통학교) 등이 있다. 여성으로는 김마리아(수피아, 정신)를 비롯하여 강관순(제주 영명학교), 김경순(철원 정의), 김두석(마산 의신), 김란사(하란사, 이화), 박애순(수피아), 이애라(이규갑의 처, 공주 영명, 평양 정의), 조화벽(유관순의 오빠 유우석의 처, 양양 정명학원 설립), 최정숙(제주 명신), 한진석(정주 신안), 황애시덕(평양 숭의) 등이 있다.

언론인

신문을 발행하거나 논설위원 등으로 활동하면서 민족의식 고취에 앞장섰던 분으로는 남궁억, 박은식, 서재필, 송진우, 신석우, 신채호, 안재홍, 안희재, 양기탁, 유근, 이동녕, 이우식, 장덕준, 장도빈, 조만식 등이 있다. 그외 언론계(신문·방송·잡지) 출신 독립유공자로는 김병희(조선일보 편집국장), 김준연(일장기 말살 사건 당시 동아일보 편집국장), 현진건(동 사회부장), 신낙균

(동 사진과장), 이길용(동 사회부 기자), 문시환(동아일보 부산지국), 박용신(경성방송국 아나운서), 배헌(동아일보), 송진근(경성방송국 아나운서), 성기석(경성방송국 기술직), 신현중(조선일보), 심대섭(심훈, 조선·동아일보), 오면직(조선·동아일보 안악지국), 유봉영(조선일보), 유진희(새생활), 이관용(동아·조선·시대일보), 주요섭(동아일보, 신동아 주간), 최원순(동아일보), 최은희(조선일보), 현위건(동아일보) 등이 있다.

법률가

판사, 검사, 변호가 등으로 독립운동에 투신하였거나 독립유공자의 보호에 앞장선 분으로는 이준(평리원 검사, 헤이그 밀사, 순국), 허위(평리원 판사, 원장, 의병장, 순국), 박상진(대한광복회, 순국), 안병찬(안중근 의사 변호, 임정 법무차장, 순국), 김병로(대동단, 6·10만세운동, 광주학생독립운동 변호, 군정청 사법부장, 초대 대법원장), 이인(조선변호사협회장, 대법관, 법무부장관), 이창휘(6·10만세운동, 공명단 의거, 광주학생독립운동 변호), 유복영(광주학생운동 변호), 태윤기(임정, 광복군), 함태영(한성재판소 검사, 제3대 부통령), 홍진(충주재판소 검사, 변호사, 임정 국무령) 등이 있다.

의사·간호사·약사

최초의 의사는 갑신정변 후 일본을 거쳐 미국에 망명하여 1893년 컬럼비아의과대학(현 조지워싱턴대학교)을 졸업한 서재필 박사, 최초의 여의사는 1900년 볼티모어 여자의과대학을 졸업하고 여성전문병원 보구여관(保救女館)에서 봉사한 박에스더(본명 김점동)였다. 한국의사 100주년 기념재단(대한의사협회)의 「열사가 된 의사들-의사 독립운동사」에 따르면 의사 (의생 포함) 출신 156명 중 66명이 독립유공자 포상을 받은 것으로 나와 있다. 새로 확인되었거나 추가로 포상을 받은 분을 포함하면 총 90명(2023년 1월 기준)에 이른다. 대한간호협회의 「독립운동가 간호사 74인」에 의하면 간호사 출신 독립유공자는 28명(간호교육 이수자 등 포함)으로 나타나고 있다. 약사 출신 독립유공자는 확인이 어렵지만 알려진 분은 이갑성(3 ·1운동 민족대표), 김공우(3 ·1운동), 오상흠(국내항일) 등이다.

(1) 의사

성명	출신학교	독립운동	비고
강기팔	경성의전	3·1운동	
강석린	교토제국대학 의학부	일본방면	
강용운	미상	국내항일	추가 확인 필요
강평국	동경여자의전	일본방면	여의사(제주)
고병간	세브란스의전	3·1운동	
고수선	경성의전	임시정부	여의사(제주)
곽권응	세브란스의전	3·1운동	
곽병규	세브란스의전	노령방면	
권희목	경성의전	3·1운동	
김기제	세브란스의전	임시정부	
김문진	세브란스의전	3·1운동	
김병수	세브란스의전	3·1운동	군산 3.5
김영진	경성의전	3·1운동	
김영철	경성의전	국내항일	대동단
김영희	경성의전	3·1운동	
김중화	대한의원 부속의학교	의열투쟁	이재명 의거 참여 하얼빈 송강의원
김창룡	연세의과대학	만주방면	
김창세	세브란스연합의학교	임시정부	
김창식	경성의전	3·1운동	3.5 남대문 시위
김탁원	경성의전	국내항일	
김필순	세브란스의학교	만주방면	김규식(매부)
김학현		만주방면	선천경찰서 투탄 의거 선천 미동병원 의사
김형기	경성의전	3·1운동	
나창헌	경성의전	임시정부	사천성 만현의원
남상갑	세브란스의전	학생운동	비밀결사
남상규	상해 남양의대	광복군	

문창모	세브란스의전	학생운동	
민찬호	경성의전	3·1운동	남대문 시위 참가
박서양	세브란스의학교	만주방면	
박영섭	세브란스의전	국내항일	대동의원(현 대동병원)
박천규	경성제대 의학부	국내항일	독립청년단
배동석	세브란스의전	3·1운동	
백순보	세브란스의전	광복군	3지대 의무주임
변태우	미상	국내항일	제주 의업
서단파	미상	중국방면	중국 중앙군 제87사단 군의처장, 강소성에서 전사
서영완	세브란스의전	중국방면	
서재필	조지워싱턴대학의학부	애국계몽	
석성기	경성의전	3·1운동	
송영집	미상	광복군	2지대 의무대
송춘근	세브란스의전	3·1운동	
신건식	항주의약전문학교	임시정부	황포군관학교 외과주임(중령) 신규식(형) 오건해(婦), 신순호(딸)
신광렬	서간도 임광현 의사강습소	만주방면	의사·한의사
신영삼	조선총독부의원 의학강습소	임시정부	
신창희	세브란스의학교	임시정부	
신현창	세브란스의전	임시정부	
안상철	세브란스의전	3·1운동	
엄익근	미상	광복군	
오복원	대한의원 부속의학교	의열투쟁	이재명 의거
유상규	경성의전	중국방면	
유진동	상해 동제대학 의과	중국방면	광복군사령부 군의처장
유진희	총독부의원 의학강습소	국내항일	'새생활' 기자
이굉상	세브란스의전	3·1운동	
이민호	경성의전	3·1운동	독립유공자 이규풍의 아들
이범교	대구제중원 의학당	임시정부	대구 동산병원
이병훈	광주 중산대학 의과	중국방면	중국 제257, 144 육군병원 의무관, 광복군 군의
이시태	미상	만주방면	봉산 의업
이응서	미상	만주방면	군의, 무기징역 (1932), 옥고
이의경	경성의전(중퇴)	임시정부	
이익종	경성의전	3·1운동	
이자해	미상	중국방면	북경 해전 아신의원, 중국군 군의관
이주섭	세브란스의전	3·1운동	
이태준	세브란스의학교	중국방면	몽골 병원 운영, 국왕 시의
이형원	경성의전	3·1운동	

이희경	시카고대학 의학과	임시정부	임정 외무차장 겸 외무총장 대리, 대한적십자회(상해) 초대 회장
임광세	경성의전	국내항일	
임의탁	상해 동제의학원	임시정부	중국 군정부 제27 후방의원장
장세구	경성의전	3·1운동	남대문 시위
장지락	북경 협화의대 광주 중산대 의과	중국방면	일명 김산(金山) 중국공산당, 연안 항일군정 대학 교수
전홍기	경성의전	학생운동	
정성장	경성의전	국내항일	
정영준	세브란스의전	임시정부	
정영호	남경 중앙대학 의학원	광복군	
정희섭	평양의전	광복군	개봉 하남의원 6·25전쟁 참전, 제2대 의무 사령관, 보건사회부 장관
조규찬	경성제대 의학부	국내항일	비밀결사
조무준	규슈 의학전문학교	일본방면	
주현측	세브란스의학교	계몽운동	연세대학교 동은의학박물관 (주현칙)
최경하	경성의전	3·1운동	
최동인	미상	광복군	
최용무	경성의전	3·1운동	
최정숙	경성여자의학전문학교	3·1운동	여의사, 교사, 제주도 초대 교육감(1964)
한금원	도쿄의과대학	광복군	
한위건	경성의학전문학교	중국방면	3.1운동, 조선공산당 중앙위원, 중 국공산당
한진석	미상	만주방면	정부 신안학교 설립, 교장 105인사건, 한족회 총관
한홍교	오카야마의학전문학교	중국방면	대동의원
함태호	미상	3·1운동	
함태홍	경성의전	3·1운동	
허영조	경성의전	3·1운동	
현덕신	도쿄여자의학전문학교	국내항일	여의사, 부부 독립유공자(夫, 최원 순)
황애시덕	도쿄여자의학전문학교	국내항일	여의사(황애덕, 황에스더)
황화백	미상	만주방면	독립군 군의, 봉오동 전사

(2) 간호사

성명	출신학교(근무처)	독립운동	비고
강영파	호령 폐병 요양원	임시정부	유진동(夫)
김금석	광주 제중원	3·1운동	남성
김순애	임정 대한적십자회 간호원양성소 1기(추정)	임시정부	김규식(夫)
김안순	광주 제중원	3·1운동	

성명	출신학교(근무처)	독립운동	비고
김연실	임정 대한적십자회 간호원양성소 1기	미주방면	
김온순	미상	만주방면	김광희(夫)
김원경	임정 대한적십자회 간호원양성소 1기	임시정부	최창식(夫)
김응숙	용정 야소교병원	국내항일	
김태복	동대문 부인병원, 평양 기홀병원	국내항일	
김화순	광주 제중원	3·1운동	
김효순	세브란스병원 간호부	3·1운동	
노순경	세브란스병원 견습간호부 하얼빈 고려병원	3·1운동	노백린(父) 박승환(媤父)
박원경	동대문부인병원	3·1운동	
박자혜	총독부 의원 부속 의학강습소 간호부과 부속 의원 근무 '산파 박자혜' 개업	국내항일	신채호(夫)
송정헌	강소성 노산구강(盧山九江) 폐병원	중국방면	유평파(夫) *유진동의 동생
이도신	세브란스병원 견습간호부	3·1운동	
이성완	세브란스병원	국내항일	
이아수	세브란스병원 견습간호부	3·1운동	일명 이아주, 이애주
이의순	블라디보스토크 적십자회 간호부 교육	중국방면	이동휘(父) 오영선(夫)
이정숙	세브란스병원 간호부	국내항일	
임수명	서울 소재 병원	의열투쟁	신팔균(夫)
장윤희	세브란스병원 간호부	국내항일	장응규(父)
정종명	세브란스병원 간호부양성소 김용채병원	국내항일	독립유공자 박정선의 女 조선간호부협회 조직(1924)
채계복	블라디보스토크 간호부 교육	노령방면	채성하(父)
최선화	상해 간호대학(중퇴)	임시정부	양우조(夫)
최혜순	전남 도립병원, 상해 조산병원 운영	임시정부	김철(金澈, 夫)
탁명숙	세브란스병원 간호부양성소 원산 구세병원	3·1운동	
홍덕주	광주 양림 제중원	3·1운동	남성

(3) 약사

성명	출신학교(근무처)	독립운동	비고
김공우	조선약학교	3·1운동	
오상흠	경성약학전문학교	국내항일	
이갑성	세브란스의전 세브란스병원 약제주임	3·1운동	독립선언서 민족대표 33인

독립유공자 가문 일람표

- 독립운동에 투신한 분들의 명예 선양을 위해 2인 이상 독립유공자 포상을 받은 가문을 찾아서 수록한 것입니다.
- 독립유공자 공적조서를 비롯하여 지방자치단체·기념사업회·기념관, 학술 자료 등에서 발췌, 정리하였으나 사실과 다르거나 누락된 부분이 있을 수 있으므로 알려주시면 추가 발행 시 반영하겠습니다.
- 본인은 가문의 대표적 독립유공자를 우선하되 경우에 따라서는 항렬이 높은 분을 기재하였고, 친족의 범위는 삼종(三從)까지를 원칙으로 하되 자부·손부·사위·손서 등은 양가에 모두 포함하였고, 촌수를 확인하기 어려운 족친이나 인척 등은 비고란에 수록하였습니다.
- 성명은 국가보훈부 '독립유공자 정보'를 기준으로 수록하되, 호적상 이름과 차이가 있을 경우에는 병기하였습니다.
- 공적내용은 국가보훈부 공식 사이트(공훈전자사료관)를 통해 확인할 수 있습니다. https://www.mpva.go.kr/user/index.do
- 국립묘지 묘소 확인과 사이버 참배는 국립서울현충원, 대전현충원 공식사이트(안장자 찾기 및 사이버 참배)를 이용할 수 있습니다.
  https://www.snmb.mil.kr/snmb/299/subview.do
  https://www.dnc.go.kr/html/kr/part/part_0207_pop.html

본인	친족	비고
강무경(2)	양방매(처)	
강명화(6)	강영대·강영소·강영문·강영상·강영각(자)	
강종회(2)	강영문(자)	
강태성(2)	김씨 부인(처)	
강해석(6)	강석원·김두채(동생 부부)	강해석의 부친(강호일) 기준 수록(6명)
	강사체(여동생)	
	신경애(계수, 강영석의 처)	
	강종득(여동생 강복이의 夫)	
고광순(4)	기산도(사위)	고제량(족조)·고광덕·고광채(족제)
	고광훈(제)	
	고광문(재종제)	

고용진(3)	고석진(제)	고순진·고예진(족제)
	고제천(조카)	고치범(고제만)· 고제남(족질)
고순진(2)	고예진(제)	고용진(족형)·고석진 (족제)·고제천(족질)
고시복(2)	김정숙(처)	김봉준(장인)
공창준(2)	고운기(공진원, 자)	
곽임대(2)	곽영선(녀)	
곽준희(3)	곽중규·곽중선(자)	
권도인(2)	이희경(처)	이범교(처남) 조기홍(동서)
권석인(2)	권석호(재종)	
권오설(2)	권오직(제)	
권인규(3)	권종해(자) 권기수(손)	
기삼연(3)	기우만(삼종질)	
	기산도(재종손)	
김건영(4)	김창엽(손)	김순영·김창백, 김창근·김창우(족친)
	김헌식(재종질) 김창신(재종손)	
김관오(2)	방순희(처)	
김광희(2)	김온순(처)	
김구(5)	곽낙원(모) 김인·안미생(아들 부부) 김신(자)	신창희(동서)
김구응(2)	최정철(모)	
김규식(3) 金奎植	김순애(처) 김진동(자)	김필순(처남) 김마리아(처질녀) 서병호(동서)
김규식(2) 金圭植	김성로(자)	
김근수(2)	전월순(처)	
김기섭(2)	전창신(처)	
김기형	김유철(자)	
김대락(9)	김우락·이상룡(여동생 부부) 김락·이중업(여동생 부부)	김진린(김대락의 父) 기준 수록(9명) 김동삼·김동만(족질)
	김만식·김정식(조카 형제)	
	김규식(조카)·김성로(종손)	
김동삼(3)	김동만(제) 김장식(종제)	
김동식(2)	김화식(제)	
김만식(2)	김정식(제)	
김보연(2)	김원영(자) 안원생(사위)	안정근(사돈)

김봉성(2)	안맥결(처)	안창호(처삼촌)
김붕준(7)	노영재(처) 김덕목(자) 김효숙(녀)·송면수(사위) 김정숙(녀)·고시복(사위)	
김사국(2)	박원희(처)	
김상옥(2)	김점순(모)	
김성권(2)	강혜원(Sarah Kim, 처)	
김성숙(2)	두군혜(처, 중국인)	
김성업(2)	박현숙(처)	
김세원(4)	이승택(사위) 이재희(사위)	이세창(사돈)
	김윤원(제)	
김순흠(2)	김낙문(자)	
김약연(2)	김학연(종제)	윤동주(조카)
김여제(2)	김 용(제)	
김예진(2)	한도신(처)	
김용응(2)	김태규(자)	
김원국(2)	김원범(제)	
김의환(2)	정정화(처)	
김재정(2)	김한종(자)	
김좌진(4)	김동진(제)	
	김복한(종질)	
	김종진(재종제)	
김준엽(2)	민영주(처)	
김창균(5)	김석현(자)	
	김복현(자) 김재호·신정완(손자 부부)	신익희(사돈)
김창숙(2)	김찬기(자)	손후익(사돈)
김철(4)	최혜순(처)	
	김석·김덕근(종질)	
김태연(2)	주세죽(처)	이명 김단야
김태원(2)	김율(제)	
김태을(2)	신분금(처)	
김필락(2)	김재락(종제)	
김필순(3)	김순애(여동생) 김마리아(질녀)	김규식(매제, 김순애 夫) 서병호(매제, 김구례 夫) 서재현(서병호 子)
김학규(2)	오광심(처)	
김현식(2)	김창신(자)	
김형순(2)	김덕세(처)	
김호락(2)	김세동(자)	

김홍권(2)	김병성(자)	
김홍기(3)	김정진(자)	유연박(장인)
	김진림(종조부)	
김홍일(2)	김영재(조카)	
김흥락(5)	김용환(손)	유연박(생질) 이상룡(생질손) 김진의(족숙)·김호락(족형)·김윤 모(족질)
	김회락(종제) 김양모(종질) 김연환(종손)	
김회락(3)	김양모(조카) 김연환(종손자)	
김흥렬(6)	김성열(제) 김흥복(조카)	렬(열): 공훈록 기준
	김세열(제) 김주남·김주업(조카)	
나철(3)	나정련·나정문(자)	
남궁억(2)	남궁염(David Y. Namgoong, 자)	
남계창(2)	남주원(조카)	
남상돈(2)	남상락(제)	
노백린(4)	노선경·노태준(자) 노순경(녀)	박승환(사돈, 노순경의 시부)
동민수(2)	동풍신(녀)	
류인식(4)	유필영(생부)·유기영(양부) 유창식(종형)	류(유): 공훈록 기준
마정삼(4)	마도현·마뇌병·마만봉(자)	
문또라(2)	정월라(녀)	
문창범(2)	문창학(종제)	
민필호(12)	이헌경(모) 신창희(처) 민영수(자) 민영주·김준엽(딸 부부) 이윤철(딸 민영애의 夫)	신규식(장인)
	민제호(형) 민영구·이국영(조카 부부) 민영완·민영숙(질녀)	
박문호(3)	박문호(제) 박차정(여동생)	
박병익(2)	박천규(종질)	
박 열(2)	가네코 후미코(金子文子, 처)	
박영관(2)	박순구(자)	
박영섭(2)	김숙영(처)	

박용만(4)	이용화(사위)	박건병(족숙)
	박용각(삼종제)	
	박용철(삼종제)	
박은식(2)	박시창(자)	최중호(사돈)
박인호(2)	박래원(재종질)	
박재혁(2)	차경신(처)	
박정선(2)	정종명(녀)	
박주상(2)	박주학(제)	
박찬익(3)	박영준·신순호(아들 부부)	신건식(사돈)
박치조(2)	박치의(제)	
박치화(2)	박문화(제)	
서병호(2)	서재현(자)	
서효신(3)	서효원(재종)	
	서효격(삼종제)	
선우혁(2)	선우훈(제)	
소은숙(2)	소은명(제)	
손덕화(2)	손용문(자)	부자 의병(부 순국)
손정도(5)	오신도(모)	
	박신일(처)	
	손경도(제)	
	손이도(제)	
손진인(5)	손후익(자)	김창숙(김찬기 부)
	김찬기(손서)	정수기(손후익의 처남)
	손학익(자)	
	손진형(제)	
송면수	김효숙(처)	김붕준(장인)
송병채(2)	심상순(처)	
송병선(2)	송병순(제)	
송복덕(3)	송병철·송병하(자)	
송세호(2)	최갑순(처)	
승 진(3)	승병균(제)	
	승영호(재종질)	
승치현(4)	승준현·승영제(자)	
	승병일(손)	
신규식(8)	신창희·민필호(딸 부부)	신석우·신백우·신경구· 신채호(족친)
	신형호(조카, 형 신정식의 자)	
	신건식·오건해(동생 부부) 신순호·박영준(질녀 부부)	박찬익(사돈)
신돌석(2)	신우경(제)	
신송식(2)	오희영(처)	
신 숙(2)	신화균(자)	최도환(장인)
신영삼(2)	김은주(처)	

신익희(5)	신정완(녀)·김재호(사위)·김은제(사위)	김복현(사돈, 김재호 父)
	신재희(제)	
신채호(2)	박자혜(처)	
신팔균(2)	임수영(처)	조성환(사돈)
신현구(2)	신현창(제)	
신홍균(2)	신광렬(조카)	
심성지(2)	심능찬(자)	
안경순(2)	안상용(자)	
안이순(3)	안삼순·안귀봉(제)	
안종응(3)	안승우(자)	
	안기영(손)	
안재창(2)	안창호(安昌鎬 목사, 조카)	
안중근(17)	조마리아(모)	
	안정근(제)	
	안원생(조카)	
	안미생·김인(질녀 부부)	
	안공근(제)	
	안낙생(조카)	
	오항선(여동생 안성녀의 자부)	
	안태순(숙부)	
	안명근(4촌)	백부 안태현의 자
	안홍근(4촌)	백부 안태현의 자
	최익형(4촌 안익근의 夫)	백부 안태현의 3녀
	안경근(4촌)	숙부 안태민의 자
	안봉생(5촌)	백부 안태진의 손자
	안춘생·조순옥(5촌 조카 부부)	조시원(조순옥의 父)
안창식(4)	안병찬·안병림(자)	
	안항식(재종제)	
안창호(6)	이혜련(처)	김창세(동서)
	안필립(자)·안수산(녀)	
	안맥결·김봉성(질녀 부부)	
안태국(2)	안명진(자)	
양우조(2)	최선화(처)	
양진여(2)	양상기(자)	처형 순국
양회일(2)	양회룡(제)	처형 순국
양제안(3)	양한기·양한위(자)	
어윤석(3)	어경선·어취선(자)	
엄익근(2)	송영집(처)	
엄진영(2)	엄병영(제)	엄주태(족친)
엄항섭(3)	연미당(처)	연병환(장인)
	엄기선(녀)	

연병환(4)	연미당·엄항섭(딸 부부) 엄기선(외손녀)	
염규호(2)	임영애(처)	
염온동(2)	염세우(백부)	
오광선(6)	정현숙(정정산, 처) 오희영·신송식(딸 부부) 오희옥(녀)	
	오의선(조카)	
오영선(2)	이의순(처)	이동휘(장인)
유관순(9)	유중권·이소제(부모) 유우석·조화벽(오빠 부부)	유중제, 유중춘, 유용석 (족친)
	유중무(숙부) 유예도(4촌 언니) 유제경(종질, 숙부의 손자) 한필동(유예도의 자)	
유 근(2)	류연수(자)	
유도발(2)	유신영(자)	
유연박(3)	김세동(사위) 김홍기(사위)	김흥락(외숙)
	유연성(제)	
유인석(6)	유해동·유제함(자)	음성직(사돈, 유돈상의 장인)
	유홍석(재종형) 윤희순(유홍석 자부) 유돈상(유홍석 손자)	
유진동(4)	강영파(처)	
	유평파·송정헌(동생 부부)	
유찬희(3)	유기석·유기문(자)	
유창덕(2)	오항선(처)	
유연청(3)	유연풍·유연봉(제)	
윤봉길(2)	윤남의(제)	
윤세용(3)	윤세복(제)	윤세용(서울현충원 임시정부 요인묘역 윤세두)
	윤세주(종제)	
윤자환(2)	윤형숙(질녀)	
윤천녀(2)	윤선녀(여동생)	
이강년(6)	이승재·이긍재·이명재(자) 김양호(사위)	이기찬(족숙)
	이강수(재종제)	
이건석(2)	이응수(자)	
이경식(2)	이병희(녀)	
이광(6)	김수현(처) 이윤장·이윤철(자) 이국영·민영구(딸 부부)	

이광복(3)	이정숙(처) 이효상(자)	
이규풍(5)	이민호(자)·이길영(손)	
	이규갑·이애라(동생 부부)	
이기상(2)	이기영(제)·이규홍(조카)	허위(이기영의 장인)
이기송(2)	이만의(삼종숙)	
이기찬(2)	이강하(자)	이강년(족질)
이남규(4) 李南珪	이충구(자)·이승복(손)	민종식(매부)
	이용규(종제)	
이남규(2) 李南奎	이원범(이정섭, 자)	
이동하(4) (이원식)	이경식(제) 이병희(질녀)	
	이효정(종손녀)	
이동휘(5)	이발(이승교, 父) 이인순(여) 이의순·오영선(딸 부부)	
이두열(2)	김영순(처)	
이만규(2)	이중언(자)	
이만도(8)	이중업·김락(아들 부부) 이동흠·이종흠(손) 김용환(손서)	
	이만규(제)	
	이중언(삼종질)	
이명우(2)	권성(처)	
이범교((2)	이희경(여동생)	권도인(매부)
이범석(2)	김마리아(처)	
이범윤(3)	이범진(제)·이위종(조카)	
이상룡(12)	김우락(처) 이준형(자) 이병화·허은(손자 부부) 강호석(사위)	박경종(매부) 김도화(종고모부) 조문기(외사촌) 허은(허위의 종질녀)
	이상동(제) 이형국·이운형(조카) 김태동(이상동의 사위)	
	이봉희(제)·이광민(조카)	
	이승화(당숙)	
이상정(3)	권기옥(처) 이상화(제)	
이선호(4)	이면호(제)	
	이철호(종제)	
	이현호(삼종제)	
이세창(2)	이승택(자)	
이수택(2)	이항진(조카)	

이승준(2)	이병호(자)	
이영준)2)	이정순(제)	
이원기(3)	이원록(이육사, 이활)	허위 종질녀(허길)의 자
	이원일(제)	
이인상(2)	이윤상(제)	
이인영(2)	이은영(제)	
이인정(2)	이대하(조카)	
이일범(2)	정영(처)	
이일영(2)	이수흥(자)	
이장녕(3)	이의복·이명(이의명, 자)	이동녕(삼종형)
이재천(2)	이재현(제)	
이정호(2)	한태은(처)	한진교(장인)
이주상(3)	이윤호·이창호(자)	
이주의(2)	이영의(종제)	
이차봉(2)	이소봉(제)	
이회영(14)	이은숙(처) 이규룡·이규학·이규창(李圭昌, 자) 장해평(사위, 딸 이규숙의 夫)	조정구(사돈) 조남승(이규학의 처조카) 조완구(이규학의 처당숙)
	이건영(형) 이규룡(조카)	
	이석영(형) 이규준(조카)	
	이철영(형)	
	이시영(제) 이규창(李圭昶, 조카)	
	이호영(제)	
임병찬(4)	임응철(자) 임수명(손)	
	임병대(제)	
임창모(2)	임학규(임학순, 자)	부자 의병(전사)
임치호(2)	차인재(처)	
장덕준(2)	장덕진(제)	
장도빈(2)	장형(재종제)	
장응규(2)	정윤희(녀)	
장충식(2)	장익환(자)	
장해평(2)	이창용(사위)	이회영(장인)
장현근(2)	신정숙(처)	
전기생(2)	전을생(제)	
전득부(2)	그레이스 전(처)	
정석규(2)	장매성(처)	
정순만(2)	정양필(자)	
정영호(2)	정영(질녀)	
정이형(2)	이규창(사위)	이회영(사돈)

정태희(2)	정윤희(제)	
정환직(3)	정용기(자)	
	정순기(종질)	
조병준(2)	백의범(사위)	신우현(처남)
조성환(2)	이숙진(처, 중국인)	
조소앙(14)	오영선(처) 조시제·조인제(자) 조계림(녀)	
	조용하(형)	
	조시원·이순승(동생 부부) 조순옥·안춘생(질녀 부부)	
	조용주(제)	
	조용한(제)	
	조용제(여동생)	
조인원(3)	조병옥·조병호(아들)	
조정구(4)	이규학(사위)	이회영(사돈)
	조남승(종질)	
	조완구(종제)	홍범식(처남)
주명우(2)	윤악이(처)	
지청천(5)	윤용자(처) 지달수(자)·지복영(녀) 심광식(사위)	
차이석(2)	홍매영(처)	
채광묵(2)	채규대(자)	
채성하(2)	채계복(녀)	
채원개(2)	김병일(처)	
최능현(3)	최능익·최능찬(제)	
최덕휴(2)	최덕룡(종제)	최동균·최철(족형)
최도환(2)	신숙(사위)	
최동균(2)	최철(제)	
최동오(2)	최덕신(자)	유동열(사돈)
최세윤(2)	최산두(자)	
최시화(2)	유순희(처)	
최전빈(2)	강주룡(처)	
최중호(2)	최윤경(자)	
최진동(2)	최운산(제)	
최원순(2)	현덕신(처)	
최창식(2)	김원경(처)	
최택현(4)	최윤룡(자)	
	최광현·최병현(종제)	
하상기(2)	김란사(하란사, 처)	
한규상(2)	박덕실(처)	

한준상(4)	한성선(문성선, 처) 한시대·박영숙(한영숙, 아들 부부)	
한진교(3)	한태은·이정호(딸 부부)	
한철(2)	한금원(제)	
한태석(2)	한훈(제)	김상옥(한훈의 사돈)
한홍교(3)	한형석(자) 박영섭(사위)	
허 위(7)	허형(자) 이기영(사위)	
	허훈(형)	
	허겸(형)	
	허필(종제)	
	허은(종손녀)	종질 허발의 딸
현상건(3)	현정건·현진건(삼종제)	
현익철(2)	현이평(조카)	
현정근(2)	현진건(제)	
홍남후(2)	홍관후(제)	
홍범도(3)	단양이씨(처) 홍양순(자)	
홍원식(2)	김씨 부인(처)	
홍효선(2)	홍승한(자)	
황마리아(5)	강혜원·김성권(딸 부부) 강영승·강원신(아들 부부)	
황병길(2)	김숙경(처)	

국군이 된 독립유공자

성명	독립운동	국군(국방부) 경력	비고
강홍모	광복군	육군 헌병장교	
고시복	광복군	제9사단 30연대장 서울병사구사령관	1953.5.8. 전사(준장)
권 준	임정 내무차장	초대 수도경비사령관 제50보병사단장	
김관오	광복군	제21연대장 101노무사단장	소장 예편
김국주	광복군	제36보병사단장 제1야전군사령부 부사령관	
김동수	광복군	제27보병사단장	
김병학	광복군	육군 정보장교	
김 소	광복군	육군 보병 대대장	
김 신	광복군·중국군	공군 제2전투비행단장 공군참모총장	
김영관	중국군·광복군	육군 장교	대위 전역
김영남	중국군·광복군	육군 장교	1950.7.29. 전사(소령)
김영오	광복군	육군 장교	1956년 전역
김영일	광복군	주월한국군사령부 제100군수사령관 제25보병사단장	소장 예편
김영제	중국군(공군)· 광복군	공군 입대(군수)	
김용관	광복군	제38보병사단장 주월한국군사령부 작전 부사령관	소장 예편
김홍일	중국군·광복군	시흥지구전투사령관 제1군단장	중장 예편
나태섭	광복군	육군 장교	대령 전역
노복선	광복군	육군 장교, 연대장	대령 전역
문상명	광복군	육군 장교, 연대장	대령 전역
민영구	광복군	해군작전참모부장 해군사관학교 교장	소장 예편
박기성	중국군·광복군	제2사단 5연대장 제101보병사단장	준장 예편

박시창	중국군	제16연대장, 제102여단장 제1군단 부군단장	소장 예편
박영섭	광복군	제8사단 21연대 2대대장 제9보병사단 연대장	준장 예편
박영준	광복군	초대 육군 정훈감 제29보병사단장	소장 예편
박영진	광복군	육군 장교	1950.6.25. 전사(대위)
서재현	민족혁명당	해군진해공창장	준장 예편
선우기	광복군	육군 장교	1949.12.4. 전사(대위)
송면수	광복군	국방부 초대 정훈국장 (문관)	1950.8.10. 전사(대령)
승병일	학생운동	육군 장교	대위 전역
승영호	광복군	육군 장교	대령 전역
신성모	대동청년당	해군 제독(중장) 제2대 국방부장관 (1949.3~1951.5)	
안춘생	광복군	육군사관학교 교장 제8보병사단장	중장 예편
오광선	독립군	전주지구전투사령관	준장 예편
유동열	임정 군무총장	군정청 통위부장	
유영중	광복군	육군 장교	대령 예편 (부상 사망)
유해준	중국군·광복군	육군대학 총장 제1야전군사령부 부사령관	소장 예편
윤여복 (윤대여)	민족혁명당	육군 장교	1950.6.26. 전사(소령)
이건국 (이종국)	광복군	육군 장교, 부연대장	1951.1.7. 전사(대령)
이구연 (이해명)	조선의용대 광복군	육군 장교(병적 미확인)	1950.8.14. 전사
이 명 (이의명)	광복군	수도사단 제1연대 2대대장	1950.6.27. 전사(중령)
이범석	광복군	초대 국방부장관 겸 국무총리	
이붕해	독립군	제주도병사구사령관 방위군 옹진지단 고문관	1950.6.28. 전사
이용상	중국군	국방부 정훈국	대령 전역
이윤철	광복군·중국군 (공군)	공군 소위(1950.6.1.)	대령 전역
이준식	중국군·광복군	제3보병사단장 제5관구사령관	중장 예편

장철부 (김병원)	광복군	기갑연대 기병대장	1950.8.4. 전사(중령)
장철	광복군	제39사단 참모장 육군 조달차감	대령 전역
장호강	중국군·광복군	경북병사구사령관 제38, 25보병사단장	준장 예편
장흥	민족혁명당	초대 헌병사령관 국방부 병무국장	소장 예편
전성호	독립군	제1보병사단 12연대장	1950.9.15. 전사(준장)
정래정	광복군	육군 장교(소위 임관)	대령 예편
정희섭	광복군	국군의무사령관 육군 의무감	준장 예편
조윤식 (조개옥)	중국군	육군 장교(소위 임관)	1950.7.15. 전사(중령)
채원개	중국군·광복군	제2보병사단장	준장 예편
최덕신	광복군	제8, 11보병사단장 제1군단장	중장 예편
최덕휴	중국군·광복군	육군 장교(소위 임관)	소령 전역
최순한	국내항일	육군 사병 입대	1950.12.7. 전사(이병)
최용덕	중국군·광복군	초대 국방부 차관 공군참모총장	중장 예편
최철	광복군	육군 장교(소위 임관)	1950.7.6. 전사(소령)
한철	의열단		준장 예편
한필동	광복군	육군 제1연대 헌병대장	대령 전역 유예도의 자
홍구표	광복군	헌병사령부 작전처장, 헌병 총사령 부 제5부장, 육군형무소장	대령 예편
황의선	광복군	논산훈련소 군수처장	대령 예편
황종갑	학생운동	제2군사령부 부사령관	소장 예편

부록 04 경찰관이 된 독립유공자
(경찰청, 「참경찰 인물 열전」)

성명	독립운동	경찰관	비고
강연중	일본 방면	마산경찰서(경사)	
강종득	국내 항일	담양경찰서장(경감)	
권구원	광복군	경주경찰서(경감)	
김기도	광복군	부산, 진해경찰서장(총경)	
김길상	광복군	선산경찰서(경사)	
김석용	국내 항일	고성, 거창경찰서(순경)	
김세균	국내 항일	영등포, 동대문, 노량진 동부경찰서장(총경)	
김영진	광복군	부산시경, 중부경찰서 (경사)	
김영춘	광복군	경북특별경비대(경사)	
김 용	광복군	치안국 정보수사과장 (경무관)	
김준경	광복군	횡성, 장성경찰서장(경정)	
김학선	광복군	산청, 동래경찰서(경사)	
김해강	만주 방면	조치원경찰서장(경감)	
노기용	국내 항일	선산, 청송, 문경경찰서장, 제5관구 경찰학교자(총경)	고성군수 국회의원
노영준	국내 항일	부산, 김해, 하동경찰서 (경위)	
박노수	일본 방면	영주, 안동, 대구, 김천감찰서장(총경)	
박영근	국내 항일	부산, 거제, 김해, 울산경찰서장(경감)	6·25 참전
백문기	중국군·광복군	군위, 봉화, 예천, 문경, 선산경찰서 (경사)	
백준기	광복군	문경경찰서(경위)	6·25 전사 (경위 특진)
백학천	광복군	음성, 부산경찰서(경위)	
변영근	광복군	제5관구(경북), 예천, 봉화경찰서(경위)	1950.7.9. 전사(경감)
송병철	광복군	공주, 대전경찰서(순경)	
송병하	광복군	서남지구전투경찰사령부, 삼척경찰 서(경사)	6·25 참전
송일성	만주방면	예산, 온양경철서장(경감)	
송쾌철	광복군	김제, 이리, 군산, 장수경찰서(경위)	
신영묵	광복군	치안국 교육과(경감)	
안맥결	국내 항일	서울여자경찰서장(총경)	여성
안병수	일본 방면	제3구경찰서(영주, 경사)	6·25 참전

오호영	국내 항일	부평경찰서(경사)	
윤여복 (윤대여)	중국군	왜관경찰서장(경감)	1950.6.26. 전사(소령)
이강만	국내 항일	온양, 청양, 김제, 부안경찰서(경사)	6·25 참전
이병헌	3·1운동	경찰전문학교 교장(총경)	
이상문	일본 방면	제7관구(경남), 북부산, 남해, 충무경찰서(경사)	
이성숙	국내 항일	마산, 남해경찰서(순경)	
이일범	광복군	치안국 교육과장(경무관)	
이철영	국내 항일	고흥, 연천경찰서장((경감)	
임원갑	국내 항일	함양경찰서(순경)	
장기문	광복군	화순경찰서(순경)	6·25 참전
장동식	광복군	서울시경국장, 치안국장 (치안총감)	국회의원
장세영	일본 방면	제주경찰서(경위)	
장언조	광복군	대구경찰서(순경)	
전을생	중국 방면	종로, 마포, 동대문경찰서(경사)	
전창신	3·1운동	인천여자경찰서장(경감)	여성
전호인	광복군	강릉, 충주경찰서장(총경)	
정이세	광복군	경기 배천경찰서(순경)	
조윤식 (조개옥)	중국 방면 중국군	경기도 경찰부장	1950.7.15. 전사(중령)
조병옥	국내 항일	군정청 초대 경무부장	내무부장관
조형진	국내 항일	김포, 이천, 부산수상경찰서장(총경)	납북
최 천	국내 항일	인천경찰서장, 경남경찰국장(경무관)	6·25 참전 국회의원
최철룡		경남경찰국장(경무관)	
홍구표	광복군	상주경찰서(경위)	6·25 참전 대령 예편
황현숙 (황금순)	3·1운동	치안국 여자경찰과장 (경무관)	

6·25전쟁
참전 언론인·문인

구분	참전 언론인 명단(소속)
종군기자	계성일(대한일보), 구본건(합동통신), 김군서(자유신문), 김순강(국도신문), 김석준(국제신보), 김우용(서울신문), 김진섭(동아일보), 김회중(시사통신), 문제안(국도신문), 박남규(합동통신), 박성환(경향신문), 박영식(시사통신), 박영준(합동통신), 박중임(중앙일보), 방낙영(조선일보), 서승벽(자유신문), 석보(평화신문), 심종구(평화신문), 예용해(한국일보), 윤종현(한국일보), 이시호(경향신문), 이월준(합동통신), 이윤수(전북일보), 이지웅(동양통신), 이필면(대한통신), 이혜복(경향신문), 임학수(동아일보), 장명덕(합동통신), 전동천(조선일보), 정성관(평화신문), 전승규(자유신문), 정원국(서울신문), 정준모(국도신문), 조창섭(시사통신), 조용하(경향신문), 지갑종(로이터통신), 최경덕(동아일보), 최기덕(합동통신), 최병우(조선일보, 1958년 금문도 포격 취재 중 순직), 최원각(동아일보), 한규호(서울신문, 전사), 한영섭(중앙방송), 함택운(동양통신), 홍윤식(합동통신)
언론인	공대식, 김관태, 김성환(화가), 김용수, 김윤덕, 김준하, 김집, 김춘빈, 김한길, 문준철, 박기병, 박용윤, 송두빈, 신현구, 안광식, 안현태, 오판룡, 유승택, 윤양중, 이경남, 이구열, 이도형, 이세환, 이승기, 이종기, 이종식, 임인흡, 정연복, 정용기, 지연홍, 지용우, 최창봉, 한영도, 홍성혁, 황대연
아나운서	김경숙(전사), 전인국(종군기자 1기, 아나운서, 납북)
문인	공중인, 구상, 박두진, 박목월, 박양균, 오병수, 유치환, 조지훈 등 30여 명 (문총구국대)

* 대한언론인회의 종군기자 명단(43명)에 최병우, 전인국을 추가하였음.(이혜복 기자 증언 참조)

이미지 출처(외부 자료)

프롤로그
- 첫 국립묘지 건설 현장(국립서울현충원 공식 사이트)
  https://www.snmb.mil.kr/sites/snmb/index.do

02 초록색 잔디광장을 바라보다
- 2023 현충일 추념식 (국가보훈부 제공)
04 첫 장병묘역에 들어서다
- 인천상륙작전(위키 Public Domain)
  https://en.wikipedia.org/wiki/Battle_of_Inchon#/media/File:Battle_of_Inchon.
    pngpek160114_273
- 장진호 전투(위키 Public Domain)
  https://en.wikipedia.org/wiki/Battle_of_Chosin_Reservoir#/media/File:TF_DOG_PATROL.
    jpg
- 국가보훈부 승격 홍보 화면 캡처(공식 사이트 2023년 3월 28일)
  https://mpva.go.kr/mpva/index.do
06 애국지사의 숨결
- 백하구려(국가보훈부 현충시설정보서비스)
  http://mfis.mpva.go.kr/
09 독립유공자를 찾아서(2)
- 임청각(문화재청, 공공누리 제1유형)
  https//www.heritage.go.kr/heri/cul/imgHeritage.do\?ccimId=6293695&ccbaKdcd=12&cc
    baAsno=01820000&ccbaCtcd=37
11 민족정기를 말하다
- 대종교 삼종사묘(국가보훈부 2018년 8월 이달의 독립운동가)
  https://e-gonghun.mpva.go.kr/user/IndepCrusaderDetail.do? popup=popup&goTocode=
    20003&postYear=2018&postMonth=08
14 기적의 바다
- 메러디스 빅토리호(출처: 위키 Public Domain)
  https://en.wikipedia.org/wiki/SS_Meredith_Victory#/media/File:SSMeredithVictory.jpg
- 선상의 피난민들(출처: 위키 Public Domain)
  https://en.wikipedia.org/wiki/Hungnam_evacuation#/media/File:Refugees_during_the_
    Hungnam_evacuation._1950.jpg
22 열린 국립묘지를 향하여
- 재한유엔기념공원(재한유엔기념공원관리처)
  https://www.unmck.or.kr/kor/main/

주석

프롤로그

1   최호근, 「기념의 미래」, 고려대학교 출판문화원, 2019. 215.

2   샘 리스, 앞의 책. 172. 루키우스는 로마의 구원자 스키피오 아프리카 누스의 동생이다.

제1부

3   김두규, "왕릉과 동작동 국립묘지", 주간동아 453호(2004. 9. 23). 89~89.

4   김용배 장군은 제7사단 7연대의 선봉인 1대대장으로 가장 먼저 초산에 도달하여 수통
     에 압록강 물을 담아 이승만 대통령에 보낸 장본인으로 알려지고 있다. 대령으로 진급
     하여 8연대장을 맡았지만 10일 만에 양구에서 전사했다. 유능한 전투 지휘관이자 부하
     를 아끼고 고락을 함께 하는 등 덕망과 인품이 있었고, 존경과 신망이 높았다고 한다.(장
     창국, "육사 5기와 6 ·25", 중앙일보 1984년 1월 29일 자)

5   국방부 전사편찬연구소, 「6 ·25전쟁 주요 전투 1」, 2017. 29.

6   국방부 전사편찬연구소, "6 ·25전쟁 통계", 한국군 621,479명(전사 137,899, 부상
     450,742, 실종 24,495, 포로 8,343) 유엔군 154,881명(전사 40,670, 부상 104,280, 실종
     4,116, 포로 5,815)이다. 그중 미군 희생자는 137,250명(전사 36,940, 부상 92,134, 실종
     3,737, 포로 4,439)이다. 민간인 인명 피해 990,968명(학살·사망 373,599, 부상 229,625,
     납치·행방불명 387,744), 피난민 320만여 명, 전쟁미망인 30만여 명, 전쟁고아 10만여
     명이 발생하였다. 북한 측 피해인원은 1,773,600명(사망 1,646,000, 실종·포로 127,600),
     민간인 인명피해는 150만 명으로 추산된다.

7   T. R. 페렌바크, 최필영·윤상용·윤상용 옮김, 「이런 전쟁(This Kind of War)」, 플리닛
     미디어, 2019. 755.

8   제3묘역의 뒤쪽 끝부분에는 장교 전사자들이 다수 안장되어 있다. 류재문 대령, 박순유
     중령, 이종우 중령, 김영정 소령, 김정규 소령, 김준환 소령, 이춘복 소령, 서보근 소령, 전
     승식 소령, 조석연 소령, 최점력 소령, 임동춘 대위 등이다.

9   최용호, 「물어보세요! 베트남전쟁과 한국군」, 군사편찬연구소, 2004. 70~72.

10   국립중앙도서관, "미 NARA 수집 문서". 참조.

11   한국갤럽조사연구소, 「국정여론」, 1994. 6. 6~10.

12   박동찬, 「통계로 본 6 ·25전쟁」, 국방부 군사편찬연구소, 2014. 251.
     전사 3,131명, 실종 7,084명, 납치 403명, 부상자 6,760명이다.

13   위의 책. 222.

14   경찰청, 「참경찰 인물열전」, 2019. 373.

15　국가원수묘역 1 (이승만), 국가유공자 제1묘역 4 (정일형, 라용균, 유석현, 이은상), 국가유
　　공자 제2묘역 7 (김홍일, 이범석·김마리아 부부, 이원순, 임병직, 조만식, 주시경), 장군 제
　　1묘역 9 (고시복, 김용관, 민영구, 장흥, 전성호, 정희섭, 최용덕, 한훈, 황종갑), 장병묘역
　　2 (윤대여, 이의명) 등이다.

16　국사편찬위원회, 우리역사넷(http://contents.history.go.kr)

17　신규식 선생의 형 신정식 가(家)는 의사 명문가이기도 하다. 구미위원부에서 활약한 독
　　립유공자 신형호 선생 외에 신필호·신웅호·신우호 등 세 아들과 신필호의 두 아들이 의
　　사였다. 가문의 전통은 신필호의 장손으로 이어지고 있다. 신필호는 1914년 세브란스의
　　학교를 졸업하고 전남 광주에 제중병원, 황해도 연안의원, 한성 신필호의원을 개설하여
　　당시 산부인과 최고의 권위자가 되었다. 1938년 한성의사회 회장을 맡기도 하였다.

18　이승만은 「독립정신」의 후기 '독립주의의 긴요한 요목'을 통해 세계, 법치, 외교, 국권, 신
　　의, 자유권 등 여섯 가지 강령을 제시하였다. 그의 독립노선은 하와이, 대한인국민회, 한
　　인대표자 회의, 임시정부(제1대 대통령, 전권대사, 국무위원, 외교위원), 구미위원부 활
　　동, 국제연맹 회의 참석, 재미한족연합위원회, 한미협회, 임정 승인을 위한 외교활동 등으
　　로 이어졌다. 조지 워싱턴(학사), 하버드(석사), 프린스턴(박사)을 나왔고, 1941년 7월 「일
　　본 내막기(Japan Inside Out : The Challenge of Today)를 통해 태평양 전쟁을 예측함
　　으로써 큰 반향을 일으켰다.

19　박찬승, 「1919 대한민국 첫 번째 봄」, 다산초당, 2019. 46.

20　위의 책, 62~67.

21　고주리의 천도교 지도자이자 독립운동가 김흥렬, 김성열, 김세열 3형제와 김성열의 아
　　들 김흥복, 김세열 아들 김주남과 김주업 등 6명이다. 김주업은 학살 사건이 있기 3일 전
　　결혼하였는데 부인 한씨는 남편을 비명에 보낸 후 통곡하다가 3일 만에 숨졌다고 한다.

22　박찬승, 앞의 책, 276~281.
　　이상규, "삼일운동과 기독교", 한국기독교학술원 제52회 학술세미나, 2018.5.

23　박찬승, 앞의 책, 382.

24　박찬승, 앞의 책, 376. 384.

25　창설 당시 본대와 2개 지대를 포함하여 89명이었던 조선의용대의 규모는 1940년 본부
　　92명, 3개 지대 314명이었다. 조선의용대가 중국 국민당 군사위원회의 명령으로 광복군
　　제1지대로 합편될 때에는 대다수가 이탈하고 39명이 남아 있었다.(양소전·이보온, 조성
　　의용군항일전사, 고구려, 1995. 49.90~93. 185. 192.

26　김재기, "미국 한인들의 3·1운동 지지와 임시정부 초기 독립운동 자금 모금활동", 「한국
　　보훈논총 제18권 제4호」, 한국보훈학회, 2019. 54. 57.

27　국사편찬위원회, 「미주한인의 역사(상)」, 2007. 참조.

28　장경호, "제2차 세계대전시기 미군에 종군한 북미한인2세 연구", 「한국 독립운동사연구」,
　　독립기념관 한국독립운동사연구소, 2019. 197. 장경호는 본토의 참전인원을 259명으로 보

고, 그 명단을 본 논문에 수록하였다. 하와이 출신 600여 명을 포함하면 총 900여 명이다.

29 안창호, 김종림, 백일규, 이대위, 김순권, 윤응호, 이재수, 방사겸, 김형각의 자녀와 전경무의 종제 등이다. 안창호 선생의 두 아들 안필립, 안필선은 민병대에, 장녀 안수산과 3남 안필영은 해군에 복무하였다. 김순권의 아들 김영옥 대령은 6 ·25전쟁에도 참전하였다. 윌로우스 비행학교 설립을 지원한 캘리포니아 대농장주 김종림의 두 아들도 참전하였다. 3형제, 4형제, 6형제가 참전한 경우도 있었다고 한다. 널리 알려진 김영옥 대령과 안수산 외에도 한인 영웅들이 있었다. 조지 리(조종사), 프레드 오(2차 대전 조종사), 존 김(조종사), 피터 장(해군장관) 등이다. (위 논문, 200~213.)

30 김희곤, 「안동의 독립운동사」, 안동시, 1999. 108.

31 백남규 선생은 충주 출신으로 육군무관학교를 졸업하고 안동진위대 부위로 복무하던 중 군대해산을 맞아 순흥(현 영주)에서 봉기하여 이강년 의진의 우선봉장을 맡았다. 1909년 체포되어 종신형을 선고받고 8년간 옥고를 치르다가 출옥했지만, 1918년 상해로 망명하려다가 체포되어 다시 15년간 옥고(총 23년)를 겪었다.

32 이동훈, "나주 수성 崔씨 일가의 비극", 「주간조선」, 2010.7.5 자.

33 F. A. McKenzie, The tragedy of Korea, New York Dutton & CO, New York 1908. p.224. p.263.

34 F. A. McKenzie, Korea's Fight for Freedom. New York : Fleming H. Revell Co. p.174.

35 엘리자베스 키스·엘스펫 키스 로버트슨 스콧, 송영달 옮김, 「엘리자베스 키스의 올드 코리아」, 책과 함께, 2020. 160.

36 박찬승, 앞의 책, 376. 1924년 조선총독부 관방 서무부 조사과가 내부자료로 만든 「조선의 독립사상 및 운동」에 근거한 것이다. 의사·의생(81)에 간호사를 포함하면 이보다 훨씬 더 많을 것으로 추정된다.

37 J. 네루, 곽복희·남궁원 옮김, 「세계사 편력 2」, 일빛, 2004. 222.

38 Henry Chung(정한경), 김재현 옮김, 「한국의 사정」, 키아츠, 2019. 165. 재인용.
    Sydney Greenbie, "Korea Asserts Herself", Asia, September 1919.

39 Sydney Greenbie, The Pacific triangle; illustrated with Photographs, Chautauqua, New York : Chautauqua Press, 1922. pp. 317-319.

40 안중근의사기념관, 「안중근 안쏠로지」, 서울셀렉션, 2019. 81.

41 프리미엄 조선 2014년 10월 26일 자(창원대 사학과 도진순 교수)
    고토쿠 슈스이(幸德秋水, 1871~1911)는 사상가, 사회주의자, 무정부주 의자 등 메이지시대 일본 좌파를 대표하는 인물이었다. 1901년 사회민 주당을 창당하고,《세기의 괴물 제국주의》를 출판하여 제국주의를 비판하였다. 1905년 신문지조례(新聞紙條例) 위반 혐의로 투옥되어 크로포 트킨(Kropotkin)의 사상을 접하고 무정부주의 쪽으로 기울었다. 11월 15일 샌프란시스코로 이주하였지만 지진으로 이듬해 6월 말 귀국하였다. 사회주의 운동을 이어가던 그는 1910년 6월 고토쿠사건, 이른바 대역사건으로 체포되어 이듬해 1월 18일 대법원에서 사형선고를 받고 1월 24일 11명의 다른 수감자들과 함께 처형되었다. 슈스이의 사진엽서는 샌프란시스코에서 동포들이 발행하는 《신한민보》 1910년 3월 30일 자에 안중근 의사의 사형을 애도하는 글과 함께 게재됨으로써 알려지게 되었다.

42 이시카와 타쿠보쿠. 손순옥 옮김, 「이시카와 다쿠보쿠 시선」, 민음사, 2014. 17.(일부 수정 가필)
    정끝별 해설, 정원교 그림, 「세계의 명시 2」, 민음사, 2012. 90.

43 상균, "안중근에 대한 주변 국가들의 이해(일본인들의 평가를 중심으로)", 광주가톨릭대학교 대학원 석사학위 논문(2013), 참조.
    논문은 하얼빈 의거에 대한 국내외의 긍·부정적 시각을 제시하고 있다.
    위 논문에 의하면 긍정적으로 평가한 일본의 지식인으로는 이치가와 마사아키(市川正明, 한국명 金正明), 이다 이즈미(井田泉), 사이토우 야스히코(斎藤泰彦), 나카노 야스오(中野泰雄), 사이토우 미치노리(斎藤充功), 마키노 에이지(牧野英二) 등이 있다.

44 김구, 도진순 주해, 백범일지, 돌베개, 2005. 214.

45 국가보훈부, "2001년 12월 이달의 독립운동가." 참조.

46 앞의 책, 197.

47 최은희, 「여성을 넘어 아낙의 너울을 벗고」, 문이재, 2003. 198.

48 라빈리아 덕·이사벨 스튜어트, 조정환 역술, 「조선간호사」, 조선간호부회, 1933. 295.(저자와 인용문을 현대어로 수정하였음.)

49 평남도청의거의 문일민(무기), 박태열(무기), 장덕진(무기), 안경신(10년), 선천경찰서의거의 박치의(사형), 김성호(15년), 김석창(8년), 안병균(8년), 박치조(5년), 김근하(3년), 김복인(3년), 김성수(3년), 김학현(3년), 박세건(1년) 등이다.

50 김은지, "미국 의원단 동아시아 방문을 계기로 한 대한민국 임시정부의 독립운동", 한국독립운동사연구 60집, 독립기념관 독립운동사연구소, 2017. 167~195.

51 박걸순, "진천의 근대 인물과 장신(將臣) 신헌(申櫶) 가계" 향토사연구 심포지엄(2020.11.27.) 참조.

52 정교, 「대한계년사」 하, 300~301.

53 사단법인 일성 이준열사기념사업회 공식 사이트
    http://www.leejun.org/bbs/board.php?bo_table=peoplea&wr_id=5
    Ye We Chong, "A Plea for Korea", INDEPENDENT. Vol. 63. N0.3064(August 22 , 1907)

54 오영섭, "이위종의 생애와 독립운동", 「한국독립운동사연구」, 제29집, 독립기념관 한국독립운동사연구소, 2008. 410~411.

55 이승우, 「시베리아의 별, 이위종」, 김영사, 2019. 152~153.

56 부부, 부자(녀) 독립유공자 외에 숙질(신규식·신순호, 조시원·조인제), 장인과 사위(신규식·민필호, 이회영·장해평), 사돈(김상옥·한훈, 노백린·박승환, 박찬익·신건식, 이회영·

정이형) 등의 경우도 있다. 지청천 가(家)의 경우 국립묘지에 다섯 분이 안장(4) 또는 위패(1)로 봉안되어 있다. 본인과 부인(서울 임정묘역), 장남(지달수, 서울 독립유공자묘역), 차남(지정계, 서울 위패), 딸(지복영, 대전 독립유공자 묘역) 등이다. 차남 지정계(병적 이 정계)는 육군 소위로 임관하여 1948년 11월 5일 여순사건 진압 작전 중 전사하였다.

57 김희곤, 「독립운동의 큰 울림, 안동 전통마을」, 예문서원. 2014. 26.

58 왕산의 종질 허형식은 북만주와 동북항일연군 제3로군 총참모장으로 활동한 뛰어난 지휘관으로 1942년 8월 일본군과 교전 중 전사했다.

59 중앙일보 2009년 11월 17일 자(명문가를 찾아서 아산시 인주면 공세리 덕수 이씨家) 참조.

60 이규갑 선생의 증언 「한성정부수립의 전말」(신동아 1969년 4월호)에 의하면 홍주의병 에 참가하였다고 하나 근거를 찾을 수 없다고 한다.(김승태, 「일제강점기 이규갑·이애라 부부의 민족운동」, 한국독립운동사연구 제50집, 독립기념관 독립운동사연구소, 2015. 83.

61 1919년 4월 4일 대호지 만세운동에 참가한 1천여 명의 주민들 가운데 199명이 입건되었다. 현장 순국(1), 옥중 순국(3), 징역(39), 태형 90도 (88), 불기소(64), 면소방면(4) 등이다. 성씨별로 보면 부안김씨(30), 의령남씨(23), 전주이씨(21), 밀양박씨(12), 김해김씨(10), 제주고씨(8), 여산송씨(6) 순이다. 대호지 만세운동은 서울의 3·1운동을 목격하고 돌아온 남상돈, 남상락, 남상찬 3형제, 면장(이인정), 소사(송재만), 면서기(김동운·민재봉) 등에 의하여 조직적으로 실행되었다. 도호학숙 훈장 한운선이 쓴 애국가가 인쇄, 배포되기도 했다.(김남석, "대호지 3·1운동의 전개와 특성」, 「한국독립운동사연구」 제35집, 독립기념관 독립운동사연 구소, 2010. 235~265. 참조.

62 청송군민신문, "우리 아베 참봉 나으리"(2019.5.19.)

63 양산항일운동기념사업회, 「우산 윤현진의 생애와 독립운동」, 양산시민신문, 2021. 참조. 백부(윤명은)은 고성·울산군수, 작은 백부(윤상은)은 경남은행장, 숙부(윤영은)은 구명학교장을 지냈다. 숙부(윤상은), 고모부(허걸), 형(윤현태)는 백산상회에 참여하였고, 여동생(윤덕경)은 독립운동가 (현정건, 현진건의 형)과 혼인하였다.

64 동화약품(http://www.dong-wha.co.kr/company/history.asp)
회사 측 자료에 의하면 윤창식은 신간회에, 윤광열은 광복군에서 활동하였다.

65 김승일, 「여성독립유공자」, 고구려, 1998. 41~42.

66 심옥주, 「나는 여성이고, 독립운동가입니다」, 우리학교, 2019. 34~71.

67 박찬승, 앞의 책, 380.

68 박은식, 남만성 옮김, 「한국독립운동지혈사」, 2019. 서문당. 300~301. 장로교역사학회(Presbyterian historical society), 「한국 3월 1일 독립운동」, 1972. 자료집에 의하면 1919년 8월 22일 장로교 선교부 아더 J. 브라운(Arther J. Brown) 박사가 받았다는 확인 도장이 찍혀 있다.(국민일보, "한민족 독립선언, 세계에 전해 달라, 3·1운동 직후 기독 여학생, 윌슨 대통령에 호소의 편지")

69 서명자는 김인종, 김숙경, 김오경, 고순경, 김숙원, 최영자, 박봉희, 이정숙 등 여덟 명이다.

70   심옥주, 앞의 책, 195.

71   심옥주, 앞의 책, 116.

72   Anthony Ahn, M.D., 「CRISIS OF HUMANITY」, 2000. p.378. Anthony Ahn(안웅호)
은 안중근 의사의 유일한 손자로 미국에서 의사로 활동하다가 2000년 사망했다. 이 책
은 발행일자와 발행처가 나와 있지 않다.

73   《대한매일신보》, 1910년 1월 29일 자. 원문을 풀어씀(저자 주)

74   Anthony Ahn, M.D., op. cit. p.378-380.

75   Anthony Ahn, M.D., op. cit. p.379.

76   최영욱은 세브란스 의과전문학교를 졸업하였고, 미군정기 전라남도 도지사를 지냈다.

77   박용옥, 「김마리아: 대한의 독립과 결혼하였다」, 홍성사, 2003. 324.

78   위의 책, 386~389.

79   위의 책, 305.

80   국가보훈부, "2015년 5월 이달의 독립유공자". 참조.

81   중앙일보 2011년 5월 17일 자(독립기념관과 함께 하는 독립유공자 시리즈 ④ 이규갑·
이애라 부부)

82   홍윤정, "하와이 한인여성단체와 사진신부의 독립운동", 「여성과 역사 제26집」, 한국여
성사학회, 2017. 11~23.

83   김자국 "대구의 여성독립운동", 「극난극복의 대구독립운동사」, (사)국채보상운동기념사
업회, 2021. 291~298.

84   추헌수, 「대한민국 임시정부사」, 독립기념관 한국독립운동사연구소, 1989. 31.
박찬승, 「1919」, 다산초당, 2019. 328~330.

85   1899년 설립된 관립상공학교가 1904년 관립농상공학교로 개편되었다. 1906년 공업 교
육 부분이 관립공업전습소로 분리되었다. 공업전습소는 1916년 경성공업전문학교로
1946년 서울공업중학교로 변경되어 지금에 이르고 있다. 선린상고와 수원농고 또한 관
립농상공학교에서 시작되었다.

86   국방부 전사편찬연구소, 「국방 100년의 역사 1919~2018」, 2020. 114.

87   한시준, "카이로선언과 대한민국 임시정부", 한국근현대사연구 제71집(2014년 겨울), 한
국군현대사학회, 2014. 126~156.

88   유영익, 「이승만의 생애와 건국비전」, 청미디어, 2019. 참조. 이승만 박사는 루스벨트 대
통령에게 편지를 세 번 보냈고, 한 차례 회신을 받았다고 한다. 1941년 7월《일본내막기
(Japan Inside Out)》를 통해 일본이 태평양을 놓고 미국과 전쟁을 하게 될 것이라고 주
장했다. 예상대로 그해 12월 일본이 진주만 공격을 공격함으로서 태평양 전쟁이 발발했
다. 책은 베스트셀러가 되었고, 이승만 박사의 명망도 높아졌다. 미국의 소리(팸) 방송을
통해 국제적 상황을 알리고 독립 열망을 고조시키기도 했다. 카이로 회담에서 한국의
독립을 주도한 인물이 누구인지는 확실하지 않다. 루스벨트 대통령 주도론은 초안이 미

국 측에서 작성되었고, 이전의 한반도 상황에 관한 동정적 언급이 그랬다는 것이다. 그와 함께 국민당 비서장 왕총혜(王寵惠)가 정리한 회담기록 중 '장 총통이 한국 독립의 필요성을 강조했다'라는 것을 근거로 장개석 주석의 역할론이 제기되고 있다.

89　대한민국 건국강령의 핵심부분은 다음과 같다.
"망아(望我) 동포(同胞)는 물망국치(勿忘國恥)하고 견인노력(堅忍努力)하여 동심동덕(同心同德)으로 이한외모(以捍外侮)하여 복아(復我) 자유독립(自由獨立)하라 하였다. 이는 전후(前後) 순국한 수십만 선열들의 전형적 유지(遺志)로써 현재와 장래에 민족정기(民族正氣)를 고동함이니 우리 민족의 남녀노소가 영세불망(永世不忘)할 것이다.(중략) 선민의 명명(明命)한 바 수미균평위(首尾均平位)라야 흥방보태평(興邦保泰平)하리라 하였다. 이는 사회 각층급(各層級)의 지력(智力)과 권력(權力)과 부력(富力)의 향유를 균평(均平)하게 하여 국가를 진흥하며 태평을 보유(保維)하리라 함이니 홍익인간(弘益人間)과 이화세계(理化世界)하자는 우리 민족의 지킬 바 최고 공리(公理)다." 여기서 '수미균평위 흥방보태평'은 고려사 열전 김위제(金謂磾) 편에 나오는 내용으로 '머리와 꼬리가 고르고 평평하게 자리하여야 나라가 흥하고 태평함을 보전할 수 있다'라는 뜻이다.

90　추헌수, 「대한민국 임시정부사」, 독립기념관 한국독립운동사연구소, 1989. 16. 김구, "釋三·一革命精神", 「大公報」(重慶), 1943년 3월 1일 자.

91　김인식, 「중도의 길을 걸은 신민족주의자 안재홍의 생각과 삶」, 역사 공간, 2006. 156.

92　Homer B. Hulbert, 「The Passing of Korea」, Doubleday, Page & Company, 1906.
호머 헐버트, 신복룡 옮김, 「대한제국멸망사(개정판)」, 집문당, 2019.
김동진, 「헐버트의 꿈 조선은 피어나리!」, 참좋은친구, 2019. 223.

93　대한매일신보, 1909.5.28.자. "제국주의와 민족주의', '아날비(亞剌飛)'는 이집트 독립운동가 아라비 파샤(Arabi Pasha)를 지칭한 것으로 보인다. 1882년 이집트 봉기 때 영국군에 체포되어 스리랑카(석란고도, 당시 실론)에 유배되었다가 1901년 카이로에 돌아왔다.

94　이광수, 「도산 안창호」, 범우사, 1997. 290.

95　독일 베를린 대학교 철학부를 졸업하고 귀국한 이극로 박사는 조선어학회 간사장을 맡아 사전 편찬을 주도하였다. 가장 무거운 징역인 6년을 선고 받고 옥고를 치르던 중 광복을 맞이하였다. 1948년 4월 '남북 제 정당 사회단체 연석회의'에 참가했다가 북한에 남았다.

96　성균관대학교는 독지가 이석구 선생이 토지를 희사하여 설립되었고, 김창숙 선생이 초대 학장을 맡았다. 경희대학교는 독립운동가 이시영 선생이 신흥무관학교의 맥을 잇기 위해 세운 신흥전문학관(신흥초급대학)을 조영식 박사(경희대 설립자)가 인수, 설립한 학교이다.(경희대 공식 사이트에는 그런 내용이 나오지 않는다.) 영남대학교는 1967년 독립 유공자 최준 선생이 세운 대구대학(1947)과 청구대학(1950)이 통합되어 설립된 학교이다.(공식 사이트에는 그런 내용이 나오지 않는다.) 건국대학교 설립자(상허 유석창, 경성의전 출신 1931년 민중병원 설립) 또한 독립운동가로 알려져 있다.

97　6·25전쟁 중 전사(순직)한 고위 지휘관으로는 김백일 육군소장, 박범 집공군준장, 이용

문 육군준장, 채병덕 육군소장 등이 있다. 대령(준장 추서)으로는 권동찬 육군대령, 권태순 육군대령, 김용배 육군대령, 김현수 육군대령, 박노규 육군대령, 안병범 육군대령, 이근석 공군대령, 이상근 육군대령, 전성호 육군대령, 정만기 육군대령, 함춘호 육군대령 등이 있다. 이상근 대령은 이형근 장군의 동생으로 형제가 함께 참전하였다. 백선엽 대령(전쟁 초 제1사단장)과 백인엽 대령(제17연대장) 또한 형제이다. 부자가 함께 참전한 경우로는 유승열 대령(전쟁 초 제3사단장)과 유재흥 준장(제7사단장), 안병범 대령(전쟁 초 청년방위대 수도 서울 고문단장)과 안광수 대령, 장인과 사위로는 이응준 소장(전쟁 초 제5사단장)과 이형근 준장(전쟁 초 제2사단장), 채병덕 소장(전쟁 초 육군총참 모장)과 백홍석 대령 등이 있다.(국방부 군사편찬연구소, 「알아봅시다! 6 ·25전쟁사-제3권 고지쟁탈전과 휴전협정」 참조.)

98 한상도, "실록 대한민국임시정부 제3부(2) 임시정부와 국군, 광복군", 조선일보, 2005.4.13.자.

한시준, "한국광복군 정통성의 국군 계승 문제", 군사 제43호(2001.8), 국방부군사편찬연구소. 2001. 137.

김행복, "한국광복군이 국군 창설에 미친 영향", 「군사논단」 통권 20.21(1999년 가을호~2000년 신년 겨울호). 한국군사학회, 1999. 130.

99 김행복, 위의 논문. 126.

100 한시준, 위의 논문, 129~130.

101 유동열은 사돈인 최동오와 함께 납북되었다. 외무부 장관을 지낸 최덕신(최동오의 아들)과 유미영(유동열의 딸)은 1976년 미국에 망명했다가 1986년 북한에 들어가 조선천도교청우당 중앙위원장으로 활동하였다. 유동열은 납북 당시 71세 고령에 신병으로 도중에 숨을 거뒀고, 최동오는 1963년 71세에 사망한 것으로 알려지고 있다.

102 김행복, 위의 논문, 140.

한시준, 위의 논문, 139.

103 제7기 특별반(김관오, 김국주, 장흥), 제8기 특별반(이준식, 오광선, 안춘생, 박영준, 권준, 장호강, 김영일, 전성호 등이다. 그 외 특임(김홍일, 채원개), 공군(최용덕, 김신), 중국군 출신(김응조, 이종국, 오동기, 조개옥) 등이 창군에 참여했다.(한시준, 위 논문, 132.)

104 초대 내각 참여한 여러 독립운동가들 가운데 독립유공자 포상을 받은 분은 다음과 같다. 이승만(대통령), 이시영(부통령), 이범석(국무총리 겸 국방부 장관), 김도연(재무부 장관), 이인(법무부 장관), 지청천(무임소 장관), 이순탁(기획처장), 김병연(총무처장) 등이다. 그 외 신익희(국회의장), 김병로(대법원장) 등이 있었고, 제헌 국회의원(200명) 가운데 독립 유공자 포상을 받은 분은 30명 내외다.

105 임시정부 국무위원 등을 역임한 김붕준 선생의 둘째 사위로 부인(김정숙)과 함께 부부 독립유공자이다. 김붕준 선생의 맏사위 송면수 지사 또한 부인(김효숙)과 함께 부부 독립유공자이다. 송면수 지사는 광복군 제2지대장 이범석 장군 휘하에서 정훈조장을 맡

았고, 국방부 초대 정훈국장을 역임하였다. 6 ·25전쟁이 발발하자 육군중령으로 입대하여 1950년 8월 10일 경북 풍기지구에서 전사(대령)하였다고 한다. 육군대령으로는 서울현충원에 위패로 봉안되어 있고, 애국지사로는 대전현충원 독립유공자묘역에 안장되어 있어 병적 확인이 필요하다.

106   서울현충원 안장자 정보에 의하면 애국지사(건국훈장 독립장)로 1950년 6월 28일 경기 옹진지구에서 전사하여 대전현충원에 위패가 봉안되어 있는 것으로 되어 있으나, 국방부 군사편찬연구소 호국용사 인명DB와 전쟁기념관 전사자 정보에는 나오지 않는다. 국가보훈부 공훈전자사료관에 의하면 광복군 출신 이건국 지사(애족장)는 6 ·25전쟁 때 전사한 것으로 나와 있다. 서울현충원 제54묘역에 1951년 1월 7일 가평지구에서 전사한 이건국 대령의 묘소가 있으나 전쟁기념관 전사자 정보, 국방부 군사편찬연구소 인명 DB에서 확인이 되지 않는다. 육군사관학교 5기 때 교관으로 있던 육군중위 이건국과 동일인 여부 확인이 필요하다.

107   군정청 운수국 해사과장 카스튼(Carsten) 소령과 하지 중장의 특별보좌관 이묘묵의 도움이 있었다고 한다.(해군본부, 「대한민국 해군 창설사」, 2016. 38.), 해방병단은 간부진 8명(손원일, 민병증, 김영철, 정긍모, 한갑수, 김동준, 김정주, 석은태)을 포함하여 70명이었다.(위의 책. 42.)

108   박동찬, 「한권으로 읽는 6 ·25전쟁」, 국방부 군사편찬연구소, 2014. 27.

109   해군본부, 「대한민국 해군 창군사」, 해군역사기록관리단, 2016. 189 ~ 196.

110   위의 책. 201 ~ 205.

111   위의 책. 188 ~ 189.

112   위의 책, 55.

113   위의 책. 61.

114   이윤식, 「비행기로 민심을 격발하고 장래 국내의 대폭발을 일으키기 위함이라」, 민미디어, 2003. 44 ~ 45.

115   위의 책, 37 ~ 39. 78.
       중국과 러시아 쪽은 최용덕·권기옥·서왈보·김은제·장성철·장지일·이영무·이병운·김진일·박태하·차정신·유철선·김원영·김영제 등이다. 일본 쪽은 권태용·민성기·정우섭·전상국 등이다.

116   공군의 창설에는 '7인 간부'(최용덕, 이영무, 장덕창, 김정렬, 박범집, 이근석, 김영환)가 있었다. 이영무는 중국 공군 소령 출신으로 1949년 공군 비행단장에 임명되었으나 6 ·25전쟁 때 월북(납북) 논란으로 독립 유공자로 인정되지 않았다.

117   박동찬, 앞의 책. 37.

118   김태우, "6.25전쟁고아의 아버지 딘 헤스", 자유아시아방송, 2017.3.22.
       '신념의 조인'은 I Fly by Faith(라틴어 Per Fidem Volo)를 번역한 것이라고 한다.

119   김태우, 위의 글.

국가보훈부, "이달의 6·25전쟁영웅", 2018년 10월.

국가기록원, 대통령 기록관-기록컬렉션-한국공군의 아버지와 천 명의 아이들 '딘 헤스(Dean E. Hess)' 참조.

1956년에 발표된 딘 헤스의 자서전《전쟁 찬송가(Battle Hymn)》를 통하여 알려진 내용이다. 전쟁고아 구출과 관련된 두 사람의 역할에 관해서는 이견이 존재한다. 수송 작전은 러셀 블레이즈델의 노력으로 이뤄졌다고 보는 견해가 우세하다. 헤스는 자서전과 동명의 영화(1957년)로 받은 수익금 전액을 전쟁고아들을 위하여 사용하였고, 그의 후원 활동은 20여 년간 이어졌다.

120   경찰청, 「참경찰 인물열전」, 2019. 참조. 나석주 의사는 1926년 12월 동양척식주식회와 식산은행에 폭탄을 투척하고 자결했다. 나창헌은 1936년 상해 일본 영사관 폭파 계획이 탄로가 나자 항저우로 피신했다가 중경에서 사망했다. 김석은 1933년 7년간 복역 후 출옥하였으나 1942년 다시 투옥되었다가 1945년 1월 병보석으로 석방되었다. 김철은 의정원 의원, 교통부 차장 등을 역임하고 1934년 사망하였다. 안중근 의사의 동생 안경근은 임시정부에서 활동하다가 실종되었다. 유상근은 1932년 5월 한인애국단의 일원으로 활동하다가 체포되어 무기형의 선고를 받고 복역 중 1945년 일본의 항복 직전에 일제에 의하여 목숨을 잃었다. 장덕진은 1920년 8월 광복군총영 결사대 일원으로 평남 경찰부를 폭파하여 장벽을 파괴하고 경관 2명을 폭살하고 피신했지만 1924년 상해에서 중국인에 피살되었다.

121   경찰청, 「참경찰 인물열전」, 경찰청 사이트 '경찰역사', 국가보훈부 '독립유공자 정보' 참조.

122   한시준, 앞의 논문, 105. 제6대 최덕신(1948.7~1949.1), 제7대 김홍일(1949.1~1950.6), 제8대 이준식(1950.6~1950.7), 제9대 안춘생(1951.10~1952.11) 등이다. 제6대는 정부 수립 후 첫 교장이다.

123   경찰청 사이트 '경찰역사' 참조.

1946년 11월 기준으로 미군정 경찰 2만 5천 명 가운데 5천 명(20퍼센트)이 일제 강점기 경찰 출신이었고, 그 대다수(80퍼센트)가 그와 무관한 사람들이었다. 그러나 경위 이상 간부 1,157명 중 949명(82퍼센트)을 점했다.

124   이건국, 이구연 등의 경우에는 구체적 병적 확인이 필요하다. 국가보훈부 독립유공자 공적정보에 의하면 이건국(이명 이종국)지사는 광복군 출신으로 1950년 전사한 것으로 나와 있으나 전사 일자, 장소, 묘소 위치가 확인되지 않는다. 서울현충원 제54묘역 이건국 대령의 묘소에는 1951년 1월 7일 가평전투에서 전사한 것으로 새겨져 있다. 전쟁기념관 전사자 정보에는 이종국 대령(1951년 1월 1일 전사)이 검색된다. 국방부 군사편찬연구소 호국용사 정보에는 이건국(이종국 대령은 검색되지 않는다. 이구연(이해명) 지사는 임시의정원 의원, 광복군 총사령부 군법관(부령)으로 활동하다가 광복 후 1949년 3월 육군사관학교 사관후보생 과정을 수료하고 소위로 임관하여 1950년 8월 14일 대전전투에서 전사한 것으로 알려지고 있다.(한국학중앙연구원 민족문화대백과사전) 보

훈처 독립유공자 공적정보에는 북한군에 피살된 것으로 나와 있다. 장철부(김병원) 중령의 경우에도 자료마다 차이가 있다. 국가보훈부 독립유공자 공적정보에 의하면 장철부(이명 김병원) 지사는 1921년 3월 10일 평북 용천에서 출생하여 1950년 8월 4일 사망, 대전현충원 독립유공자묘역에 안장된 것으로 나와 있다. 대전현충원에는 김병원 중령의 이름으로 표시된 위패가 따로 봉안되어 있지만 1950년 7월 4일 전사한 것으로 되어 있다. 국방부 군사편찬연구원 호국용사 정보에 의하면 김병원 중령은 1921년 4월 17일 출생하여 1950년 7월 4일 한강방어전투에서 전사하였다. 전쟁기념관 전사자정보에도 1950년 7월 4일 전사한 것으로 나와 있다. 그러나 '이달의 호국인물'이나 '6 · 25전쟁영웅' 등의 홍보자료에는 1950년 8월 4일 청송지구에서 전사한 것으로 나와 있다. 이붕해 선생의 경우에도 병적, 전사 일자와 장소 등에 대한 추가 확인이 요구된다.

125 이성가 장군은 1942년 남경군관학교를 졸업하고 중국군 장교로 복무하였고, 광복 후 국군에 투신하여 6 · 25전쟁 때 연대장과 사단장으로 부대를 지휘하였고, 태극무공훈장을 받았다.

126 김은국 중위는 전역 후 미국으로 건너가 1964년 《순교자》를 발표하여 노벨 문학상 후보에 오르기도 했다.(김욱동, "'순교자' 작가 김은국의 행적을 찾아서", 신동아 2005년 3월호. 참조.)

제2부

127 연세대학교 김대중도서관 전시자료

128 공중인(孔仲仁) 시인은 6 · 25전쟁이 발발하자 국방부 정훈국 소속 문총구국대(文總救國隊)의 일원으로 중앙방송국(현 KBS)에서 애국시를 낭독하였다고 한다. 1951년 육군사관학교 교가를 작사하였고, 국방부의 '전우'라는 잡지의 초대 문화부장을 맡았다. 시집 「무지개」(1957), 「조국」(1958) 등을 통하여 '화랑대의 별', '진혼곡', '무명용사의 노래', '충혼' 등 많은 애국시를 냈다.(국방일보 2022년 10월 1일 자, '군과 사람' 인터뷰 기사 참조.)

129 함명수 제독은 평양사범학교 출신으로 1946년 12월 해방병학교(해군사관학교 전신) 제1기로 해군 소위로 임관하였다. 1949년 8월, 국군 최초의 대북 응징 작전인 '몽금포 작전'을 수행한 것으로 유명하다. 북한 해역에 침투하여 북한 경비정 4척을 격침하고 1척을 나포하였으나 다리에 큰 부상을 입었다. 제7대 해군참모총장을 지냈고, 2016년 사망하여 대전현충원에 안장되었다.

130 조선일보 인터뷰 기사(2016.7.23.)

131 국립서울현충원 사이트에는 9월 10일 전사한 것으로 나와 있다.

132 초신(Chosin)은 장진(長津)의 일본어 표기, 미군이 일본이 제작한 지도를 사용하였기 때문이다.

133 중공군 사상자는 중국인민해방군총후근부 위생부 편, 「항미원조전쟁위생공작총결」

(1988)의 통계 자료이다. 총 48,156명(전투 사상자 19,202명, 비전투 28,954명)으로 보는 다른 중국 측 통계도 있다.

134 https://arsof-history.org/articles/v7n1_hungnam_page_1.html

135 빌 길버트, 류광현 옮김, 「기적의 배」, 비봉출판사, 2015. 107.

136 American Merchant Marine Veterans, AMMV NEWS MAGAZINE, winter 2016~2077, p. 25.

137 Kenneth J. Blume, Historical Dictionary of the U.S. Maritime Industry, The Scarecrow Press, Inc. Lanham Toronto Plymouth, UK, 2012. p.316. 이 스토리는 2000년 '뉴욕 타임스' 기자였던 빌 길버트(Bill Gilbert)에 의하여 「기적의 배(Ship of Miracles)」라는 제명으로 미국에서 출판되었다. 다큐멘터리 필름《Ship of Miracles》, 소설《Hope in Hungnam》, 드라마《Ode to My Father》, TV 시리즈《Timeless》 등의 소재가 되었다.

138 American Merchant Marine Veterans, AMMV NEWS MAGAZINE, winter 2016~2077, p. 25.
빌 길버트, 류광현 옮김, 「기적의 배」, 비봉출판사, 2015. 226~227.

139 성 베네딕토회 왜관 수도원 공식 사이트
http://www.osb.kr/board/bbs/board.php?bo_table=menu_01_04 &wr_id=4

140 재일동포모국공적조사위원회, 「母國을 향한 在日同胞의 100년 足跡」, 재외동포재단, 2008. 29.

141 국방부 군사편찬연구소, 「6·25전쟁 학도의용군 연구」, 2012. 226.

142 전쟁기념관, 「6·25 70주년 특별전」 중 "붉은 스카프의 백전노장, 김두만" 동영상.

143 재일동포모국공적조사위원회, 앞의 책. 참조.(이하 모국 지원 관련 내용은 앞의 책을 참조하였다.)

144 재일동포의 모국 지원 활동은 국민일보(2019.6.8. 일본 동포 간담회), 미래한국(2016.10.11, 민단 출범 70주년 재일교포 사회를 가다), 재일 거류민단(민단 70년사) 등의 자료를 참고하였다.

145 국방부 군사편찬연구소, 「6·25전쟁 학도의용군 연구」, 2012. 56. 재인용.

146 전쟁기념관, 「6·25 70주년 특별전」 중 "제주에서 온 16세의 해병, 양동익" 동영상.

147 국방부 군사편찬연구소, 「6·25전쟁 학도의용군 연구」, 2012. 271.
국방부 군사편찬연구소, 「6·25전쟁 여군 참전사」, 2012.

148 김종성, 「공인의 품격」, 유아이북스, 2017, 365~367.

149 위의 책, 367.

150 6·25전쟁영웅 심일 소령의 공적에 대한 의문이 제기됨에 따라 국방부에 '故 심일 소령 공적확인위원회'가 설치되어 약 7개월간 공적심의회의, 현장답사, 공청회, 생존자 증언 청취 등을 통하여 2017년 4월 「故 심일 소령 공적 확인 최종 결과보고서」가 간행되었다.

그에 의하여 6 ·25 전쟁 초기 춘천전투에서 심일 중위가 개전 초기에 세운 공적이 역사적 사실임이 최종 확인되었다.

151 신문 기사 등을 통해 알려진 내용으로 병적 확인이 필요하다.

152 피에르 노라 외, 김인중·유희수 외 옮김, 「기억의 장소 ⑤프랑스들3」, 나남, 2010. 65.

153 한국반공유격대는 백령기지 산하에 신천(D1)·은율구월(D2)·장연백호(D3)·장연백호(D4)·천마(D5)·송림(D6)·은율수월(D7)·송림호남(D8)·평남(D9)·안악(D10)·옹진학도(D11)·D12·신천(D13)·D14·백마(D15)·D16·송화종호(D21)·봉·안용·수도·천용·황해·방카·월봉부대가, 강화기지 산하에 강화 독립(WP1)·타이거(WP2)·WP3·WP4·WP5·WP6·WP7·WP8부대가, 속초기지 산하에 아벤리·스톰·토치라이트·커크랜드·활민부대가, 덕소공수기지 산하에 3·1·남구·번개·호랑이부대가 있었다. 그 외 호림유격부대(육군 산하)와 영도유격부대(미 중앙정보국 산하)가 있었다. 유격부대 인원에 대하여는 출처마다 차이가 있다. 전면 좌측의 유격부대약사에 따르면 4만여 명, 한국유격군 전우회 총연합회에 의하면 3만 2천여 명에 이른다. 국방부 군사편찬연구소는 미군 제8240부대의 인원이 1953년 2만 명을 넘었다고 밝히고 있다. 유격부대의 범위나 활동기간 등의 차이에서 비롯된 것으로 보인다.

154 신현정, 「가평반공투쟁사」, 가평향토문화추진협의회, 1984. 119~121. 국방부 군사편찬연구소, 위의 책. 26~27.

155 PC-704(지리산함)은 1951년 12월 26일 임무교대로 원산 해역에서 작전 중 피격되어 함장(이태영 중령)을 포함하여 승조원 57명 전원이 전사했다.

156 국방부 군사편찬연구소, 「한국전쟁의 유격전사」, 2013. 참조. 한국유격군총연합회에 의하면 총 3만 2천여 명의 병력으로 4,400여 회의 전투를 통해 6만 9천여 명을 살상하고 950여 명을 생포하였다.

157 국방부 군사편찬연구소, 위의 책. 649.

158 국방부 군사편찬연구소, 「6·25전쟁 여군 참전사」, 2012. 396~410.

159 국방일보 2023년 3월 31일 자.

160 여자배속장교 13명, 여자의용군 970명, 여자 해병 75명, 여자항공병 26명, 간호장교 664명, 학도의용군 200여 명, 유격대 여성대원 300여명, 민간 간호사 30여 명 등이다. 국방부 군사편찬연구소, 「6·25전쟁 여군 참전사」, 2012. 참조.

161 육군 간호장교 후보 1기 임관자 31명 중 8명이 간호병과장을 역임하였다. 김선애 소령(1대), 장경희 중령(2대), 김영진 중령(3대), 황영희 대령(4,6대), 김은순 중령(5대), 차윤실 중령(7대), 김순봉 대령(8대), 최보배 대령(9대) 등이다.

162 수료한 장교(33명) 중 김현숙(대령 예편), 현성원(대령), 윤희열(대령), 노선익(대령) 등 13명이 참전하였다. 국방부 군사편찬연구소, 「6·25전쟁 학도의용군 연구」, 2012. 74~75. 271. 국방부 군사편찬연구소, 「6·25전쟁 여군 참전사」, 2012. 87~91.

163 문화일보 2010.7.20.자.("6·25 60주년 기획 노병은 말한다" 5부 전문가 대담)

164   서울대학교 한국의학인물사 편찬위원회, 「한국의학인물사」, 태학사, 2008. 38~43. 67. 105~106.

165   육군병원장을 포함한 주요 군의관(의무장교)은 신학진, 한완용, 윤치왕, 최은창, 정희섭, 최진항, 박동균, 김학현, 오정국, 장원영, 김동익, 김영언, 최영인, 윤봉헌, 김남규, 송환영, 신재근 김영희 등이다.

166   국방부 군사편찬연구소, 「6 ·25전쟁 여군 참전사」, 2012. 87~91.
6 ·25전쟁 직전 군 의료 인력은 장교 250명(의무 142, 간호 108), 위생 하사관 · 위생병 1,401명이었다.

167   언론중재위원회 공식 블로그
https://blog.naver.com/pac3083/221293745849
통일부 공식 블로그
file:///D:/6.25%20%EC%A2%85%EA%B5%B0%EA%B8%B0%EC%9E%90%EC%9D%98%206.25..%20_%20%EB%84%A4%EC%9D%B4%EB%B2%84%EB%B8%94%EB%A1%9C%EA%B7%B8.mhtml

168   이혜복 기자 증언([인터뷰] 6 ·25전쟁 從軍記者 1기생 李蕙馥 대한언론인협회 고문 월 간조선 2010년 6월호)

169   지갑종 기자는 학도병으로 참전하여 로이터통신 기자가 되어 전선을 누볐다. 전후 유엔한 국전참전협회를 설립하여 참전 16개국 참전기념비 건립 등으로 유대 강화에 공헌하였다.

170   대한민국 정책브리핑(국방부), "서욱 국방부장관, 백마고지 유해발굴 현장 방문, 2021.11.24. 편지글 일부를 현대 맞춤법으로 수정하였다.

171   볼테르, 이봉지 옮김, 「철학편지」, 문학동네, 2019. 147~148.

172   하상복, 「죽은 자의 정치학」, 모티브북, 2014. 85.

173   콜린 파월 · 요셉 E. 퍼시코, 류진 옮김, 「콜린 파월 자서전」, 샘터, 2001. 798.

174   양화진외국인선교사묘역 공식 사이트.
김동진, 앞의 책. 참조.

175   헐버트기념사업회(hulbert.or.kr) 이미지 자료.

176   김동진, 앞의 책, 218~219.

177   김동진, 앞의 책, 175.

178   메리 린리 테일러, 송영달 옮김, 「호박 목걸이」, 책과함께, 2014. 226~231. 본명이 힐다 빅스(Hilda Biggs)인 영국 배우 메리 린리(Mary Linley)는 연극 공연을 위해 1916년 일 본 요코하마를 방문하였다. 앨버트 테일러는 바다에 빠진 메리를 구해준 인연으로 사랑 에 빠졌고 호박 목걸이를 선물하였다. 1917년 테일러는 인도에 체류 중인 메리를 찾아 가 청혼하였고, 그곳에서 결혼하였다. 두 사람은 동생 윌리엄이 경성 서대문 근처(지금의 행촌동)에 마련해 준 집(딜쿠샤)에서 신혼살림을 시작하였다.

179   직산광업회사는 1922년 캘리포니아로 이동하여 '파이프 이음쇠' 직산(Chiksan)의 개

발로 성공하였는데 고압 액체·기체 수송용 파이프를 연결하는 직산 스위블 조인트
(Chiksan swivel joint)가 회사의 주력 제품이다.

180   메리 린리 테일러, 앞의 책, 28~59.

181   양화진외국인선교사묘원 사이트(http://www.m.yanghwajin.net/)

182   한국경제 2019년 6월 6일 자(고두현 논설위원 '천자 칼럼')

183   유엔군에는 아일랜드인, 멕시코인, 유대인, 푸에르토리코인, 북미 원주민 등이 포함되어
       있었다. 아일랜드는 영국군의 일원으로 참전하여 159명이 전사했다.(참전인원 미상) 미
       군에는 멕시코인(10만여 명), 푸에르토리코인(6만여 명), 유대인(4천여 명)이, 네덜란드
       군에는 남미 수리 남인 일부가 포함되어 있었다.

184   오상준, 「리처드 위트컴」, 호밀밭, 2022. 참조.
       리처드 S. 위트컴(1874-1982)은 미국 캔자스 출신으로 1918년 입대하여 2차 대전 때
       육군소령으로 노르망디 상륙작전에 참가하고 아이슬란드, 영국, 프랑스에서 복무하고
       2차 대전 종전 직후 준장에 진급하여 필리핀 마닐라에서 복무하였다. 1953년 제2군수
       사령관에 임명되어 한국전에 참전하였다. 1954년 제2군수사령부의 해체와 함께 퇴역하
       여 1955년 이승만 대통령의 정치고문을 맡았고, 1960년에서 1970년까지 베트남 및 캄
       보디아 군사고문으로 있었다. 1963년 부인(Marguerite A. Seltzer)과 사별하고 1964년
       보육원 등 사회복지 기관을 운영하던 한묘숙 여사(작가 한무숙, 한말숙의 자매)와 결혼
       하였다.

대한민국 국립묘지에 담긴 보훈의 의미

초록색 옷을 입은 사람들

인쇄일 2023년 6월 20일
발행일 2023년 6월 25일

지은이 김종성
펴낸이 이윤규

펴낸곳 유아이북스
출판등록 2012년 4월 2일
주소 서울시 용산구 효창원로 64길 6
전화 (02) 704-2521
팩스 (02) 715-3536
이메일 uibooks@uibooks.co.kr

ISBN 979-11-6322-097-8 (03910)
값 22,000원